SCÈNES
DE LA
VIE ORIENTALE

—

I

LES FEMMES DU CAIRE

LAGNY. — Imprimerie de VIALAT et Cie.

SCÈNES
DE LA VIE
ORIENTALE

PAR

Gérard de Nerval

I

LES FEMMES DU CAIRE

PARIS
HIPPOLYTE SOUVERAIN, ÉDITEUR
RUE DES BEAUX-ARTS, 5

1850

SCÈNES

DE LA VIE

ORIENTALE

IMPRIMERIE DE GERDÈS,
10, RUE SAINT-GERMAIN-DES-PRÉS.

GÉRARD DE NERVAL

SCÈNES DE LA VIE ORIENTALE

LES FEMMES DU CAIRE

PARIS

FERDINAND SARTORIUS, ÉDITEUR

17, QUAI MALAQUAIS

M DCCC XL VIII

INTRODUCTION.

A TIMOTHÉE O'NEDDY.

I. — L'ARCHIPEL.

Nous avions quitté Malte depuis deux jours, et aucune terre nouvelle ne paraissait à l'horizon. Des colombes, — venues peut-être du mont Éryx, — avaient pris passage avec nous pour Cythère ou pour Chypre, et reposaient la nuit sur les vergues et dans les hunes.

Le temps était beau, la mer calme et l'on nous avait promis qu'au matin du troisième jour, nous pourrions apercevoir les côtes de Morée. J'étais sur le pont dès trois heures, cherchant la terre absente, épiant à quelque bord de cette roue d'un bleu sombre, que tracent les eaux sous la coupole azurée du ciel, — attendant la vue du Taygète lointain comme l'apparition d'un dieu. — L'horizon était obscur encore, mais l'étoile du matin rayonnait d'un feu clair dont la mer était sillonnée. Les roues du navire chassaient au loin l'écume lumineuse, qui laissait bien loin derrière nous sa longue traînée de phosphore... « Au-delà de cette « mer, disait Corinne en se tournant vers l'Adriatique, il y a la « Grèce... Cette idée ne suffit-elle pas pour émouvoir! » Et moi, plus heureux qu'elle, plus heureux que Winkelmann, qui la rêva toute sa vie, et que le moderne Anacréon, qui voudrait y mourir j'allais la voir enfin, lumineuse, sortir des eaux avec le soleil!

Je l'ai vue ainsi — je l'ai vue; ma journée a commencé comme un chant d'Homère : c'était vraiment l'Aurore aux doigts de rose qui m'ouvrait les portes de l'Orient! Et ne parlons plus des aurores de nos pays, la déesse ne va pas si loin. Ce que nous autres barbares appelons l'aube ou le point du jour, n'est qu'un pâle reflet, terni par l'atmosphère impure de nos climats deshérités. Voyez déjà de cette ligne ardente qui s'élargit sur le cercle des eaux, partir des rayons roses épanouis en gerbe, et ravivant l'azur de l'air qui plus haut reste sombre encore. Ne dirait-on pas que le front d'une déesse et ses bras étendus soulèvent peu à peu le voile des nuits étincelant d'étoiles? — Elle vient, elle approche, elle glisse amoureusement sur les flots divins qui ont donné le jour à Cythérée... Mais que dis-je? devant nous, là-bas, à l'horizon, cette côte vermeille, ces collines empourprées qui semblent des nuages, c'est l'île même de Vénus, c'est l'antique Cythère aux rochers de porphyre : Κυτηρη πορφυρουσα. — Aujourd'hui cette île s'appelle Cérigo, et appartient aux Anglais.

Voilà mon rêve et voici mon réveil! Le ciel et la mer sont toujours là, le ciel d'Orient, la mer d'Ionie se donnent chaque matin le saint baiser d'amour, mais la terre est morte, — morte sous la main de l'homme, et les dieux se sont envolés !

Pour rentrer dans la prose, il faut avouer que Cythère n'a conservé de toutes ses beautés que ses rocs de porphyre, aussi tristes à voir que de simples rochers de grès. Pas un arbre sur la côte que nous avons suivie, pas une rose, hélas ! pas un coquillage le long de ce bord où les néréides avaient choisi la conque de Cypris. — Je cherchais les bergers et les bergères de Watteau, leurs navires ornés de guirlandes abordant des rives fleuries, je rêvais ces folles bandes de pèlerins d'amour aux manteaux de satin changeant... je n'ai aperçu qu'un gentleman qui tirait aux bécasses et aux pigeons, et des soldats écossais blonds et rêveurs, cherchant peut-être à l'horizon les brouillards de leur patrie.

Un accident de la machine avait contraint le Léonidas à s'arrêter au port St-Nicolo, à la pointe orientale de l'île, vis-à-vis du cap Saint-Ange qu'on apercevait à quatre lieues en mer. Le peu de durée de notre séjour n'a permis à personne de visiter Capsali, la capitale de l'île, mais on apercevait au midi le rocher qui domine la ville, et d'où l'on peut découvrir toute la surface de Cérigo, ainsi qu'une partie de la Morée, et les côtes même de Candie quand le temps est pur. C'est sur cette hauteur, couronnée aujourd'hui d'un château militaire, que s'élevait le temple de Vénus Céleste. La déesse était vêtue en guerrière, armée d'un javelot, et semblait dominer la mer et garder les destins de l'archipel grec comme ces figures cabalistiques des contes arabes, qu'il faut abattre pour détruire le charme attaché à leur présence. Les Romains, issus de Vénus par leur aïeul Énée, purent seuls enlever de ce rocher superbe sa statue de bois de myrthe, dont les contours puissants, drapés de voiles symboliques, rappelaient l'art primitif des Pélasges. C'était bien la grande déesse génératrice, Aphrodite Mélœnia ou la noire, portant sur la tête le *polos* hiératique, ayant les fers aux pieds comme enchaînée par force aux destins de la Grèce, qui avait vaincu sa chère Troie. Les Romains la transportèrent au Capitole, et bientôt la Grèce — étrange retour des destinées — appartint aux descendants régénérés des vaincus d'Ilion.

II. — La Messe de Vénus.

L'Hypnerotomachie nous donne quelques détails curieux sur le culte de la Vénus céleste dans l'île de Cythère, et sans admettre comme une autorité ce livre où l'imagination a coloré bien des pages, on peut y rencontrer souvent le résultat d'études ou d'impressions fidèles.

Deux amants, Polyphile et Polia, se préparent au pèlerinage de Cythère.

Ils se rendent sur la rive de la mer, au temple somptueux de Vénus-Physizoé? Là, des prêtresses dirigées par une *Prieuse* mitrée, adressaient d'abord pour eux des oraisons aux dieux Foricule, Limentin, et à la déesse Cardina. Les religieuses étaient vêtues d'écarlate, et portaient en outre des surplis de coton clair un peu plus courts, leurs cheveux pendaient sur leurs épaules. La première tenait le livre des cérémonies, la seconde une aumusse de fine soie; les autres une châsse d'or, le *cécespité* ou couteau du sacrifice, et le *préféricule*, ou vase de libation, la septième portait une mitre d'or avec ses pendants; une plus petite tenait un cierge de cire vierge; toutes étaient couronnées de fleurs. L'aumusse que portait la prieuse s'attachait devant le front à un fermoir d'or incrusté d'une ananchite, pierre talismanique par laquelle on évoquait les figures des dieux.

La prieuse fit approcher les amants d'une citerne située au milieu du temple, et en ouvrit le couvercle avec une clé d'or, puis, en lisant dans le saint livre à la clarté du cierge, elle bénit l'huile sacrée, et la répandit dans la citerne; ensuite elle prit le cierge, et en fit tourner le flambeau près de l'ouverture, disant à Polia : « Ma fille, que demandez-vous ? — Madame, dit-elle, je demande grâce pour celui qui est avec moi, et désire que nous puissions aller ensemble au royaume de la grande Mère divine pour boire en sa sainte fontaine. » Sur quoi, la prieuse, se tournant vers Polyphile, lui fit une demande pareille, et l'engagea à plonger tout à fait le flambeau dans la citerne. Ensuite elle attacha avec une cordelle le vase nommé *lépaste*, qu'elle fit descendre jusqu'à l'eau sainte, et en puisa pour la faire boire à Polia. Enfin, elle referma la citerne, et adjura la déesse d'être favorable aux deux amants.

Après ces cérémonies, les prêtresses se rendirent dans une sorte de sacristie ronde, où l'on apporta deux cygnes blancs et un vase plein d'eau marine, ensuite deux tourterelles attachées sur une corbeille garnie de coquilles et de roses, qu'on posa sur la table des sacrifices; les jeunes filles s'agenouillèrent autour de l'autel, et invoquèrent les très saintes grâces, Aglaia, Thalia et Euphrosine, ministres de Cythérée, les priant de quitter la fontaine Acidale, qui est à Orchomène, en Béotie, et où elles font résidence, et, comme grâces divines, de venir accepter la profession religieuse faite à leur maîtresse en leur nom.

Après cette invocation, Polia s'approcha de l'autel couvert d'aromates et de parfums, y mit le feu elle-même, et alimenta la flamme de branches de myrte séché. Ensuite elle dut poser dessus les deux tourterelles, frappées déjà du couteau cecespité, et plumées sur la table d'anclabre, le sang étant mis à part dans un vaisseau sacré. Alors commença le divin service, entonné par une *chantresse*, à laquelle les autres répondaient ; deux jeunes religieuses placées devant la prieuse accompagnaient l'office avec des flûtes lydiennes en ton lydien naturel.

Chacune des prêtresses portait un rameau de myrthe, et chantant d'accord avec les flûtes, elles dansaient à l'entour de l'autel pendant que le sacrifice se consumait.

III. — Le Songe de Polyphile.

Je suis loin de vouloir citer Polyphile comme une autorité scientifique ; Polyphile, c'est-à-dire Francesco Colonna, a beaucoup cédé sans doute aux idées et aux visions de son temps, mais cela n'empêche pas qu'il n'ait puisé certaines parties de son livre aux bonnes sources grecques et latines, et je pouvais faire de même, mais j'ai mieux aimé le citer.

Que Polyphile et Polia, ces saints martyrs d'amour, me pardonnent de toucher à leur mémoire! Le hasard — s'il est un hasard ? — a remis en mes mains leur histoire mystique, et j'ignorais à cette heure-là même qu'un savant plus poète, un poète plus savant que moi avait fait reluire sur ces pages le dernier éclat du génie que recélait son front mourant. Il fut comme eux un des plus fidèles apôtres de l'amour pur, — et parmi nous l'un des derniers.

Reçois aussi ce souvenir d'un de tes amis inconnus, bon Nodier, belle ame divine, qui les immortalisais en mourant [1]! Comme toi je croyais en eux, et comme eux à l'amour céleste, dont Polia ranimait la flamme, et dont Polyphile reconstruisait en idée le palais splendide sur les rochers cythéréens. Vous savez aujourd'hui quels sont les vrais dieux, esprits doublement couronnés, — païens par le génie, chrétiens par le cœur !

Et moi qui vais descendre dans cette île sacrée que Francesco a décrite sans l'avoir vue, ne suis-je pas toujours, hélas ! le fils

[1] *Franciscus Columna*, dernière nouvelle de Charles Nodier.— Paris, Techener.

d'un siècle déshérité d'illusions, qui a besoin de toucher pour croire, et de rêver le passé — sur ses débris? Il ne m'a pas suffi de mettre au tombeau mes amours de chair et de cendre, pour bien m'assurer que c'est nous, vivants, qui marchons dans un monde de fantômes.

Polyphile, plus sage, a connu la vraie Cythère pour ne l'avoir point visitée, et le véritable amour pour en avoir repoussé l'image mortelle. C'est une histoire touchante qu'il faut lire dans ce dernier livre de Nodier, quand on n'a pas été à même de la deviner sous les poétiques allégories du *Songe de Polyphile*.

Francesco Colonna, l'auteur de cet ouvrage, fut un pauvre peintre du quinzième siècle, qui s'éprit d'un vif amour pour la princesse Lucrétia Polia de Trévise; orphelin recueilli par Giacopo Bellini, père du peintre plus illustre que nous connaissons, il n'osait lever les yeux sur l'héritière d'une des plus grandes maisons de l'Italie. Ce fut-elle même qui, profitant des libertés d'une nuit de carnaval, l'encouragea à tout lui dire et se montra touchée de sa peine. C'est une noble figure que Lucrétia Polia, sœur poétique de Juliette, de Léonore et de Bianca Capello. La distance des conditions rendait le mariage impossible ; l'autel du Christ — du Dieu de l'égalité ! — leur était interdit; ils rêvèrent celui de dieux plus indulgents, ils invoquèrent l'antique Éros et sa mère Aphrodite, et leurs hommages allèrent frapper des cieux lointains désaccoutumés de nos prières.

Dès lors, imitant les chastes amours des croyants de Vénus-Uranie, ils se promirent de vivre séparés pendant la vie pour être unis après la mort, et chose bizarre, ce fut sous les formes de la foi chrétienne qu'ils accomplirent ce vœu païen. Crurent-ils voir dans la Vierge et son fils l'antique symbole de la grande Mère divine et de l'enfant céleste qui embrase les cœurs? osèrent-ils pénétrer à travers les ténèbres mystiques jusqu'à la primitive Isis, au voile éternel, au masque changeant, tenant d'une main la croix ansée, et sur ses genoux l'enfant Horus sauveur du monde?...

Aussi bien ces assimilations étranges étaient alors de grande mode en Italie. L'école néoplatonicienne de Florence triomphait du vieil Aristote, et la théologie féodale s'ouvrait comme une noire écorce aux frais bourgeons de la renaissance philosophique qui florissait de toutes parts. Francesco devint un moine, Lucrèce une religieuse, et chacun garda en son cœur la belle et pure image de l'autre, passant les jours dans l'étude des philosophies et des religions antiques, et les nuits à rêver son bonheur futur et à le parer des détails splendides que lui révélaient les vieux écrivains de la Grèce. O double existence heureuse et bénie, si l'on en croit le livre de leurs amours! quelquefois les fêtes pompeuses du clergé italien les rapprochaient dans une même église, le long des rues, sur les places où se déroulaient des processions solennelles, et seuls, à l'insu de la foule, ils se saluaient d'un doux et mélancolique regard : — Frère, il faut mourir! — Sœur, il faut mourir! — c'est-à-dire il faut encore traîner quelque temps notre chaîne... Ce sourire échangé ne disait que cela.

Cependant Polyphile écrivait et léguait à l'admiration des amants futurs la noble histoire de ces combats, de ces peines, de ces délices. Il peignait les nuits enchantées où s'échappant de notre monde plein de la loi d'un Dieu sévère, il rejoignait en esprit la douce Polia aux saintes demeures de Cythérée. L'ame fidèle ne se fesait pas attendre, et tout l'empire mythologique s'ouvrait à eux de ce moment. Comme le héros d'un poème plus moderne et non moins sublime,(1) ils franchissaient dans leur double rêve l'immensité de l'espace et des temps; la mer Adriatique et la sombre Thessalie, où l'esprit du monde ancien s'éteignit aux champs de

---

(1) *Faust*, seconde partie.

Pharsale! les fontaines commençaient à sourdre dans leurs grottes, les rivières redevenaient fleuves, les sommets arides des monts se couronnaient de bois sacrés; le Pénée inondait de nouveau ses grèves altérées, et partout s'entendait le travail sourd des Cabires et des Dactyles reconstruisant pour eux le fantôme d'un univers. L'étoile de Vénus grandissait comme un soleil magique et versait des rayons dorés sur ces plages désertes, que leurs morts allaient repeupler; le faune s'éveillait dans son antre, la naïade dans sa fontaine, et des bocages reverdis s'échappaient les hamadryades. Ainsi la sainte aspiration de deux ames pures rendait pour un instant au monde ses forces déchues et les esprits gardiens de son antique fécondité.

C'est alors qu'avait lieu et se continuait nuit par nuit ce pèlerinage, qui à travers les plaines et les monts rajeunis de la Grèce conduisait nos deux amants à tous les temples renommés de Vénus céleste et les fesait arriver enfin, au principal sanctuaire de la Déesse, à l'île de Cythère où s'accomplissait l'union spirituelle des deux religieux Polyphile et Polia.

Le frère Francesco mourut le premier, ayant terminé son pèlerinage et son livre; il légua le manuscrit à Lucrèce, qui grande dame et puissante comme elle était ne craignit point de le faire imprimer par Alde Manuce et le fit illustrer de dessins fort beaux la plupart, représentant les principales scènes du songe, les cérémonies des sacrifices, les temples, figures et symboles de la grande Mère divine, déesse de Cythère. Ce livre d'amour platonique fut longtemps l'évangile des cœurs amoureux dans ce beau pays d'Italie, qui ne rendit pas toujours à la Vénus céleste des hommages si épurés.

Pouvais-je faire mieux que de relire avant de toucher à Cythère le livre étrange de Polyphile, qui, comme Nodier l'a fait remarquer, présente une singularité charmante; — l'auteur a signé son nom et son amour en employant en tête de chaque chapitre un certain nombre de lettres choisies pour former la légende suivante : « Poliam frater Franciscus Columna peramavit (1). »

IV. — San-Nicolo.

En mettant le pied sur le sol de Cérigo, je n'ai pu songer sans peine que cette île, dans les premières années de notre siècle, avait appartenu à la France. Héritière des possessions de Venise, notre patrie s'est vue dépouillée à son tour par l'Angleterre, qui là, comme à Malte, annonce en latin aux passants sur une tablette de marbre, que « l'accord de l'Europe et l'*amour* de ces îles lui en ont depuis 1814, assuré la souveraineté. » — Amour ! dieu des Cythéréens, est-ce bien toi qui as ratifié cette prétention ?

Pendant que nous rasions la côte, avant de nous abriter à San-Nicolo, j'avais aperçu un petit monument, vaguement découpé sur l'azur du ciel, et qui, du haut d'un rocher semblait la statue encore debout de quelque divinité protectrice... Mais, en approchant davantage, nous avons distingué clairement l'objet qui signalait cette côte à l'attention des voyageurs. C'était un gibet, un gibet à trois branches, dont une seule était garnie. Le premier gibet réel que j'aie vue encore, c'est sur le sol de Cythère, possession anglaise, qu'il m'a été donné de l'apercevoir !

Je n'irai pas à Capsali ; je sais qu'il n'existe plus rien du temple que Pâris fit élever à Vénus Dionée, lorsque le mauvais temps le força de séjourner seize jours à Cythère avec Hélène qu'il enlevait à son époux. On montre encore, il est vrai, la fontaine qui fournit de l'eau à l'équipage, le bassin où la plus belle des femmes lavait

(1) Le frère Francesco Colonna a aimé tendrement Polia.

de ses mains ses robes et celles de son amant; mais une église a été construite sur les débris du temple, et se voit au milieu du port. Rien n'est resté non plus sur la montagne du temple de Vénus Uranie, qu'a remplacé le fort Vénitien, aujourd'hui gardé par une compagnie écossaise.

Ainsi la Vénus céleste et la Vénus populaire, révérées l'une sur les hauteurs et l'autre dans les vallées, n'ont point laissé de traces dans la capitale de l'île, et l'on s'est occupé à peine de fouiller les ruines de l'ancienne ville de Scandie, près du port d'Avlémona, profondément cachées dans le sein de la terre.

Le port de San-Nicolo n'offrait à nos yeux que quelques masures le long d'une baie sablonneuse où coulait un ruisseau et où l'on avait tiré à sec quelques barques de pêcheurs; d'autres épanouissaient à l'horizon leurs voiles latines sur la ligne sombre que traçait la mer au-delà du cap Spati, dernière pointe de l'île, et du cap Malée qu'on apercevait clairement du côté de la Grèce.

Je n'ai plus songé dès lors qu'à rechercher pieusement les traces des temples ruinés de la déesse de Cythère, j'ai gravi les rochers du cap Spati où Achille en fit bâtir un à son départ pour Troie; j'ai cherché des yeux Cranaë située de l'autre côté du golfe et qui fut le lieu de l'enlèvement d'Hélène; mais l'île de Cranaë se confondait au loin avec les côtes de la Laconie et le temple n'a pas laissé même une pierre sur ces rocs, du haut desquels on ne découvre, en se tournant vers l'île, que des moulins à eau mis en jeu par une petite rivière qui se jette dans la baie de San-Nicolo.

En descendant, j'ai trouvé quelques-uns de nos voyageurs qui formaient le projet d'aller jusqu'à une petite ville située à deux lieues de là et plus considérable même que Capsali. Nous sommes montés sur des mulets et, sous la conduite d'un Italien qui connaissait le pays, nous avons cherché notre route entre les montagnes.—On ne croirait jamais, à voir de la mer les abords hérissés des rocs de Cérigo, que l'intérieur contienne encore tant de plaines fertiles ; c'est après tout une terre qui a soixante-six milles de circuit et dont les portions cultivées sont couvertes de cotonniers, d'oliviers et de mûriers semés parmi les vignes. L'huile et la soie sont les principales productions qui fassent vivre les habitants, et les Cythéréennes — je n'aime pas à dire *Cérigottes* — trouvent à préparer cette dernière un travail assez doux pour leurs belles mains ; la culture du coton a été frappée au contraire par la possession anglaise.

Le but de la promenade de mes compagnons était Potamo, petite ville à l'aspect italien, mais pauvre et délabrée ; le mien était la colline d'Aplunori située à peu de distance et où l'on m'avait dit que je pourrais rencontrer les restes d'un temple. Mécontent de ma course du cap Spati, j'espérais me dédommager dans celle-ci et pouvoir, comme le bon abbé Delille, remplir mes poches de débris mythologiques. O bonheur ! je rencontre en approchant d'Aplunori un petit bois de mûriers et d'oliviers où quelques pins plus rares étendaient çà et là leurs sombres parasols ; l'aloès et le cactus se hérissaient parmi les broussailles, et sur la gauche s'ouvrait de nouveau le grand œil bleu de la mer que nous avions quelque temps perdue de vue. Un mur de pierres semblait clore en partie le bois, et sur un marbre, débris d'une ancienne arcade qui surmontait une porte carrée, je pus distinguer ces mots : ΚΑΡΔΙΩΝ ΘΕΡΑΠΙΑ, — guérison des cœurs.

V. — Aplunori.

La colline d'Aplunori ne présente que peu de ruines, mais elle a gardé les restes plus rares de la végétation sacrée qui jadis parait le front des montagnes; des cyprès toujours verts et quelques oliviers antiques dont le tronc crevassé est le refuge des abeilles, ont été conservés par une sorte de vénération traditionnelle qui s'attache à ces lieux célèbres. Les restes d'une enceinte de pierre protégent, seulement du côté de la mer, ce petit bois qui est l'héritage d'une famille; la porte a été surmontée d'une pierre voûtée, provenant des ruines et dont j'ai signalé déjà l'inscription. Au delà de l'enceinte est une petite maison entourée d'oliviers, habitation de pauvres paysans grecs, qui ont vu se succéder depuis cinquante ans les drapeaux vénitiens, français et anglais sur les tours du fort qui protége San-Nicolo, et qu'on aperçoit à l'autre extrémité de la baie. Le souvenir de la république française et du général Bonaparte qui les avait affranchis en les incorporant à la république des sept îles, est encore présent à l'esprit des vieillards.

L'Angleterre a rompu ces frêles libertés depuis 1815, et les habitants de Cérigo ont assisté sans joie au triomphe de leurs frères de la Morée. L'Angleterre ne fait pas des Anglais des peuples qu'elle conquiert, je veux dire qu'elle acquiert, elle en fait des ilotes, quelquefois des domestiques; tel est le sort des Maltais, tel serait celui des Grecs de Cérigo, si l'aristocratie anglaise ne dédaignait comme séjour cette île poudreuse et stérile. Cependant il est une sorte de richesse dont nos voisins ont encore pu dépouiller l'antique Cythère, je veux parler de quelques bas-reliefs et statues qui indiquaient encore les lieux dignes de souvenir. Ils ont enlevé d'Aplunori une frise de marbre sur laquelle on pouvait lire, malgré quelques abréviations, ces mots qui furent recueillis en 1798, par des commissaires de la république française : Ναός Ἀφροδίτης, Θέας Κυρίας Κυθηρείων, καὶ παντὸς Κόσμου. « Temple de Vénus, déesse maîtresse des Cythériens et du monde entier. »

Cette inscription ne peut laisser de doute sur le caractère des ruines, mais en outre un bas-relief enlevé aussi par les Anglais avait servi longtemps de pierre à un tombeau dans le bois d'Aplunori. On y distinguait les images de deux amants venant offrir des colombes à la déesse, et s'avançant au delà de l'autel près duquel était déposé le vase des libations. La jeune fille, vêtue d'une longue tunique, présentait les oiseaux sacrés, tandis que le jeune homme, appuyé d'une main sur son bouclier, semblait de l'autre aider sa compagne à déposer son présent aux pieds de la statue; Vénus était vêtue à peu près comme la jeune fille, et ses cheveux, tressés sur les tempes, descendaient en boucles sur le col.

Il est évident que le temple situé sur cette colline n'était pas consacré à Vénus Uranie, ou céleste, adorée dans d'autres quartiers de l'île, mais à cette seconde Vénus, populaire ou terrestre qui présidait aux mariages. La première, apportée par des habitants de la ville d'Ascalon en Syrie, divinité sévère, au symbole complexe, au sexe douteux, avait tous les caractères des images primitives surchargées d'attributs et d'hiéroglyphes, telles que la Diane d'Éphèse ou la Cybèle de Phrygie; elle fut adoptée par les Spartiates qui les premiers avaient colonisé l'île; la seconde, plus riante, plus humaine, et dont le culte, introduit par les Athéniens vainqueurs, fut le sujet de guerres civiles entre les habitants, avait une statue renommée dans toute la Grèce comme une merveille de l'art : elle était nue et tenait à sa main droite une coquille marine; ses fils Éros et Antéros l'accompagnaient, et devant elle était un groupe de trois Grâces dont deux la regardaient, et dont la troisième était tournée du côté opposé. Dans la partie orientale du temple, on remarquait la statue d'Hélène, ce qui est cause probablement que les habitants du pays donnent à ces ruines le nom de palais d'Hélène.

Deux jeunes gens se sont offerts à me conduire aux ruines de l'ancienne ville de Cythère dont l'entassement poudreux s'apercevait le long de la mer entre la colline d'Aplunori et le port de San-

Nicolo ; je les avais donc dépassées en me rendant à Potamo par l'intérieur des terres ; mais la route n'était praticable qu'à pied, et il fallut renvoyer le mulet au village. Je quittai à regret ce peu d'ombrage plus riche en souvenirs que les quelques débris de colonnes et de chapiteaux dédaignés par les collectionneurs anglais. Hors de l'enceinte du bois, trois colonnes tronquées subsistaient debout encore au milieu d'un champ cultivé ; d'autres débris ont servi à la construction d'une maisonnette à toit plat, située au point le plus escarpé de la montagne, mais dont une antique chaussée de pierre garantit la solidité. Ce reste des fondations du temple sert de plus à former une sorte de terrasse qui retient la terre végétale nécessaire aux cultures et si rare dans l'île depuis la destruction des forêts sacrées.

On trouve encore sur ce point une excavation provenant de fouilles ; une statue de marbre blanc drapée à l'antique, et très-mutilée, en avait été retirée, mais il a été impossible d'en déterminer les caractères spéciaux. En descendant à travers les rochers poudreux, variés parfois d'oliviers et de vignes, nous avons traversé un ruisseau qui descend vers la mer en formant des cascades, et qui coule parmi des lentisques, des lauriers-roses et des myrthes. Une chapelle grecque s'est élevée sur les bords de cette eau bienfaisante, et paraît avoir succédé à un monument plus ancien.

V. — Paloeocastro.

Nous suivions dès lors le bord de la mer en marchant sur les sables et en admirant de loin en loin des cavernes où les flots vont s'engouffrer dans les temps d'orage ; les cailles de Cérigo, fort appréciées des chasseurs, sautelaient çà et là sur les rochers voisins, dans les touffes de sauge aux feuilles cendrées. Parvenus au fond de la baie, nous avons pu embrasser du regard toute la colline de Palœocastro couverte de débris, et que dominent encore les tours et les murs ruinés de l'antique ville de Cythère. L'enceinte en est marquée sur le penchant tourné vers la mer, et les restes des bâtiments sont cachés en partie sous le sable marin qu'amoncelle l'embouchure d'une petite rivière. Il semble que la plus grande partie de la ville ait disparu peu à peu sous l'effort de la mer croissante, à moins qu'un tremblement de terre, dont tous ces lieux portent les traces, n'ait changé l'assiette du terrain. Selon les habitants, lorsque les eaux sont très-claires, on distingue au fond de la mer les restes de constructions considérables.

En traversant la petite rivière, on arrive aux anciennes catacombes pratiquées dans un rocher qui domine les ruines de la ville et où l'on monte par un sentier taillé dans la pierre. La catastrophe qui apparaît dans certains détails de cette plage désolée a fendu dans toute sa hauteur cette roche funéraire et ouvert au grand jour les hypogées qu'elle renferme. On distingue par l'ouverture les côtés correspondants de chaque salle séparés comme par prodige; c'est après avoir gravi le rocher qu'on parvient à descendre dans ces catacombes qui paraissent avoir été habitées récemment par des pâtres; peut-être ont-elles servi de refuge pendant les guerres, ou à l'époque de la domination des Turcs.

Le sommet même du rocher est une plate-forme oblongue, bordée et jonchée de débris qui indiquent la ruine d'une construction beaucoup plus élevée; peut-être était-ce un temple dominant les sépulcres et sous l'abri duquel reposaient des cendres pieuses. Dans la première chambre que l'on rencontre ensuite, on remarque deux sarcophages taillés dans la pierre et couverts d'une arcade cintrée; les dalles qui les fermaient et dont on ne voit plus que les débris, étaient seules d'un autre morceau; aux deux côtés, des niches ont été pratiquées dans le mur, soit pour placer des lampes ou des vases lacrymatoires, soit encore pour contenir des urnes funéraires. — Mais s'il y avait ici des urnes, à quoi bon plus loin des cercueils? Il est certain que l'usage des anciens n'a pas toujours été de brûler les corps, puisque, par exemple, l'un des Ajax fut enseveli dans la terre ; mais si la coutume a pu varier selon les temps, comment l'un et l'autre mode aurait-il été indiqué dans le même monument? Se pourrait-il encore que ce qui nous semble des tombeaux ne soient que des cuves d'eau lustrale multipliées pour le service des temples? Le doute est ici permis comme à l'égard des prétendus sarcophages trouvés dans l'intérieur des pyramides de Gizeh. — Quoi qu'il en soit, l'ornement de ces chambres paraît avoir été fort simple comme architecture ; aucune sculpture, aucune colonne n'en vient varier l'uniforme construction ; les murs sont taillés carrément, le plafond est plat, seulement l'on s'aperçoit que primitivement les parois ont été revêtues d'un mastic où apparaissent des traces d'anciennes peintures exécutées en rouge et en noir à la manière des Etrusques.

Des curieux ont déblayé l'entrée d'une salle plus considérable pratiquée dans le massif de la montagne ; elle est vaste, carrée et entourée de cabinets ou cellules, séparés par des pilastres et qui peuvent avoir été soit des tombeaux, soit des chapelles, car selon bien des gens cette excavation immense serait la place d'un temple consacré aux divinités souterraines.

V — Les trois Vénus.

Il est difficile de dire si c'est sur ce rocher qu'était bâti le temple de Vénus céleste, indiqué par Pausanias comme dominant Cythère, ou si ce monument s'élevait sur la colline encore couverte des ruines de cette cité, que certains auteurs appellent aussi la ville de Ménélas. Toujours est-il que la disposition singulière de ce rocher m'a rappelé celle d'un autre temple d'Uranie que l'auteur grec décrit ailleurs comme étant placé sur une colline hors des murs de Sparte. Pausanias lui-même, Grec de la décadence, païen d'une époque où l'on avait perdu le sens des vieux symboles, s'étonne de la construction toute primitive des deux temples superposés consacrés à la déesse. Dans l'un, celui d'en bas, on la voit couverte d'armures, *telle que Minerve* (ainsi que la peint une épigramme d'Ausone); dans l'autre, elle est représentée couverte entièrement d'un voile, avec des chaînes aux pieds. Cette dernière statue, taillée en bois de cèdre, avait été, dit-on, érigée par Tyndare et s'appelait *Morpho*, autre surnom de Vénus.— Est-ce là la Vénus souterraine, celle que les Latins appelaient *Libitina?* celle qu'on représentait aux enfers, unissant Pluton à la froide Perséphone, et qui, encore sous le surnom d'*Aînée des Parques*, se confond parfois avec la belle et pâle Némésis!

On a souri des préoccupations de ce poétique voyageur, « qui « s'inquiétait tant de la blancheur des marbres; » peut-être s'étonnera-t-on dans ce temps-ci de me voir dépenser tant de recherches à constater la triple personnalité de la déesse de Cythère. Certes, il n'était pas difficile de trouver dans ses trois cents surnoms et attributs la preuve qu'elle appartenait à la classe de ces divinités *panthées*, qui présidaient à toutes les forces de la nature dans les trois régions du ciel, de la terre et des lieux souterrains. Mais j'ai voulu surtout montrer que le culte des Grecs s'adressait principalement à la Vénus austère, idéale et mystique, que les néo-platoniciens d'Alexandrie purent opposer, sans honte, à la Vierge des chrétiens. Cette dernière, plus humaine, plus facile à comprendre pour tous, a vaincu désormais la philosophique Uranie. Aujourd'hui la *Panagia* grecque a succédé sur ces mêmes rivages aux honneurs de l'antique Aphrodite; l'église ou la chapelle se rebâtit des ruines du temple et s'applique à en couvrir les fondements; les mêmes superstitions s'attachent presque partout à des attributs tout semblables; la Panagia qui tient à la main un éperon de navire, a pris la place de Vénus Pontia; une autre reçoit, comme la Vénus Calva, un tribut de chevelures que les jeunes filles suspendent aux murs de sa chapelle. Ailleurs s'élevait la Vénus des flammes, ou la Vénus des abîmes; la Vénus Apostrophia, qui détournait des pensées impures, ou la Vénus Peristeria, qui avait la douceur et l'innocence des colombes; la Panagia suffit encore à réaliser tous ces emblèmes. Ne demandez pas d'autres croyances aux descendants des Achéens; le christianisme ne les a pas vaincus, ils l'ont plié à leurs idées; le principe féminin, et, comme dit Goëthe, le *féminin céleste* régnera toujours sur ce rivage. La Diane sombre et cruelle du Bosphore, la Minerve prudente d'Athènes, la Vénus armée de Sparte, telles étaient leurs plus sincères religions: la Grèce d'aujourd'hui remplace par une seule vierge tous ces types de vierges saintes, et compte pour bien peu de chose la trinité masculine et tous les saints de la légende, — à l'exception de saint Georges, le jeune et brillant cavalier.

En quittant ce rocher bizarre, tout percé de salles funèbres, et dont la mer rouge assidûment la base, nous sommes arrivés à une grotte que les stalactites ont décorée de piliers et de franges merveilleuses; des bergers y avaient abrité leurs chèvres contre les ardeurs du jour; mais le soleil commença bientôt à décliner vers l'horizon en jetant sa pourpre au rocher lointain de Cérigotto, vieille retraite des pirates; la grotte était sombre et mal éclairée à cette heure, et je ne fus pas tenté d'y pénétrer avec des flambeaux; cependant tout y révèle encore l'antiquité de cette terre aimée des cieux. Des pétrifications, des fossiles, des amas même d'ossements antédiluviens ont été extraits de cette grotte ainsi que de plusieurs autres points de l'île. Ainsi ce n'est point sans raison que les Pélasges avaient placé là le berceau de la fille d'Uranus, de cette Vénus si différente de celle des peintres et des poètes, qu'Orphée invoquait en ces termes : « Vénérable déesse, qui aimes les ténèbres... visible et invisible... dont toutes choses émanent, car tu donnes des lois au monde entier, et tu commandes même aux Parques, ô souveraine de la nuit ! »

VIII. — LES CYCLADES.

Cérigo et Cérigotto montraient encore à l'horizon leurs contours anguleux, bientôt nous tournâmes la pointe du cap Mali, passant si près de la Morée que nous distinguions tous les détails du paysage. Une habitation singulière attira nos regards ; cinq à six arcades de pierre soutenaient le devant d'une sorte de grotte précédée d'un petit jardin. Les matelots nous dirent que c'était la demeure d'un hermite, qui depuis longtemps vivait et priait sur ce promontoire isolé. C'est un lieu magnifique en effet pour rêver au bruit des flots comme un moine romantique de Byron ! — Les vaisseaux qui passent envoient quelquefois une barque porter des aumônes à ce solitaire, qui probablement est en proie à la curiosité des anglais. Il ne se montra pas pour nous ; peut-être est-il mort.

A deux heures du matin le bruit de la chaîne laissant tomber l'ancre, nous éveillait tous, et nous annonçait entre deux rêves que ce jour là même nous foulerions le sol de la Grèce véritable et régénérée. La vaste rade de Syra nous entourait comme un croissant.

Je vis depuis ce matin dans un ravissement complet. Je voudrais m'arrêter tout-à-fait chez ce bon peuple hellène, au milieu de ces îles aux noms sonores, et d'où s'exhale comme un parfum du jardin des racines grecques. Ah ! que je remercie à présent mes bons professeurs, tant de fois maudits, de m'avoir appris de quoi pouvoir déchiffrer, à Syra, l'enseigne d'un barbier, d'un cordonnier ou d'un tailleur. Hé quoi ! voici bien les mêmes lettres rondes et les mêmes majuscules... que je savais si bien lire du moins, et que je me donne le plaisir d'épeler tout haut dans la rue :

— Καλιμέρα (bonjour), me dit le marchand d'un air affable, en me faisant l'honneur de ne pas me croire Parisien.

— Ποσα (combien) ? dis-je, en choisissant quelque bagatelle.

— Δεκα δραγμαι (dix drachmes), me répond-il d'un ton classique...

Heureux homme pourtant, qui sait le grec de naissance, et ne se doute pas qu'il parle en ce moment comme un personnage de Lucien. .

Cependant le batelier me poursuit encore sur le quai et me crie comme Caron à Ménippe :

— Αποδος, ὦ καταρατε, τα πορτμια ! (paie-moi, gredin, le prix du passage) !

Il n'est pas satisfait d'un demi-franc que je lui ai donné ; il veut une drachme (90 cent.) : Il n'aura pas même une obole. Je lui réponds vaillamment avec quelques phrases des Dialogues des Morts. Il se retire en grommelant des jurons d'Aristophane.

Il me semble que je marche au milieu d'une comédie. Le moyen de croire à ce peuple en veste brodée, en jupon plissé à gros tuyaux (fustanelle), coiffé de bonnets rouges, dont l'épais flocon de soie retombe sur l'épaule, avec des ceintures hérissées d'armes éclatantes, des jambières et des babouches. C'est encore le costume exact de l'Ile des Pirates ou du Siége de Missolonghi. Chacun passe pourtant sans se douter qu'il a l'air d'un comparse, et c'est mon hideux vêtement de Paris qui provoque seul, parfois, un juste accès d'hilarité.

Oui, mes amis! c'est moi qui suis un barbare, un grossier fils du Nord, et qui fais tache dans votre foule bigarrée. Comme le Scythe Anacharsis... Oh! pardon, je voudrais bien me tirer de ce parallèle ennuyeux.

Mais c'est bien le soleil d'Orient et non le pâle soleil du lustre qui éclaire cette jolie ville de Syra, dont le premier aspect produit l'effet d'une décoration impossible. Je marche en pleine couleur locale, unique spectateur d'une scène étrange, où le passé renaît sous l'enveloppe du présent.

Tenez, ce jeune homme aux cheveux bouclés, qui passe en portant sur l'épaule le corps difforme d'un chevreau noir... Dieux puissants! c'est une outre de vin, une outre homérique, ruisselante et velue. Le garçon sourit de mon étonnement, et m'offre gracieusement de délier l'une des pattes de sa bête, afin de remplir ma coupe d'un vin de Samos emmiellé.

— O jeune Grec! dans quoi me verseras-tu ce nectar? car je ne possède point de coupe, je te l'avouerai.

πιε (bois!) me dit-il, en tirant de sa ceinture une corne tronquée garnie de cuivre et faisant jaillir de la patte de l'outre un flot du liquide écumeux.

J'ai tout avalé sans grimace et sans rien rejeter, par respect pour le sol de l'antique Scyros que foulèrent les pieds d'Achille enfant!

Je puis dire aujourd'hui que cela sentait affreusement le cuir, la mélasse et la colophane; mais assurément c'est bien là le même vin qui se buvait aux noces de Pélée, et je bénis les dieux qui m'ont fait l'estomac d'un Lapithe sur les jambes d'un Centaure.

Ces dernières ne m'ont pas été inutiles non plus dans cette ville bizarre, bâtie en escalier, et divisée en deux cités, l'une bordant la mer (la neuve), et l'autre (la cité vieille), couronnant la pointe d'une montagne en pain de sucre, qu'il faut gravir aux deux tiers avant d'y arriver.

Me préservent les chastes Piérides de médire aujourd'hui des monts rocailleux de la Grèce! ce sont les os puissants de cette vieille mère (la nôtre à tous) que nous foulons d'un pied débile. Ce gazon rare où fleurit la triste anémone, rencontre à peine assez de terre pour étendre sur elle un reste de manteau jauni. O Muses! ô Cybèle! Hé quoi! pas même une broussaille, une touffe d'herbe plus haute indiquant la source voisine... Hélas! j'oubliais que dans la ville neuve où je viens de passer, l'eau pure se vend au verre, et que je n'ai rencontré qu'un porteur de vin.

Me voici donc enfin dans la campagne, entre les deux villes. — L'une, au bord de la mer, étalant son luxe de favorite des marchands et des matelots, son bazar à demi-turc, ses chantiers de navires, ses magasins et ses fabriques neuves, sa grande rue bordée de merciers, de tailleurs et de libraires; et, sur la gauche, tout un quartier de négociants, de banquiers et d'armateurs, dont les maisons, déjà splendides, gravissent et couvrent peu à peu le rocher, qui tourne à pic sur une mer bleue et profonde. — L'autre, qui, vue du port, semblait former la pointe d'une construction pyramidale, se montre maintenant détachée de sa base apparente par un large pli de terrain, qu'il faut traverser avant d'atteindre la montagne, dont elle coiffe bizarrement le sommet.

Te souviens-tu de la ville de *Laputa* du bon Swift, suspendue dans les airs par une force magique et venant de temps à autre se poser quelque part sur notre terre pour y faire provision de ce qui lui manque. Voilà exactement le portrait de Syra la vieille, moins la faculté de locomotion. C'est bien elle encore qui « d'étage en étage escalade la nue, » avec vingt rangées de petites maisons à toits plats, qui diminuent régulièrement jusqu'à l'église de Saint-

Georges, dernière assise de cette pointe pyramidale. Deux autres montagnes plus hautes élèvent derrière celle-ci leur double piton, entre lequel se détache de loin cet angle de maisons blanchies à la chaux. Cela forme un coup-d'œil tout particulier.

IX. — Saint-Georges.

On monte assez longtemps encore à travers les cultures, des petits murs en pierres sèches indiquent la borne des champs ; puis la montée devient plus rapide et l'on marche sur le rocher nu ; enfin l'on touche aux premières maisons ; la rue étroite s'avance en spirale vers le sommet de la montagne ; des boutiques pauvres, des salles de rez-de-chaussée où les femmes causent ou filent, des bandes d'enfants à la voix rauque, aux traits charmants, courant çà et là ou jouant sur le seuil des masures, des jeunes filles se voilant à la hâte tout effarées de voir dans la rue quelque chose de si rare qu'un passant, des cochons de lait et des volailles troublés dans la paisible possession de la voie publique, refluant vers les intérieurs ; çà et là d'énormes matrones rappelant ou cachant leurs enfants pour les garder du mauvais œil, tel est le spectacle assez vulgaire qui frappe partout l'étranger.

Étranger ! mais le suis-je donc tout-à-fait sur cette terre du passé ? Oh ! non, déjà quelques voix bienveillantes ont salué mon costume dont tout à l'heure j'avais honte : Καθολικος ! tel est le mot que des enfants répètent autour de moi. Et l'on me guide à grands cris vers l'église de Saint-Georges qui domine la ville et la montagne. Catholique ! Vous êtes bien bons, mes amis ; catholique, vraiment je l'avais oublié. Je tâchais de penser aux dieux immortels, qui ont inspiré tant de nobles génies, tant de hautes vertus ! J'évoquais de la mer déserte et du sol aride les fantômes riants que rêvaient vos pères, et je m'étais dit en voyant si triste et si nu tout cet archipel des Cyclades, ces côtes dépouillées, ces baies inhospitalières, que la malédiction de Neptune avait frappé la Grèce oublieuse... La verte naïade est morte épuisée dans sa grotte, les dieux des bocages ont disparu de cette terre sans ombre, et toutes ces divines animations de la matière se sont retirées peu à peu comme la vie d'un corps glacé. Oh! n'a-t-on pas compris ce dernier cri jeté par un monde mourant, quand de pâles navigateurs s'en vinrent raconter qu'en passant, la nuit, près des côtes de Thessalie, ils avaient entendu une grande voix qui criait : « Pan « est mort ! » Mort, eh quoi ! lui, le compagnon des esprits simples et joyeux, le dieu qui bénissait l'hymen fécond de l'homme et de la terre! il est mort, lui, par qui tout avait coutume de vivre! mort sans lutte au pied de l'Olympe profané, — mort comme un dieu peut seulement mourir, faute d'encens et d'hommages, et frappé au cœur comme un père par l'ingratitude et l'oubli! Et maintenant... arrêtez-vous, enfants, que je contemple encore cette pierre ignorée qui rappelle son culte et qu'on a scellée par hasard dans le mur de la terrasse qui soutient votre église, laissez-moi toucher ces attributs sculptés représentant un cistre, des cimbales, et, au milieu, une coupe couronnée de lierre ; c'est le débris de son autel rustique, que vos aïeux ont entouré avec ferveur, en des temps où la nature souriait au travail, où Syra s'appelait Syros...

Ici je ferme une période un peu longue pour ouvrir une parenthèse utile. J'ai confondu plus haut *Syros* avec *Scyros*. Faute d'un c cette île aimable perdra beaucoup dans mon estime; car c'est ailleurs décidément que le jeune Achille fut élevé parmi les filles de Lycomède, et, si j'en crois mon itinéraire, Syra ne peut se glorifier que d'avoir donné le jour à Phérécide, le maître de Pythagore et l'inventeur de la boussole. — Que les itinéraires sont savants !

On est allé chercher le bedeau pour ouvrir l'église ; et je m'assieds en attendant sur le rebord de la terrasse, au milieu d'une troupe d'enfants bruns et blonds comme partout, mais beaux comme ceux des marbres antiques, avec des yeux que le marbre ne peut rendre et dont la peinture ne peut fixer l'éclat mobile. Les petites filles vêtues comme de petites sultanes, avec un turban de cheveux tressés, les garçons ajustés en filles, grâce à la jupe grecque plissée et à la longue chevelure tordue sur les épaules, voilà ce que Syra produit toujours à défaut de fleurs et d'arbustes ; cette jeunesse sourit encore sur le sol dépouillé... N'ont-ils pas dans leur langue aussi quelque chanson naïve correspondant à cette ronde de nos jeunes filles, qui pleure les bois déserts et les lauriers coupés ? Mais Syra répondrait que ses bois sillonnent les eaux et que ses lauriers se sont épuisés à couronner le front de ses marins ! — N'as-tu pas été aussi le grand nid des pirates, ô vertueux rocher ! deux fois catholique, latin sur la montagne et grec sur le rivage : et n'es-tu pas toujours celui des banquiers ?

Mon itinéraire ajoute que la plupart des riches négociants de la ville basse ont fait fortune pendant la guerre de l'indépendance par le commerce que voici : leurs vaisseaux, sous pavillon turc, s'emparaient de ceux que l'Europe avait envoyés porter des secours d'argent et d'armes à la Grèce, puis, sous pavillon grec, ils allaient revendre les armes et les provisions à leurs frères de Morée ou de Chio ; quant à l'argent, ils ne le gardaient pas, mais le prêtaient aussi sous bonne garantie à la cause de l'indépendance, et conciliaient ainsi leurs habitudes d'usuriers et de pirates avec leurs devoirs d'Hellènes. Il faut dire aussi qu'en général la ville haute tenait pour les Turcs par suite de son christianisme romain. Le général Fabvier, passant à Syra, et, se croyant au milieu des Grecs orthodoxes, y faillit être assassiné... Peut-être eût-on voulu pouvoir vendre aussi à la Grèce reconnaissante le corps illustre du guerrier.

Quoi ! vos pères auraient fait cela ? beaux enfants aux cheveux d'or et d'ébène, qui me voyez avec admiration feuilleter ce livre, plus ou moins véridique, en attendant le bedeau. Non ! j'aime mieux en croire vos yeux si doux, ce qu'on reproche à votre race doit être attribué à ce ramas d'étrangers sans nom, sans culte et sans patrie, qui grouillent encore sur le port de Syra, ce carrefour de l'Archipel. Et d'ailleurs, le calme de vos rues désertes, cet ordre et cette pauvreté... Voici le bedeau portant les clefs de l'église Saint-Georges. Entrons ; — non... je vois ce que c'est.

Une colonnade modeste, un autel de paroisse campagnarde, quelques vieux tableaux sans valeur, un saint Georges sur fond d'or, terrassant celui qui se relève toujours... cela vaut-il la chance d'un refroidissement sous ces voûtes humides, entre ces murs massifs qui pèsent sur les ruines d'un temple des dieux abolis ? Non ! pour un jour que je passe en Grèce, je ne veux pas braver la colère d'Apollon !

D'autant plus, qu'il y a dans ce livre que je tiens un passage qui m'a fortement frappé : « Avant d'arriver à Delphes, on trouve sur la route de Livadie plusieurs tombeaux antiques. L'un d'eux dont l'entrée a la forme d'une porte colossale, a été fendu par un tremblement de terre, et de la fente sort le tronc d'un laurier sauvage. Dodwel nous apprend qu'il règne dans le pays une tradition rapportant qu'à l'instant de la mort de Jésus-Christ, un prêtre d'Apollon offrait un sacrifice dans ce lieu même, quand s'arrêtant tout-à-coup, il s'écria : qu'un nouveau Dieu venait de naître, dont la puissance égalerait celle d'Apollon, mais qui finirait pourtant par lui céder. A peine eut-il prononcé ce *blasphème*, que le rocher se fendit, et il tomba mort, frappé par une main invisible. »

Et moi, fils d'un siècle douteur, n'ai-je pas bien fait d'hésiter à franchir le seuil, et de m'arrêter plutôt encore sur la terrasse à contempler Tine prochaine, et Naxos et Paros et Micone éparses sur les eaux, et plus loin cette côte basse et déserte, visible encore au bord du ciel, qui fut Délos, l'île d'Apollon!...

X. — Les Moulins de Syra.

En redescendant vers le port, il m'est arrivé une aventure singulière, dans un de ces moulins à huit ailes qui décorent si bizarrement les hauteurs de toutes les îles grecques.

Un moulin à vent à huit ailes qui battent joyeusement l'air, comme les longues ailes membraneuses des cigales, cela gâte beaucoup moins la perspective que nos affreux moulins de Picardie; pourtant cela ne fait qu'une figure médiocre auprès des ruines solennelles de l'antiquité. N'est-il pas triste de songer que la côte de Délos en est couverte? Les moulins sont le seul ombrage de ces lieux stériles, autrefois couverts de bois sacrés. En descendant de Syra la vieille à Syra la nouvelle, bâtie au bord de la mer sur les ruines de l'antique Hermopolis, il a bien fallu me reposer à l'ombre de ces moulins dont le rez-de-chaussée est généralement un cabaret. Il y a des tables devant la porte et l'on vous sert, dans des bouteilles empaillées, un petit vin rougeâtre qui sent le goudron et le cuir. Une vieille femme s'approche de la table où j'étais assis et me dit : *Κοκονιτζα! καλι!..* Tu sais déjà que le grec moderne s'éloigne beaucoup moins qu'on ne croit de l'ancien. Ceci est vrai à ce point que les journaux, la plupart écrits en grec ancien, sont cependant compris de tout le monde. — Je ne me donne pas pour un helléniste de première force, mais je voyais bien par le second mot qu'il s'agissait de quelque chose de beau. Quant au substantif *Κοκονιτζα* j'en cherchais en vain la racine dans ma mémoire meublée, hélas! des dizains classiques de Lancelot.

Après tout, me dis-je, cette femme reconnaît en moi un étranger, elle veut peut-être me montrer quelque ruine, me faire voir quelque curiosité. Peut-être est-elle chargée d'un galant message, car nous sommes dans le Levant, pays d'aventures. Comme elle me faisait signe de la suivre, je la suivis. Elle me conduisit plus loin à un autre moulin. Ce n'était plus un cabaret : une sorte de de tribu farouche, de sept à huit drôles mal vêtus remplissait l'intérieur de la salle basse. Les uns dormaient, d'autres jouaient aux osselets. Ce tableau d'intérieur n'avait rien de gracieux. La vieille m'offrit d'entrer. Comprenant à peu près la destination de l'établissement, je fis mine de vouloir retourner à l'honnête taverne où la vieille m'avait rencontré. Elle me retint par la main en criant de nouveau : Κοκονιτζα! Κοκονιτζα! et, sur ma répugnance à pénétrer dans la maison, elle me fit signe de rester seulement à l'endroit où j'étais.

Elle s'éloigna de quelques pas et se mit comme à l'affût derrière une haie de cactus qui bordait un sentier conduisant à la ville. Des filles de la campagne passaient de temps en temps, portant de grands vases de cuivre sur la hanche quand ils étaient vides, sur la tête quand ils étaient pleins. Elles allaient à une fontaine située près de là, ou en revenaient.—J'ai su depuis que c'était l'unique fontaine de l'île. — Tout-à-coup la vieille se mit à siffler, l'une des paysannes s'arrêta et passa précipitamment par une des ouvertures de la haie. Je compris tout de suite la signification du mot Κοκονιτζα! Il s'agissait d'une sorte de chasse aux jeunes filles. — La vieille sifflait — le même air sans doute que siffla le vieux serpent sous l'arbre du mal,—et une pauvre paysanne venait se faire prendre à l'appel.

Dans les îles grecques, toutes les femmes qui sortent sont voilées comme si l'on était en pays turc. J'avouerai que je n'étais pas fâché, pour un jour que je passais en Grèce, de voir au moins un visage de femme. Et pourtant, cette simple curiosité de voyageur n'était-elle pas déjà une sorte d'adhésion au manége de l'affreuse vieille? La jeune fille paraissait tremblante et incertaine ; peut-être était-ce la première fois qu'elle cédait à la tentation embusquée derrière cette haie fatale! La vieille leva le pauvre voile bleu de la paysanne. Je vis une figure pâle, régulière, avec des yeux assez sauvages ; deux grosses tresses de cheveux noirs entouraient la tête comme un turban. Il n'y avait rien là du charme dangereux de l'antique *hétaïre* ; de plus la jeune fille se tournait à chaque instant avec inquiétude du côté de la campagne en disant: O ανδροσ μου! O ανδροσ μου! (mon mari! mon mari.) La misère, plus que l'amour, apparaissait dans toute son attitude. Je t'avoue que j'eus peu de mérite à résister à la séduction. — Je lui pris la main, où je mis deux ou trois drachmes, et je lui fis signe qu'elle pouvait redescendre dans le sentier.

Elle parut hésiter un instant, puis portant la main à ses cheveux, elle tira d'entre les nattes tordues autour de sa tête, une de ces amulettes que portent toutes les femmes des pays orientaux, et me la donna en disant un mot que je ne pus comprendre.

C'était un petit fragment de vase ou de lampe antique, qu'elle avait sans doute ramassé dans les champs, entortillé dans un morceau de papier rouge, et sur lequel j'ai cru distinguer une petite figure de génie monté sur un char ailé entre deux serpents. Au reste le relief est tellement fruste, qu'on peut y voir tout ce que l'on veut. — Espérons que cela me portera bonheur dans mon voyage.

En redescendant au port j'ai vu des affiches qui portaient le titre d'une tragédie de *Marco Bodjari*, par Aleko Soudzo, suivie d'un ballet, le tout imprimé en italien pour la commodité des étrangers. Après avoir dîné à l'hôtel d'Angleterre, dans une grande salle ornée d'un papier peint à personnages, je me suis fait conduire au *Casino*, où avait lieu la représentation. On déposait avant d'entrer, les longs chibouks de cerisier, à une sorte de bureau *des pipes*: les gens du pays ne fument plus au théâtre pour ne pas incommoder les touristes anglais qui louent les plus belles loges. Il n'y avait guère que des hommes, — sauf quelques femmes étrangères à la localité. J'attendais avec impatience le lever du rideau pour juger de la déclamation. La pièce a commencé par une scène d'exposition entre Bodjari et un Palikare son confident. Leur débit emphatique et guttural m'eût dérobé le sens des vers, quand même j'aurais été assez savant pour les comprendre; de plus, les Grecs prononcent l'éta comme un *i*, le thêta comme un *z*, le bêta comme un *v*, l'upsilon comme un *y*, ainsi de suite. Il est probable que c'était là la prononciation antique, mais l'Université nous enseigne autrement.

Au second acte, je vis paraître Moustaï-Pacha, au milieu des femmes de son sérail, lesquelles n'étaient que des hommes vêtus en odalisques. Il paraît qu'en Grèce on ne permet pas aux femmes de paraître sur le théâtre. Quelle moralité! En suivant la pièce j'ai fini par comprendre peu à peu que Marco-Bodjari n'était qu'un Léonidas renouvelant, avec trois cents Palikares, la résistance des trois cents Spartiates. On applaudissait vivement ce drame hellénique qui, après s'être développé selon les règles classiques, se terminait par des coups de fusil.

En retournant au bateau à vapeur, j'ai joui du spectacle unique de cette ville pyramidale éclairée jusqu'à ses plus hautes maisons. C'était vraiment *babylonian*, comme dirait un anglais.

Nous sommes partis dans la nuit pour Alexandrie. C'est une traversée de trois jours.

LES MARIAGES COPHTES.

I.—LE MASQUE ET LE VOILE.

Le Caire est la ville du Levant où les femmes sont encore le plus hermétiquement voilées. A Constantinople, à Smyrne, une gaze blanche ou noire laisse quelquefois deviner les traits des belles musulmanes, et les édits les plus rigoureux parviennent rarement à leur faire épaissir ce frêle tissu. Ce sont des nonnes gracieuses et coquettes, qui, se consacrant à un seul époux, ne sont pas fâchées toutefois de donner des regrets au monde. Mais l'Égypte, grave et pieuse, est toujours le pays des énigmes et des mystères ; la beauté s'y entoure comme autrefois de voiles et de bandelettes, et cette morne attitude décourage aisément l'Européen frivole. Il abandonne le Caire après huit jours, et se hâte d'aller vers les cataractes du Nil chercher d'autres déceptions que lui réserve la science, et dont il ne conviendra jamais.

La patience était la plus grande vertu des initiés antiques. Pourquoi passer si vite? Arrêtons-nous, et cherchons à soulever un coin du voile austère de la déesse de Saïs. D'ailleurs, n'est-il pas encourageant de voir qu'en des pays où les femmes passent pour être prisonnières, les bazars, les rues et les jardins nous les présentent par milliers, marchant seules à l'aventure, ou deux ensemble, ou accompagnées d'un enfant? Réellement, les Européennes n'ont pas autant de liberté : les femmes de distinction sortent, il est vrai, juchées sur des ânes et dans une position inaccessible; mais, chez nous, les femmes du même rang ne sortent guère qu'en voiture. Reste le voile, qui peut-être n'établit pas une barrière aussi farouche que l'on croit.

Parmi les riches costumes arabes et turcs que la réforme épargne, l'habit mystérieux des femmes donne à la foule qui remplit les rues l'aspect joyeux d'un bal masqué; la teinte des dominos varie seulement du bleu au noir. Les grandes dames voilent leur taille sous le *habbarah* de taffetas léger, tandis que les femmes du peuple se drapent gracieusement dans une simple tunique bleue de laine ou de coton (*khamiss*), comme des statues antiques. L'imagination trouve son compte à cet incognito des visages féminins, qui ne s'étend pas à tous leurs charmes. De belles mains ornées de bagues talismaniques et de bracelets d'argent, quelquefois des bras de marbre pâle s'échappant tout entiers de leurs larges manches relevées au-dessus de l'épaule, des pieds nus chargés d'anneaux que la babouche abandonne à chaque pas et dont les chevilles résonnent d'un bruit argentin, voilà ce qu'il est permis d'admirer, de deviner, de surprendre, sans que la foule s'en inquiète ou que la femme elle-même semble le remarquer. Parfois les plis flottants du voile quadrillé de blanc et de bleu qui couvre la tête et les épaules se dérangent un peu, et l'éclaircie qui se manifeste entre ce vêtement et le masque allongé qu'on appelle *borghot* laisse voir une tempe gracieuse où des cheveux bruns se tortillent en boucles serrées, comme dans les bustes de Cléopâtre, une oreille petite et ferme secouant sur le col et la joue des grappes de sequins d'or ou quelque plaque ouvragée de turquoises et de filigrane d'argent. Alors on sent le besoin d'interroger les yeux de l'Égyptienne voilée, et c'est là le plus dangereux. Le masque est composé d'une pièce de crin noir étroite et longue qui descend de la tête aux pieds, et qui est percée de deux trous comme la cagoule d'un pénitent ; quelques annelets brillants sont enfilés dans l'intervalle qui joint le front à la barbe du masque, et c'est derrière ce rempart que des yeux ardents vous attendent, armés de toutes les séductions qu'ils peuvent emprunter à l'art. Le sourcil, l'orbite de l'œil, la paupière même, en dedans des cils, sont avivés par la teinture, et il est impossible de mieux faire valoir le peu de sa personne qu'une femme a le droit de faire voir ici.

Je n'avais pas compris tout d'abord ce qu'a d'attrayant ce mystère dont s'enveloppe la plus intéressante moitié du peuple d'Orient, mais quelques jours ont suffi pour m'apprendre qu'une femme qui se sent remarquée trouve généralement le moyen de se laisser voir, si elle est belle. Celles qui ne le sont pas savent mieux maintenir leurs voiles, et l'on ne peut leur en vouloir. C'est bien là le pays des rêves et de l'illusion ! La laideur est cachée comme un crime, et l'on peut toujours entrevoir quelque chose de ce qui est forme, grace, jeunesse et beauté.

La ville elle-même, comme ses habitantes, ne dévoile que peu à peu ses retraites les plus ombragées, ses intérieurs les plus charmants. Le soir de mon arrivée au Caire, j'étais mortellement triste et découragé. En quelques heures de promenade sur un âne et avec la compagnie d'un drogman, j'étais parvenu à me démontrer que j'allais passer là les six mois les plus ennuyeux de ma vie, et tout cependant était arrangé d'avance pour que je n'y pusse rester un jour de moins. Quoi! c'est là, me disais-je, la ville des *Mille et une Nuits*, la capitale des califes fatimites et des soudans?.. Et je me plongeais dans l'inextricable réseau des rues étroites et poudreuses, à travers la foule en haillons, l'encombrement des chiens, des chameaux et des ânes, aux approches du soir dont l'ombre descend vite, grace à la poussière qui ternit le ciel et à la hauteur des maisons.

Qu'espérer de ce labyrinthe confus, grand peut-être comme Paris ou Rome, de ces palais et de ces mosquées que l'on compte par milliers? Tout cela a été splendide et merveilleux sans doute, mais trente générations y ont passé; partout la pierre croule, et le bois pourrit. Il semble que l'on voyage en rêve dans une cité du passé, habitée seulement par des fantômes, qui la peuplent sans l'animer. Chaque quartier entouré de murs à créneaux, fermé de lourdes portes comme au moyen-âge, conserve encore la physionomie qu'il avait sans doute à l'époque de Saladin ; de longs passages voûtés conduisent çà et là d'une rue à l'autre, plus souvent on s'engage dans une voie sans issue ; il faut revenir. Peu à peu tout se ferme, les cafés seuls sont éclairés encore, et les fumeurs assis sur des cages de palmier, aux vagues lueurs de veilleuses nageant dans l'huile, écoutent quelque longue histoire débitée d'un ton nasillard. Cependant les *moucharabys* s'éclairent : ce sont des grilles de bois, curieusement travaillées et découpées, qui s'avancent sur la rue et font office de fenêtres ; la lumière qui les traverse ne suffit pas à guider la marche du passant, d'autant plus que bientôt arrive l'heure du couvre-feu ; chacun se munit d'une lanterne, et l'on ne rencontre guère dehors que des Européens ou des soldats faisant la ronde.

Pour moi, je ne voyais plus trop ce que j'aurais fait dans les rues passé cette heure, c'est-à-dire dix heures du soir, et je m'étais couché fort tristement, me disant qu'il en serait sans doute ainsi tous les jours, et désespérant des plaisirs de cette capitale déchue. Mon premier sommeil se croisait d'une manière inexplicable avec les sons vagues d'une cornemuse et d'une viole enrouée, qui agaçaient sensiblement mes nerfs. Cette musique obstinée répétait toujours sur divers tons la même phrase mélodique, qui réveillait en moi l'idée d'un vieux noël bourguignon ou provençal. Cela appartenait-il au songe ou à la vie? Mon esprit hésita quelque temps avant de s'éveiller tout-à-fait. Il me semblait qu'on me portait en terre d'une manière à la fois grave et burlesque, avec des chantres de paroisse, et des buveurs couronnés de pampre; une sorte de gaieté patriarcale et de tristesse mythologique mélangeait ses impressions dans cet étrange concert, où de lamentables chants d'église formaient la basse d'un air bouffon propre à marquer les pas d'une danse de corybantes. Le bruit se rapprochant et grandissant de plus en plus, je m'étais levé tout engourdi encore et une grande lumière, pénétrant le treillage extérieur de ma fenêtre, m'apprit enfin qu'il s'agissait d'un spectacle tout matériel. Cependant ce que j'avais cru rêver se réalisait en partie; des hommes presque nus, couronnés comme des lutteurs antiques, combattaient au milieu de la foule avec des épées et des boucliers, mais ils se bornaient à frapper le cuivre avec l'acier en suivant le rhythme de la musique, et, se remettant en route, recommençaient plus loin le même simulacre de lutte. De nombreuses torches et des pyramides de bougies portées par des enfants éclairaient brillamment la rue et guidaient un long cortége d'hommes et des femmes, dont je ne pus distinguer tous les détails. Quelque chose comme un fantôme rouge portant une couronne de pierreries avançait lentement entre deux matrones au maintien grave, et un groupe confus de femmes en vêtements bleus fermait la marche en poussant à chaque station un gloussement criard du plus singulier effet.

C'était un mariage, il n'y avait plus à s'y tromper. J'avais vu à Paris, dans les planches gravées du citoyen Cassas, un tableau complet de ces cérémonies; mais ce que je venais d'apercevoir à travers les dentelures de la fenêtre ne suffisait pas à éteindre ma curiosité, et je voulus, quoiqu'il arrivât, poursuivre le cortége et l'observer plus à loisir. Mon drogman Abdallah, à qui je communiquai cette idée, fit semblant de frémir de ma hardiesse, se souciant peu de courir les rues au milieu de la nuit, et me parla du danger d'être assassiné ou battu. Heureusement j'avais acheté un de ces manteaux de poil de chameau nommés *machlah* qui couvrent un homme des épaules aux pieds ; avec ma barbe déjà longue et un mouchoir tordu autour de la tête, le déguisement était complet.

II.—UNE NOCE AUX FLAMBEAUX.

La difficulté fut de rattraper le cortége, qui s'était perdu dans le labyrinthe des rues et des impasses. Le drogman avait allumé une lanterne de papier, et nous courions au hasard, guidés ou trompés de temps en temps par quelques sons lointains de cornemuse ou par des éclats de lumière reflétés aux angles des carrefours. Enfin nous atteignons la porte d'un quartier différent du nôtre ; les maisons s'éclairent, les chiens hurlent, et nous voilà dans une longue rue toute flamboyante et retentissante, garnie de monde jusque sur les maisons.

Le cortége avançait fort lentement, au son mélancolique d'instruments imitant le bruit obstiné d'une porte qui grince ou d'un chariot qui essaie des roues neuves. Les coupables de ce vacarme marchaient au nombre d'une vingtaine, entourés d'hommes qui portaient des lances à feu. Ensuite venaient des enfants chargés d'énormes candélabres, dont les bougies jetaient partout une vive clarté. Les lutteurs continuaient à s'escrimer pendant les nombreuses haltes du cortége; quelques-uns, montés sur des échasses et coiffés de plumes, s'attaquaient avec de longs bâtons; plus loin, des jeunes gens portaient des drapeaux et des hampes surmontés d'emblèmes et d'attributs dorés, comme on en voit dans les triomphes romains; d'autres promenaient de petits arbres décorés de guirlandes et de couronnes, resplendissant en outre de bougies allumées et de lames de clinquant, comme des arbres de Noël. De larges plaques de cuivre doré, élevées sur des perches et couvertes d'ornements repoussés et d'inscriptions, reflétaient çà et là l'éclat des lumières. Ensuite marchaient les chanteuses (*oualems*) et les danseuses (*ghavasies*), vêtues de robes de soie rayées, avec leur tarbouch à calotte dorée et leurs longues tresses ruisselantes de sequins. Quelques-unes avaient le nez percé de longs anneaux, et montraient leurs visages fardés de rouge et de bleu, tandis que d'autres, quoique chantant et dansant, restaient soigneusement voilées. Elles s'accompagnaient en générale de cymbales, de castagnettes et de tambours de basque. Deux longues files d'esclaves marchaient ensuite, portant des coffres et des corbeilles où brillaient les présents faits à la mariée par son époux et par sa famille; puis le cortége des invités, les femmes au milieu, soigneusement drapées de leurs longues mantilles noires et voilées de masques blancs, comme des personnes de qualité, les hommes richement vêtus, car ce jour-là, me disait le drogman, les simples *fellahs* eux-mêmes savent se procurer des vêtements convenables. Enfin, au milieu d'une éblouissante clarté de torches, de candélabres et de pots-à-feu, s'avançait lentement le fantôme rouge que j'avais entrevu déjà, c'est-à-dire la nouvelle épouse (*el arouss*), entièrement voilée d'un long cachemire dont les palmes tombaient à ses pieds, et dont l'étoffe assez légère permettait sans doute qu'elle pût voir sans être vue. Rien n'est étrange comme cette longue figure qui s'avance sous son voile à plis droits, grandie encore par une sorte de diadème pyramidal éclatant de pierreries. Deux matrones vêtues de noir la soutiennent sous les coudes, de façon qu'elle a l'air de glisser lentement sur le sol; quatre esclaves tendent sur sa tête un dais de pourpre, et d'autres accompagnent sa marche avec le bruit des cymbales et des tympanons.

Cependant une halte nouvelle s'est faite au moment où j'admirais cet appareil, et des enfants ont distribué des siéges pour que l'épouse et ses parents pussent se reposer. Les *oualems*, revenant sur leurs pas, ont fait entendre des improvisations et des chœurs accompagnés de musique et de danses, et tous les assistants répétaient quelques passages de leurs chants. Quant à moi, qui dans ce moment-là me trouvais en vue, j'ouvrais la bouche comme les autres, imitant autant que possible les *elcyson* ou les *amen* qui servent de *répons* aux couplets les plus profanes; mais un danger plus grand menaçait mon incognito. Je n'avais pas fait attention que depuis quelques moments des esclaves parcouraient la foule en versant un liquide clair dans de petites tasses qu'ils distribuaient à mesure. Un grand Turc vêtu de rouge, et qui probablement faisait partie de la famille, présidait à la distribution et recevait les remerciements des buveurs. Il n'était plus qu'à deux pas de moi, et je n'avais nulle idée du salut qu'il fallait lui faire. Heureusement j'eus le temps d'observer tous les mouvements de mes voisins, et, quand ce fut mon tour, je pris la tasse de la main gauche et m'inclinai en portant ma main droite sur le cœur, puis sur le front, et enfin sur la bouche. Ces mouvements sont faciles, et cependant il faut prendre garde d'en intervertir l'ordre ou de ne point les reproduire avec aisance. J'avais dès ce moment le droit d'avaler le contenu de la tasse; mais là ma surprise fut grande. C'était de l'eau-de-vie, ou plutôt une sorte d'anisette. Comment comprendre que des mahométans fassent distribuer de telles liqueurs à leurs noces? Je ne m'étais, dans le fait, attendu qu'à une limonade ou à un sorbet. Il était cependant facile de voir que les almées, les musiciens et baladins du cortége avaient plus d'une fois pris part à ces distributions.

Enfin la mariée se leva et reprit sa marche; les femmes fellahs, vêtues de bleu, se remirent en foule à sa suite avec leurs gloussements sauvages, et le cortége continua sa promenade nocturne jusqu'à la maison des nouveaux époux.

Satisfait d'avoir figuré comme un véritable habitant du Caire et de m'être assez bien comporté à cette cérémonie, je fis un signe pour appeler mon drogman, qui était allé un peu plus loin se remettre sur le passage des distributeurs d'eau-de-vie; mais il n'était pas pressé de rentrer, et prenait goût à la fête.

— Suivons-les dans la maison, me dit-il tout bas.

— Mais que répondrai-je si l'on me parle?

— Vous direz seulement : *Tayeb!* c'est une réponse à tout. Et d'ailleurs je suis là pour détourner la conversation.

Je savais déjà qu'en Égypte *tayeb* était le fond de la langue. C'est un mot qui, selon l'intonation qu'on y apporte, signifie toute sorte de choses; on ne peut toutefois le comparer au *goddam* des Anglais, à moins que ce ne soit pour marquer la différence qu'il y a entre un peuple certainement fort poli et une nation tout au plus policée. Le mot *tayeb* veut dire tour à tour : *Très bien*, ou *voilà qui va bien*, ou *cela est parfait*, ou *à votre service;* le ton et surtout le geste y ajoutent des nuances infinies. Ce moyen me paraissait beaucoup plus sûr au reste que celui dont parle un voyageur célèbre, Belzoni, je crois. Il était entré dans une mosquée, déguisé admirablement et répétant tous les gestes qu'il voyait faire à ses voisins; mais, comme il ne pouvait répondre à une question qu'on lui adressait, son drogman dit aux curieux : « Il ne comprend pas, c'est un Turc anglais! »

Nous étions entrés par une porte ornée de fleurs et de feuillages dans une fort belle cour tout illuminée de lanternes de couleur. Les *moucharabys* découpaient leur frêle menuiserie sur le fond orange des appartements éclairés et pleins de monde. Il fallut s'arrêter et prendre place sous les galeries intérieures. Les femmes seules montaient dans la maison, où elles quittaient leurs voiles, et l'on n'apercevait plus que la forme vague, les couleurs et le rayonnement de leurs costumes et de leurs bijoux, à travers les treillis de bois tourné.

Pendant que les dames se voyaient accueillies et fêtées à l'intérieur par la nouvelle épouse et par les femmes des deux familles, le mari était descendu de son âne; vêtu d'un habit rouge et or, il recevait les compliments des hommes et les invitait à prendre place aux tables basses dressées en grand nombre dans les salles du rez-de-chaussée et chargées de plats disposés en pyramides. Il suffisait de se croiser les jambes à terre, de tirer à soi une assiette ou une tasse et de manger proprement avec ses doigts. Chacun du reste était le bienvenu. Je n'osai me risquer à prendre part au festin dans la crainte de manquer d'*usage*. D'ailleurs, la partie la plus brillante de la fête se passait dans la cour, où les danses se démenaient à grand bruit. Une troupe de danseurs nubiens exécutait des pas étranges au centre d'un vaste cercle formé par les assistans; ils allaient et venaient guidés par une femme voilée et vêtue d'un manteau à larges raies, qui, tenant à la main un sabre recourbé, semblait tour à tour menacer les danseurs et les fuir. Pendant ce temps, les *oualems* ou almées accompagnaient la danse de leurs chants en frappant avec les doigts sur des tambours de terre cuite (*tarabouka*) qu'un de leurs bras tenait suspendus à la hauteur de l'oreille. L'orchestre, composé d'une foule d'instruments bizarres, ne manquait pas de faire sa partie dans cet ensemble, et les assistans s'y joignaient en outre en battant la mesure avec les mains. Dans les intervalles des danses, on faisait circuler des rafraîchissements, parmi lesquels il y en eut un que je n'avais pas prévu. Des esclaves noires, tenant en main de petits flacons d'argent, les secouaient çà et là sur la foule. C'était de l'eau parfumée, dont je ne reconnus la suave odeur de rose qu'en sentant ruisseler sur mes joues et sur ma barbe les gouttes lancées au hasard.

Cependant un des personnages les plus apparents de la noce s'était avancé vers moi, et me dit quelques mots d'un air fort civil; je répondis par le victorieux *tayeb*, qui parut le satisfaire pleinement; il s'adressa à mes voisins, et je pus demander au drogman ce que cela voulait dire. « Il vous invite, me dit ce dernier, à monter dans sa maison pour voir l'épousée. » Sans nul doute, ma réponse avait été un assentiment; mais, comme après tout il ne s'agissait que d'une promenade de femmes hermétiquement voilées autour des salles remplies d'invités, je ne jugeai pas à propos de pousser plus loin l'aventure. Il est vrai que la mariée et ses amies se montrent alors avec les brillants costumes que dissimulait le voile noir qu'elles ont porté dans les rues; mais je n'étais pas encore assez sûr de la prononciation du mot *tayeb* pour me hasarder dans le sein des familles. Nous parvînmes, le drogman et moi, à regagner la porte extérieure, qui donnait sur la place de l'Esbekieh.

— C'est dommage, me dit le drogman, vous auriez vu ensuite le spectacle.

— Comment?

— Oui, la comédie.

Je pensai tout de suite à l'illustre *Caragueuz*, mais ce n'était pas cela. Caragueuz ne se produit que dans les fêtes religieuses; c'est un mythe, c'est un symbole de la plus haute gravité ; le spectacle en question devait se composer simplement de petites scènes comiques jouées par des hommes, et que l'on peut comparer à nos proverbes de société. Ceci est pour faire passer agréablement le reste de la nuit aux invités, pendant que les époux se retirent avec leurs parents dans la partie de la maison réservée aux femmes.

Il paraît que les fêtes de cette noce duraient déjà depuis huit jours. Le drogman m'apprit qu'il y avait eu le jour du contrat un sacrifice de moutons sur le seuil de la porte avant le passage de l'épousée ; il parla aussi d'une autre cérémonie dans laquelle on brise une boule de sucrerie où sont enfermés deux pigeons ; on tire un augure du vol de ces oiseaux. Tous ces usages se rattachent probablement aux traditions de l'antiquité.

Je suis rentré tout ému de cette scène nocturne. Voilà, ce me semble, un peuple pour qui le mariage est une grande chose, et, bien que les détails de celui-là indiquassent quelque aisance chez les époux, il est certain que les pauvres gens eux-mêmes se marient avec presque autant d'éclat et de bruit. Ils n'ont pas à payer les musiciens, les bouffons et les danseurs, qui sont leurs amis, ou qui font des quêtes dans la foule. Les costumes, on les leur prête ; chaque assistant tient à la main sa bougie ou son flambeau, et le diadème de l'épouse n'est pas moins chargé de diamants et de rubis que celui de la fille d'un pacha. Où chercher ailleurs une égalité plus réelle? Cette jeune Égyptienne, qui n'est peut-être ni belle sous son voile ni riche sous ses diamants, a son jour de gloire où elle s'avance radieuse à travers la ville qui l'admire et lui fait cortége, étalant la pourpre et les joyaux d'une reine, mais inconnue à tous, et mystérieuse sous son voile comme l'antique déesse du Nil. Un seul homme aura le secret de cette beauté ou de cette grace ignorée ; un seul peut tout le jour poursuivre en paix son idéal, et se croire le favori d'une sultane ou d'une fée ; le désappointement même laisse à couvert son amour-propre ; et d'ailleurs tout homme n'a-t-il pas le droit, dans cet heureux pays, de renouveler plus d'une fois cette journée de triomphe et d'illusion?

III. — LE DROGMAN ABDALLAH.

Mon drogman est un homme précieux, mais j'ai peur qu'il ne soit un trop noble serviteur pour un si petit seigneur que moi. C'est à Alexandrie, sur le pont du bateau à vapeur *le Léonidas,* qu'il m'était apparu dans toute sa gloire. Il avait accosté le navire avec une barque à ses ordres, ayant un petit noir pour porter sa longue pipe et un drogman plus jeune pour lui faire cortége. Une longue tunique blanche couvrait ses habits et faisait ressortir le ton de sa figure, où le sang nubien colorait un masque emprunté aux têtes de sphinx de l'Égypte ; c'était sans doute le produit de deux races mélangées ; de larges anneaux d'or pesaient à ses oreilles, et sa marche indolente dans ses longs vêtements achevait d'en faire pour moi le portrait idéal d'un affranchi du bas-empire.

Il n'y avait pas d'Anglais parmi les passagers ; notre homme un peu contrarié, s'attache à moi faute de mieux. Nous débarquons ; il loue quatre ânes pour lui, pour sa suite et pour moi, et me conduit tout droit à l'hôtel d'Angleterre, où l'on veut bien me recevoir moyennant soixante piastres par jour ; quant à lui-même, il bornait ses prétentions à la moitié de cette somme, sur laquelle il se chargeait d'entretenir le second drogman et le petit noir.

Après avoir promené tout le jour cette escorte imposante, je m'avisai de l'inutilité du second drogman et même du petit garçon. Abdallah (c'est ainsi que s'appelait le personnage) ne vit aucune difficulté à remercier son jeune collègue ; quant au petit noir, il le gardait à ses frais en réduisant d'ailleurs le total de ses propres honoraires à vingt piastres par jour, environ cinq francs.

Arrivés au Caire, les ânes nous portaient tout droit à l'hôtel anglais de la place de l'Esbekieh ; j'arrête cette belle ardeur en apprenant que le séjour en était aux mêmes conditions qu'à celui d'Alexandrie.

— Vous préférez donc aller à l'hôtel Waghorn dans le quartier franc? me dit l'honnête Abdallah.

— Je préfèrerais un hôtel qui ne fût pas anglais.

— Eh bien ! vous avez l'hôtel français de Domergue.

— Allons-y.

— Pardon, je veux bien vous y accompagner, mais je n'y resterai pas.

— Pourquoi ?

— Parce que c'est un hôtel qui ne coûte par jour que quarante piastres ; je ne puis aller là.

—Mais j'irai très bien, moi.

— Vous êtes inconnu, moi je suis de la ville ; je

sers ordinairement messieurs les Anglais ; j'ai mon rang à garder.

Je trouvais pourtant le prix de cet hôtel fort honnête encore dans un pays où tout est environ six fois moins cher qu'en France, et où la journée d'un homme se paie une piastre ou cinq sols de notre monnaie.— Il y a, reprit Abdallah, un moyen d'arranger les choses. Vous logerez deux ou trois jours à l'hôtel Domergue, où j'irai vous voir comme ami ; pendant ce temps-là, je vous louerai une maison dans la ville, et je pourrai ensuite y rester à votre service sans difficulté.

Il paraît qu'en effet beaucoup d'Européens louent des maisons au Caire pour peu qu'ils y séjournent, et, informé de cette circonstance, je donnai tout pouvoir à Abdallah.

L'hôtel Domergue est situé au fond d'une impasse qui donne dans la principale rue du quartier franc ; c'est, après tout, un hôtel fort convenable et fort bien tenu. Les bâtiments entourent à l'intérieur une cour carrée peinte à la chaux, couverte d'un léger treillage où s'entrelace la vigne ; un peintre français, très aimable, quoique un peu sourd, et plein de talent, quoique très fort sur le daguerréotype, a fait son atelier d'une galerie supérieure. Il y amène de temps en temps des marchandes d'oranges et de cannes à sucre de la ville qui veulent bien lui servir de *modèles*. Elles se décident sans difficulté à laisser étudier les formes des principales races de l'Égypte, mais la plupart tiennent à conserver leur figure voilée ; c'est là le dernier refuge de la pudeur orientale.

L'hôtel français possède en outre un jardin assez agréable ; sa table d'hôte lutte avec bonheur contre la difficulté de varier les mets européens dans une ville où manquent le bœuf et le veau. C'est cette circonstance qui explique surtout la cherté des hôtels anglais, dans lesquels la cuisine se fait avec des conserves de viandes et de légumes, comme sur les vaisseaux. L'Anglais, en quelque pays qu'il soit, ne change jamais son ordinaire de *roastbeef*, de pommes de terre, et de porter ou d'ale.

Je rencontrai à la table d'hôte un colonel, un évêque *in partibus*, des peintres, une maîtresse de langues et deux Indiens de Bombay, dont l'un servait de gouverneur à l'autre. Il paraît que la cuisine toute méridionale de l'hôte leur semblait fade, car ils tirèrent de leur poche des flacons d'argent contenant un poivre et une moutarde à leur usage dont ils saupoudraient tous leurs mets. Ils m'en ont offert.

La sensation qu'on doit éprouver à mâcher de la braise allumée donnerait une idée exacte du haut goût de ces condiments.

On peut compléter le tableau du séjour de l'hôtel français en se représentant un piano au premier étage et un billard au rez-de-chaussée, et se dire qu'autant vaudrait n'être point parti de Marseille. J'aime mieux, pour moi, essayer de la vie orientale tout-à-fait. On a une fort belle maison de plusieurs étages, avec cours et jardins, pour trois cents piastres (soixante-quinze francs environ) par année. Abdallah m'en a fait voir plusieurs dans le quartier cophte et dans le quartier grec. C'étaient des salles magnifiquement décorées, avec des pavés de marbre et des fontaines, des galeries et des escaliers comme dans les palais de Gênes ou de Venise, des cours entourées de colonnes et des jardins ombragés d'arbres précieux; il y avait de quoi mener l'existence d'un prince, sous la condition de peupler de valets et d'esclaves ces superbes intérieurs. Et dans tout cela, du reste, pas une chambre habitable, à moins de frais énormes, pas une vitre à ces fenêtres si curieusement découpées, ouvertes au vent du soir et à l'humidité des nuits. Hommes et femmes vivent ainsi au Caire, mais l'ophthalmie les punit souvent de cette imprudence, qu'explique le besoin d'air et de fraîcheur. Après tout, j'étais peu sensible au plaisir de vivre campé, pour ainsi dire, dans un coin d'un palais immense ; il faut dire encore que beaucoup de ces bâtiments, ancien séjour d'une aristocratie éteinte, remontent au règne des sultans mamelouks et menacent sérieusement ruine.

Abdallah finit par me trouver une maison beaucoup moins vaste, mais plus sûre et mieux fermée. Un Anglais, qui l'avait récemment habitée, y avait fait poser des fenêtres vitrées, et cela passait pour une curiosité. Il fallut aller chercher le cheik du quartier pour traiter avec une veuve cophte qui était la propriétaire. Cette femme possédait plus de vingt maisons, mais par procuration et pour des étrangers, ces derniers ne pouvant être légalement propriétaires en Égypte. Au fond, la maison appartenait à un chancelier du consulat anglais.

On rédigea l'acte en arabe ; il fallut le payer, faire des présents au cheik, à l'homme de loi et au chef du corps-de-garde le plus voisin, puis donner des *bakchis* (pourboires) aux scribes et aux serviteurs ; après quoi le cheik me remit la clé. Cet instrument ne ressemble pas aux nôtres et se compose

d'un simple morceau de bois pareil aux *tailles* des
boulangers, au bout duquel cinq à six clous sont
plantés comme au hasard ; mais il n'y a point de
hasard : on introduit cette clé singulière dans une
échancrure de la porte, et les clous se trouvent
répondre à de petits trous intérieurs et invisibles
au-delà desquels on accroche un verrou de bois qui
se déplace et livre passage.

Il ne suffit pas d'avoir la clé de bois de sa maison... qu'il serait impossible de mettre dans sa
poche, mais que l'on peut se passer dans la ceinture : il faut encore un mobilier correspondant au
luxe de l'intérieur ; mais ce détail est, pour toutes
les maisons du Caire, de la plus grande simplicité.
Abdallah m'a conduit à un bazar où nous avons fait
peser quelques *ocques* de coton ; avec cela et de la
toile de Perse, des cardeurs établis chez vous exécutent en quelques heures des coussins de divan
qui deviennent la nuit des matelas. Le corps du
meuble se compose d'une cage longue qu'un vannier construit sous vos yeux avec des bâtons de
palmier ; c'est léger, élastique et plus solide qu'on
ne croirait. Une petite table ronde, quelques tasses,
de longues pipes ou des narguilés, à moins que l'on
ne veuille emprunter tout cela au café voisin, et l'on

peut recevoir la meilleure société de la ville. Le pacha seul possède un mobilier complet, des lampes, des pendules; mais cela ne lui sert en réalité qu'à se montrer ami du commerce et des progrès européens.

Il faut encore des nattes, des tapis et même des rideaux pour qui veut afficher le luxe. J'ai rencontré dans les bazars un Juif qui s'est entremis fort obligeamment entre Abdallah et les marchands pour me prouver que j'étais volé des deux parts. Le Juif a profité de l'installation du mobilier pour s'établir en ami sur l'un des divans; il a fallu lui donner une pipe et lui faire servir du café. Il s'appelle Yousef, et se livre à l'élève des vers à soie pendant trois mois de l'année. Le reste du temps, me dit-il, il n'a d'autre occupation que d'aller voir si les feuilles des mûriers poussent, et si la récolte sera bonne. Il semble, du reste, parfaitement désintéressé et ne recherche la compagnie des étrangers que pour se former le goût et se fortifier dans la langue française.

Ma maison est située dans une rue du quartier cophte, qui conduit à la porte de la ville correspondante aux allées de Schoubrah. Il a y un café en face, un peu plus loin une station d'âniers, qui louent leurs bêtes à raison d'une piastre l'heure ; plus loin encore une petite mosquée accompagnée d'un minaret. Le premier soir que j'entendis la voix lente et sereine du muezzin, au coucher du soleil, je me sentis pris d'une indicible mélancolie :

— Qu'est-ce qu'il dit ? demandai-je au drogman.

— *La Alla ila Allah !..* Il n'y a d'autre Dieu que Dieu !

— Je connais cette formule ; mais ensuite ?

— « O vous qui allez dormir, recommandez vos ames à Celui qui ne dort jamais ! »

Il est certain que le sommeil est une autre vie dont il faut tenir compte. Depuis mon arrivée au Caire, toutes les histoires des *Mille et une Nuits* me repassent par la tête, et je vois en rêve tous les dives et les géans déchaînés depuis Salomon. On rit beaucoup en France des démons qu'enfante le sommeil, et l'on n'y reconnaît que le produit de l'imagination exaltée; mais cela en existe-t-il moins relativement à nous, et n'éprouvons-nous pas dans cet état toutes les sensations de la vie réelle ? Le sommeil est souvent lourd et pénible dans un air aussi chaud que celui d'Egypte, et le pacha, dit-on, a toujours un serviteur debout à son chevet pour l'éveiller chaque fois que ses mouvements ou son visage trahissent un sommeil agité. Mais ne suffit-il pas de se recommander simplement, avec ferveur et confiance... à Celui qui ne dort jamais !

IV. — INCONVÉNIENTS DU CÉLIBAT.

J'ai raconté plus haut l'histoire de ma première nuit, et l'on comprend que j'aie ensuite dû me réveiller un peu tard. Abdallah m'annonce la visite du cheik de mon quartier, lequel était venu déjà une fois dans la matinée. Ce bon vieillard à barbe blanche attendait mon réveil au café d'en face avec son secrétaire et le nègre portant sa pipe. Je ne m'étonnai pas de sa patience; tout Européen qui n'est ni industriel, ni marchand, est un personnage en Égypte. Le cheik s'assit sur un des divans; on bourra sa pipe et on lui servit du café. Alors il commença son discours, qu'Abdallah me traduisit à mesure :

— Il vient vous rapporter l'argent que vous avez donné pour louer la maison.

— Et pourquoi? Quelle raison a-t-il?

— Il dit que l'on ne sait pas votre manière de vivre, qu'on ne connaît pas vos mœurs.

— A-t-il observé qu'elles fussent mauvaises?

— Ce n'est pas cela qu'il entend ; il ne sait rien là-dessus.

— Mais alors il n'en a donc pas une bonne opinion?

— Il dit qu'il avait pensé que vous habiteriez la maison avec une femme.

— Mais je ne suis pas marié.

— Cela ne le regarde pas, que vous le soyez ou non ; mais il dit que vos voisins ont des femmes, et qu'ils seront inquiets, si vous n'en n'avez pas. D'ailleurs, c'est l'usage ici.

— Que veut-il donc que je fasse ?

— Que vous quittiez la maison, ou que vous choisissiez une femme pour y demeurer avec vous.

— Dites-lui que dans mon pays il n'est pas convenable de vivre avec une femme sans être marié.

La réponse du vieillard à cette observation morale était accompagnée d'une expression toute paternelle que les paroles traduites ne peuvent rendre qu'imparfaitement.

— Il vous donne un conseil, me dit Abdallah : il dit qu'un monsieur (un *effendi*) comme vous ne doit pas vivre seul, et qu'il est toujours honorable de nourrir une femme et de lui faire quelque bien. Il est encore mieux, ajoute-t-il, d'en nourrir plusieurs, quand la religion que l'on suit le permet.

Le raisonnement de ce Turc me toucha ; cependant ma conscience européenne luttait contre ce point de vue, dont je ne compris la justesse qu'en étudiant davantage la situation des femmes dans ce pays. Je fis répondre au cheik pour le prier d'attendre que je me fusse informé auprès de mes amis de ce qu'il conviendrait de faire.

J'avais loué la maison pour six mois, je l'avais meublée, je m'y trouvais fort bien, et je voulais seulement m'informer des moyens de résister aux prétentions du cheik à rompre notre traité et à me donner congé pour cause de célibat. Après bien des hésitations, je me décidai à prendre conseil du peintre de l'hôtel Domergue, qui avait bien voulu déjà m'introduire dans son atelier et m'initier aux merveilles de son daguerréotype. Ce peintre avait l'oreille dure à ce point qu'une conversation par interprète eût été amusante et facile au prix de la sienne.

Cependant je me rendais chez lui en traversant la place de l'Esbekieh, lorsqu'à l'angle d'une rue qui tourne vers le quartier franc, j'entends des exclamations de joie parties d'une vaste cour où l'on promenait dans ce moment là de fort beaux chevaux. L'un des promeneurs de chevaux s'élance à mon col et me serre dans ses bras; c'était un gros garçon vêtu d'une saye bleue, coiffé d'un turban de laine jaunâtre, et que je me souvins d'avoir remarqué sur le bateau à vapeur, à cause de sa figure, qui rappelait beaucoup les grosses têtes peintes qu'on voit sur les couvercles de momies.

Tayeb! tayeb! (fort bien! fort bien!) dis-je à ce mortel expansif en me débarrassant de ses étreintes et en cherchant derrière moi mon drogman Abdallah; mais ce dernier s'était perdu dans la foule, ne se souciant pas sans doute d'être vu faisant cortége à l'ami d'un simple palefrenier. Ce musulman, gâté par les touristes d'Angleterre, ne se souvenait pas que Mahomet avait été conducteur de chameaux.

Cependant l'Égyptien me tirait par la manche et m'entraînait dans la cour, qui était celle des haras du pacha d'Égypte, et là, au fond d'une galerie, à demi couché sur un divan de bois, je reconnais un autre de mes compagnons de voyage, un peu plus avouable dans la société, Seyd-Aga, qui venait d'accomplir la mission importante de conduire à Paris quelques chevaux *nedjis*, présent de son souverain au nôtre. Seyd-Aga me reconnaît aussi, et, quoique plus sobre en démonstrations que son subordonné, il me fait asseoir près de lui, m'offre une pipe et demande du café... Ajoutons, comme trait de mœurs, que le simple palefrenier, se jugeant digne momentanément de notre compagnie, s'assit en croisant les jambes à terre et reçut comme moi une longue pipe et une de ces petites tasses pleines d'un moka brûlant que l'on tient dans une sorte de coquetier doré pour ne pas se brûler les doigts. Un cercle ne tarda pas à se former autour de nous.

Abdallah, voyant la reconnaissance prendre une tournure plus convenable, s'était montré enfin et daignait favoriser notre conversation. Je savais déjà Seyd-Aga un convive fort aimable, et, bien que nous n'eussions eu pendant notre commune traversée que des relations de pantomime, notre connaissance était assez avancée pour que je pusse sans indiscrétion l'entretenir de mes affaires et lui demander conseil.

— *Machallah!* s'écria-t-il tout d'abord, le cheik a bien raison, un jeune homme de votre âge devrait s'être déjà marié plusieurs fois!

— Vous savez, observai-je timidement, que dans ma religion l'on ne peut épouser qu'une femme et il faut ensuite la garder toujours, de sort qu'ordinairement l'on prend le temps de réfléchir, on veut choisir le mieux possible.

— Ah! je ne parle pas, dit-il en se frappant le front, de vos femmes *roumis* (européennes), elles sont à tout le monde et non à vous; ces pauvres folles créatures montrent leur visage entièrement nu, non-seulement à qui veut le voir, mais à qui ne le voudrait pas... Imaginez-vous, ajouta-t-il en pouffant de rire et se tournant vers d'autres Turcs qui écoutaient, que toutes, dans les rues, me regardaient avec les yeux de la passion, et quelques-unes même poussaient l'impudeur jusqu'à vouloir m'embrasser.

Voyant les auditeurs scandalisés au dernier point, je crus devoir leur dire, pour l'honneur des Européennes, que Seyd-Aga confondait sans doute l'empressement intéressé de certaines femmes avec la curiosité honnête du plus grand nombre.

— Encore, ajoutait Seyd-Aga, sans répondre à mon observation, qui parut seulement dictée par l'amour-propre national, si ces belles méritaient qu'un croyant leur permît de baiser sa main! mais ce sont des plantes d'hiver, sans couleur et sans goût, des figures maladives que la famine tourmente, car elles mangent à peine, et leur corps tiendrait entre mes mains. Quant à les épouser, c'est autre chose; elles ont été élevées si mal, que ce serait la guerre et le malheur dans la maison. Chez nous, les femmes vivent ensemble et les hommes ensemble, c'est le moyen d'avoir partout la tranquillité.

— Mais ne vivez-vous pas, dis-je, au milieu de vos femmes dans vos harems?

— Dieu puissant! s'écria-t-il, qui n'aurait la tête cassée de leur babil? Ne voyez-vous pas qu'ici les hommes qui n'ont rien à faire passent leur temps à la promenade, au bain, au café, à la mosquée, ou dans les audiences ou dans les visites qu'on se fait l'un à l'autre? N'est-il pas plus agréable de causer avec des amis, d'écouter des histoires et des poèmes, ou de fumer en rêvant, que de parler à des femmes préoccupées d'intérêts grossiers de toilette ou de médisance?

— Mais vous supportez cela nécessairement aux heures où vous prenez vos repas avec elles.

— Nullement. Elles mangent ensemble ou séparément à leur choix, et nous tout seuls, ou avec nos parents et nos amis. Ce n'est pas qu'un petit nombre de Turcs n'en agisse autrement, mais ils sont mal vus et mènent une vie lâche et inutile. La compagnie des femmes rend l'homme avide, égoïste et cruel; elle détruit la fraternité et la charité entre nous; elle cause les querelles, les injustices et la tyrannie. Que chacun vive avec ses semblables! c'est assez que le maître à l'heure de la sieste, ou quand il rentre le soir dans son logis, trouve pour le recevoir des visages souriants, d'aimables formes richement parées, et, si des almées qu'on fait venir dansent et chantent devant lui, alors il peut rêver le paradis d'avance et se croire au troisième ciel, où sont les véritables beautés pures et sans tache, celles qui seront dignes seules d'être les épouses éternelles des vrais croyants.

Est-ce là l'opinion de tous les Turcs ou d'un certain nombre d'entre eux? On doit y voir peut-être moins le mépris de la femme qu'un certain reste du platonisme antique, qui élève l'amour pur au-dessus des objets périssables. La femme adorée n'est elle-même que le fantôme abstrait, que l'image incomplète d'une femme divine, fiancée au croyant de toute éternité. Ce sont ces idées qui ont fait penser que les Turcs niaient l'ame des femmes; mais on sait aujourd'hui que les musulmanes vraiment pieuses ont l'espérance elles-mêmes de voir leur idéal se réaliser dans le ciel. L'histoire religieuse des Turcs a ses saintes et ses prophétesses, et la fille de Mahomet, l'illustre Fatime, est la reine de ce paradis féminin.

Seyd-Aga avait fini par me conseiller d'embrasser le mahométisme ; je le remerciai en souriant et lui promis d'y réfléchir. Me voilà cette fois plus embarrassé que jamais. Il me restait pourtant encore à aller consulter le peintre sourd de l'hôtel Domergue, comme j'en avais eu primitivement l'idée.

V. — LE MOUSKY.

Lorsqu'on a tourné la rue en laissant à gauche le bâtiment des haras, on commence à sentir l'animation de la grande ville. La chaussée qui fait le tour de la place de l'Esbekieh n'a qu'une maigre allée d'arbres pour vous protéger du soleil ; mais déjà de grandes et hautes maisons de pierre découpent en zigzags les rayons poudreux qu'il projette sur un seul côté de la rue. Le lieu est d'ordinaire très frayé, très bruyant, très encombré de marchandes d'oranges, de bananes et de cannes à sucre encore vertes, dont le peuple mâche avec délice la pulpe sucrée. Il y a aussi des chanteurs, des lutteurs et des psylles qui ont de gros serpents roulés autour du cou ; là enfin se produit un spectacle qui réalise certaines images des songes drôlatiques de Rabelais. Un vieillard jovial fait danser avec le genou de petites figures dont le corps est traversé d'une ficelle comme celles que montrent nos Savoyards, mais qui se livrent à des pantomimes beaucoup moins décentes. Ce n'est pourtant pas là l'illustre Caragueuz, qui ne se produit d'ordinaire que sous forme d'ombre chinoise. Un cercle émerveillé de femmes, d'enfants et de militaires applaudit naïvement ces marionnettes éhontées. Ailleurs c'est un montreur de singes qui a dressé un énorme cynocéphale à répondre avec un bâton aux attaques des chiens errans de la ville, que les enfants excitent contre lui. Plus loin la voie se rétrécit et s'assombrit par l'élévation des édifices. Voici à gauche le couvent des derviches tourneurs, lesquels donnent publiquement une séance tous les mardis ; puis une vaste porte cochère, au-dessus de laquelle on admire un grand crocodile empaillé, signale la maison d'où partent les voitures qui traversent le désert du Caire à Suez. Ce sont des voitures très légères, dont la forme rappelle celle du prosaïque coucou ; les ouvertures, largement découpées, livrent tout passage au vent et à la poussière, c'est une nécessité sans doute ; les roues de fer présentent un double système de rayons, partant de chaque extrémité du moyeu pour aller se rejoindre sur le cercle étroit qui remplace les jantes. Ces roues singulières coupent le sol plutôt qu'elles ne s'y posent.

Mais passons. Voici à droite un cabaret chrétien, c'est-à-dire un vaste cellier où l'on donne à boire sur des tonneaux. Devant la porte se tient habituellement un mortel à face enluminée et à longues moustaches, qui représente avec majesté le *Franc* autochtone, la race, pour mieux dire, qui appartient à l'Orient. Qui sait s'il est Maltais, Italien, Espagnol ou Marseillais d'origine ? Ce qui est sûr, c'est que son dédain pour les costumes du pays et la conscience qu'il a de la supériorité des modes européennes l'ont induit en des raffinements qui donnent une certaine originalité à sa garderobe délabrée. Sur une redingote bleue dont les anglaises effrangées ont depuis longtemps fait divorce avec leurs boutons, il a eu l'idée d'attacher des torsades de ficelles qui se croisent comme des brandebourgs. Son pantalon rouge s'emboîte dans un reste de bottes fortes armées d'éperons. Un vaste col de chemise et un chapeau blanc bossué à retroussis verts adoucissent ce que ce costume aurait de trop martial et lui restituent son caractère civil. Quant au nerf de bœuf qu'il tient à la main, c'est encore un privilége des Francs et des Turcs, qui s'exerce trop souvent aux dépens des épaules du pauvre et patient *fellah*.

Presque en face du cabaret, la vue plonge dans une impasse étroite où rampe un mendiant aux pieds et aux mains coupés; ce pauvre diable implore la charité des Anglais, qui passent à chaque instant, car l'hôtel Waghorn est situé dans cette ruelle obscure qui, de plus, conduit au théâtre du Caire et au cabinet de lecture de M. Bonhomme, annoncé par un vaste écriteau peint en lettres françaises. Tous les plaisirs de la civilisation se résument là, et ce n'est pas de quoi causer grande envie aux Arabes. En poursuivant notre route, nous rencontrons à gauche une maison à face architecturale, sculptée et brodée d'arabesques peintes, unique réconfort jusqu'ici de l'artiste et du poète. Ensuite la rue forme un coude, et il faut lutter pendant vingt pas contre un encombrement perpétuel d'ânes, de chiens, de chameaux, de marchands de concombres et de femmes vendant du pain. Les ânes galopent, les chameaux mugissent, les chiens se maintiennent obstinément rangés en espaliers le long des portes de trois bouchers. Ce petit coin ne manquerait pas de physionomie arabe, si l'on n'apercevait en face de soi l'écriteau d'une *trattoria* remplie d'Italiens et de Maltais.

C'est qu'en face de nous voici dans tout son luxe la grande rue commerçante du quartier franc, vulgairement nommée le *Mousky*. La première partie, à moitié couverte de toiles et de planches, présente deux rangées de boutiques bien garnies, où toutes les nations européennes exposent leurs produits les plus usuels. L'Angleterre domine pour les étoffes et la vaisselle, l'Allemagne pour les draps, la France pour les modes, Marseille pour les épiceries, les viandes fumées et les menus objets d'assortiment. Je ne cite point Marseille avec la France, car dans le Levant on ne tarde pas à s'apercevoir que les Marseillais forment une nation à part; ceci soit dit dans le sens le plus favorable d'ailleurs.

Parmi les boutiques où l'industrie européenne attire de son mieux les plus riches habitants du Caire, les Turcs réformistes, ainsi que les Cophtes et les Grecs, plus facilement accessibles à nos habitudes, il y a une brasserie anglaise où l'on peut aller contrarier, à l'aide du madère, du porter ou de l'ale, l'action parfois émolliente des eaux du Nil. Un autre lieu de refuge contre la vie orientale est la pharmacie Castagnol, où très souvent les *beys*, les *muchirs* et les *nazirs* originaires de Paris viennent s'entretenir avec les voyageurs et retrouver un souvenir de la patrie. On n'est pas étonné de voir les chaises de l'officine, et même les bancs extérieurs, se garnir d'Orientaux douteux, à la poitrine chargée d'étoiles en brillants, qui causent en français et lisent les journaux, tandis que des *saïs* tiennent tout prêts à leur disposition des chevaux fringants, aux selles brodées d'or. Cette affluence s'explique aussi par le voisinage de la poste franque, située dans l'impasse qui aboutit à l'hôtel Domergue. On vient attendre tous les jours la correspondance et les nouvelles, qui arrivent de loin en loin, selon l'état des routes ou la diligence des messagers. Le bateau à vapeur anglais ne remonte le Nil qu'une fois par mois.

Je touche au but de mon itinéraire, car je rencontre à la pharmacie Castagnol mon peintre de l'hôtel français, qui fait préparer du chlorure d'or pour son daguerréotype. Il me propose de venir avec lui prendre un point de vue dans la ville ; je donne donc congé au drogman, qui se hâte d'aller s'installer dans la brasserie anglaise, ayant pris, je le crains bien, du contact de ses précédents maîtres, un goût immodéré pour la bière forte et le *whisky*.

En acceptant la promenade proposée, je complotais une idée plus belle encore : c'était de me faire conduire au point le plus embrouillé de la ville, d'abandonner le peintre à ses travaux, et puis d'errer à l'aventure, sans interprète et sans compagnon. Voilà ce que je n'avais pu obtenir jusque-là, le drogman se prétendant indispensable, et tous les Européens que j'avais rencontrés me proposant de me faire voir « les beautés de la ville. » Il faut avoir un peu parcouru le Midi pour connaître toute la portée de cette hypocrite proposition. Vous croyez que l'aimable résident se fait guide par bonté d'ame. Détrompez-vous ; il n'a rien à faire, il s'ennuie horriblement, il a besoin de vous pour l'amuser, pour le distraire, pour « lui faire la conversation ; » mais il ne vous montrera rien que vous n'eussiez trouvé du premier coup : même il ne connaît point sa ville, il n'a pas d'idée de ce qui s'y passe ; il cherche un but de promenade, et un moyen de vous ennuyer de ses remarques et de s'amuser des vôtres. D'ailleurs, qu'est-ce qu'une belle perspective, un monument, un détail curieux, sans le hasard, sans l'imprévu?

Un préjugé des Européens du Caire, c'est de ne pouvoir faire dix pas sans monter sur un âne escorté d'un ânier. Les ânes sont fort beaux, j'en conviens, trottent et galopent à merveille; l'ânier vous sert de *cavasse* et fait écarter la foule en criant : *Ha! ha! iniglac! smalac!* ce qui veut dire *à droite! à gauche!* Les femmes ayant l'oreille ou la tête plus dure que les autres passants, l'ânier crie à tout moment : *Ia bint!* (hé! femme!) d'un ton impérieux qui fait bien sentir la supériorité du sexe masculin.

VI. — UNE AVENTURE AU BESESTAIN.

Nous chevauchions ainsi, le peintre et moi, suivis d'un âne qui portait le daguerréotype, machine compliquée et fragile qu'il s'agissait d'établir quelque part de manière à nous faire honneur. Après la rue que j'ai décrite, on rencontre un passage couvert en planches, où le commerce européen étale ses produits les plus brillants. C'est une sorte de bazar où se termine le quartier franc. Nous tournons à droite, puis à gauche, au milieu d'une foule toujours croissante; nous suivons une longue rue très régulière, qui offre à la curiosité, de loin en loin, des mosquées, des fontaines, un couvent de derviches, et tout un bazar de quincaillerie et de porcelaine anglaise. Puis, après mille détours, la voie devient plus silencieuse, plus poudreuse, plus déserte; les mosquées tombent en ruine, les maisons s'écroulent çà et là, le bruit et le tumulte ne se reproduisent plus que sous la forme d'une bande de chiens criards, acharnés après nos ânes, et poursuivant surtout nos affreux vêtements noirs d'Europe. Heureusement nous passons sous une porte, nous changeons de quartier, et ces animaux s'arrêtent en grognant aux limites extrêmes de leurs possessions. On sait que toute la ville est partagée en cinquante-trois quartiers entourés de murailles, dont plusieurs appartiennent aux nations cophte, grecque, turque, juive et française. Les chiens eux-mêmes, qui pullulent en paix dans la ville sans appartenir à personne, reconnaissent ces divisions, et ne se hasarderaient pas au-delà sans danger. Une nouvelle escorte canine remplace bientôt celle qui nous a quittés, et nous conduit jusqu'aux *casins* situés sur le bord d'un canal qui traverse le Caire, et qu'on appelle le *Calish*.

Nous voici dans une sorte de faubourg séparé par le canal des principaux quartiers de la ville; des cafés ou casinos nombreux bordent la rive intérieure, tandis que l'autre présente un assez large boulevard égayé de quelques palmiers poudreux. L'eau du canal est verte et quelque peu stagnante; mais une longue suite de berceaux et de treillages festonnés de vignes et de lianes, servant d'arrière-salle aux cafés, présente un coup-d'œil des plus riants; tandis que l'eau plate qui les cerne reflète avec amour les costumes bigarrés des fumeurs. Les flacons d'huile des lustres s'allument aux seuls feux du jour, les narguilés de cristal jettent des éclairs, et la liqueur ambrée nage dans les tasses légères que des noirs distribuent avec leurs coquetiers de filigrane doré.

Après une courte station à l'un de ces cafés, nous nous transportons sur l'autre rive du Calish, et nous installons sur des piquets l'appareil où le dieu du jour s'exerce si agréablement au métier de paysagiste. Une mosquée en ruine au minaret curieusement sculpté, un palmier svelte s'élançant d'une touffe de lentisques, c'est, avec tout le reste, de quoi composer un tableau digne de Marilhat. Mon compagnon est dans le ravissement, et, pendant que le soleil travaille sur ses plaques fraîchement polies, je crois pouvoir entamer une conversation instructive en lui faisant au crayon des demandes auxquelles son infirmité ne l'empêche pas de répondre de vive voix.

— Ne vous mariez pas, s'écrie-t-il, et surtout ne prenez point le turban. Que vous demande-t-on? D'avoir une femme chez vous. La belle affaire! J'en fais venir tant que je veux. Ces marchandes d'oranges en tunique bleue, avec leurs bracelets et leurs colliers d'argent, sont fort belles. Elles ont exactement la forme des statues égyptiennes, la poitrine développée, les épaules et les bras superbes, la hanche peu saillante, la jambe fine et sèche. C'est de l'archéologie; il ne leur manque qu'une coiffure à tête d'épervier, des bandelettes autour du corps, et une croix ansée à la main pour représenter Isis ou Athor.

— Mais vous oubliez, dis-je, que je ne suis point artiste, et, d'ailleurs, ces femmes ont des maris ou des familles. Elles sont voilées; comment deviner si elles sont belles?.. Je ne sais encore qu'un seul mot d'arabe. Comment les persuader?

— La galanterie est sévèrement défendue au Caire, mais l'amour n'est interdit nulle part. Vous rencontrez une femme dont la démarche, dont la taille, dont la grace à draper ses vêtements, dont quelque chose qui se dérange dans le voile ou dans la coiffure indique la jeunesse ou l'envie de paraître aimable. Suivez-la seulement, et, si elle vous regarde en face au moment où elle ne se croira pas remarquée de la foule, prenez le chemin de votre maison, elle vous suivra. En fait de femme, il ne faut se fier qu'à soi-même. Les drogmans vous adresseraient mal. Il faut payer de votre personne, c'est plus sûr.

Mais, au fait, me disais-je en quittant le peintre et le laissant à son œuvre, entouré d'une foule respectueuse qui le croyait occupé d'opérations magiques, pourquoi donc aurais-je renoncé à plaire? Les femmes sont voilées, mais je ne le suis pas. Mon teint d'Européen peut avoir quelque charme dans le pays. Je passerais en France pour un cavalier ordinaire, mais au Caire je deviens un aimable enfant du Nord. Ce costume franc qui ameute les chiens, me vaut du moins d'être remarqué; c'est beaucoup.

En effet, j'étais rentré dans les rues populeuses,

et je fendais la foule étonnée de voir un Franc à pied et sans guide dans la partie arabe de la ville. Je m'arrêtais aux portes des boutiques et des ateliers, examinant tout d'un air de flânerie inoffensive qui ne m'attirait que des sourires. On se disait : il a perdu son drogman, il manque peut-être d'argent pour prendre un âne... on plaignait l'étranger fourvoyé dans l'immense cohue des bazars, dans le labyrinthe des rues. Moi, je m'étais arrêté à regarder trois forgerons au travail qui semblaient des hommes de cuivre. Ils chantaient une chanson arabe dont le rhythme les guidait dans les coups successifs qu'ils donnaient à des pièces de métal qu'un enfant apportait tour à tour sur l'enclume. Je frémissais en songeant que, si l'un deux eût manqué la mesure d'un demi-temps, l'enfant aurait eu la main broyée. Deux femmes s'étaient arrêtées derrière moi et riaient de ma curiosité. Je me retourne, et je vois bien à leur mantille de taffetas noir, à leur pardessus de lévantine verte, qu'elles n'appartenaient pas à la classe des marchandes d'oranges du Mousky. Je m'élance au-devant d'elles, mais elles baissent leur voile et s'échappent. Je les suis, et j'arrive bientôt dans une longue rue entrecoupée de riches bazars qui traverse toute la ville.

4

Nous nous engageons sous une voûte à l'aspect grandiose, formée de charpentes sculptées d'un style antique, où le vernis et la dorure rehaussent mille détails d'arabesques splendides. C'est là peut-être le *besestain* des Circassiens où s'est passée l'histoire racontée par le marchand cophte au sultan de Casgar. Me voilà en pleines *Mille et une Nuits*. Que ne suis-je un des jeunes marchands auxquels les deux dames font déployer leurs étoffes, ainsi que faisait la fille de l'émir devant la boutique de Bedreddin! Je leur dirais comme le jeune homme de Bagdad : « Laissez-moi voir votre visage pour prix de cette étoffe à fleurs d'or, et je me trouverai payé avec usure! » Mais elles dédaignent les soieries de Beyrouth, les étoffes brochées de Damas, les *mandilles* de Brousse, que chaque vendeur étale à l'envi. Il n'y a point là de boutiques; ce sont de simples étalages dont les rayons s'élèvent jusqu'à la voûte, surmontés d'une enseigne couverte de lettres et d'attributs dorés. Le marchand, les jambes croisées, fume sa longue pipe ou son narguilé sur une estrade étroite, et les femmes vont ainsi de marchand en marchand, se contentant, après avoir fait déployer chez l'un, de passer à l'autre, en saluant d'un regard dédaigneux.

Mes belles rieuses veulent absolument des étoffes de Constantinople. Constantinople donne la mode au Caire. On leur fait voir d'affreuses mousselines imprimées, en criant : *Istambolda* (c'est de Stamboul)! Elles poussent des cris d'admiration. Les femmes sont les mêmes partout.

Je m'approche d'un air de connaisseur; je soulève le coin d'une étoffe jaune, à ramages lie de vin, et je m'écrie : *Tayeb* (cela est beau)! Mon observation paraît plaire; c'est à ce choix qu'on s'arrête. Le marchand aune avec une sorte de demi-mètre qui s'appelle un *pic*, et l'on charge un petit garçon de porter l'étoffe roulée.

Pour le coup, il me semble bien que l'une des jeunes dames m'a regardé en face; d'ailleurs, leur marche incertaine, les rires qu'elles étouffent en se retournant et me voyant les suivre, la mantille noire (*habbarah*) soulevée de temps en temps pour laisser voir un masque blanc, signe d'une classe supérieure, enfin toutes ces allures indécises que prend au bal de l'Opéra un domino qui veut vous séduire, semblent m'indiquer qu'on n'a pas envers moi des sentiments bien farouches. Le moment paraît donc venu de passer devant et de prendre le chemin de mon logis; mais le moyen de le retrouver? Au Caire, les rues n'ont pas d'écriteaux, les maisons pas de numéros, et chaque quartier, ceint de murs, est en lui-même un labyrinthe des plus complets. Il y a dix impasses pour une rue qui aboutit. Dans le doute, je suivais toujours. Nous quittons les bazars pleins de tumulte et de lumière, où tout reluit et papillote, où le luxe des étalages fait contraste au grand caractère d'architecture et de splendeur des principales mosquées, peintes de bandes horizontales jaunes et rouges; voici maintenant des passages voûtés, des rues étroites et sombres, où surplombent les cages de fenêtres en charpente, comme dans nos rues du moyen-âge. La fraîcheur de ces voies presque souterraines est un refuge aux ardeurs du soleil d'Égypte, et donne à la population beaucoup des avantages d'une latitude tempérée. Cela explique la blancheur mate qu'un grand nombre de femmes conservent sous leur voile, car beaucoup d'entre elles n'ont jamais quitté la ville que pour aller se réjouir sous les ombrages de Schoubrah.

Mais que penser de tant de tours et détours qu'on me fait faire? Me fuit-on en réalité, ou se guide-t-on, tout en me précédant, sur ma marche aventureuse? Nous entrons pourtant dans une rue que

j'ai traversée la veille, et que je reconnais surtout
à l'odeur charmante que répandent les fleurs jaunes
d'un arbousier. Cet arbre aimé du soleil projette
au-dessus du mur ses branches revêtues de houppes
parfumées. Une fontaine basse forme encoignure,
fondation pieuse destinée à désaltérer les animaux
errants. Voici une maison de belle apparence,
décorée d'ornements sculptés dans le plâtre; l'une
des dames introduit dans la porte une de ces clés
rustiques dont j'ai déjà l'expérience. Je m'élance
à leur suite dans le couloir sombre, sans balancer,
sans réfléchir, et me voilà dans une cour vaste
et silencieuse, entourée de galeries, dominée par
les mille dentelures des *moucharabys*.

VII. — UNE MAISON DANGEREUSE.

Les dames ont disparu dans je ne sais quel escalier sombre de l'entrée; je me retourne avec l'intention sérieuse de regagner la porte: un esclave abyssinien, grand et robuste, est en train de la refermer. Je cherche un mot pour le convaincre que je me suis trompé de maison, que je croyais rentrer chez moi; mais le mot *tayeb*, si universel qu'il soit, ne me paraît pas suffisant à exprimer toutes ces choses. Pendant ce temps, un grand bruit se fait dans le fond de la maison, des *saïs* étonnés sortent des écuries, des bonnets rouges se montrent aux terrasses du premier étage, et un Turc des plus majestueux s'avance du fond de la galerie principale.

Dans ces moments-là, le pire est de rester court. Je songe que beaucoup de Musulmans entendent la langue franque, laquelle, au fond, n'est qu'un mélange de toute sorte de mots des patois méridionaux, qu'on emploie au hasard jusqu'à ce qu'on se soit fait comprendre; c'est la langue des Turcs de Molière. Je ramasse donc tout ce que je puis savoir d'italien, d'espagnol, de provençal et de grec, et je compose avec le tout un discours fort captieux. Au demeurant, me disais-je, mes intentions sont pures; l'une au moins des femmes peut bien être sa fille ou sa sœur. J'épouse, je prends le turban; aussi bien il y a des choses qu'on ne peut éviter. Je crois au destin.

D'ailleurs, ce Turc avait l'air d'un bon diable, et sa figure bien nourrie n'annonçait pas la cruauté. Il cligna de l'œil avec quelque malice en me voyant accumuler les substantifs les plus baroques qui eussent jamais retenti dans les Échelles du Levant, et me dit, tendant vers moi une main potelée chargée de bagues : — Mon cher Monsieur, donnez-vous la peine d'entrer ici ; nous causerons plus commodément.

O surprise ! ce brave Turc était un Français comme moi !

Nous entrons dans une fort belle salle dont les fenêtres se découpaient sur des jardins ; nous prenons place sur un riche divan. On apporte du café et des pipes. Nous causons. J'explique de mon mieux comment j'étais entré chez lui, croyant m'engager dans un des nombreux passages qui traversent au Caire les principaux massifs des maisons ; mais je comprends à son sourire que mes belles inconnues avaient eu le temps de me trahir. Cela n'empêcha pas notre conversation de prendre en peu de temps un caractère d'intimité. En pays turc, la connaissance se fait vite entre compatriotes. Mon hôte voulut bien m'inviter à sa table, et, quand l'heure fut arrivée, je vis entrer deux fort belles personnes, dont l'une était sa femme, et l'autre la sœur de sa femme. C'étaient mes inconnues du bazar des Circassiens, et toutes deux Françaises... Voilà ce qu'il y avait de plus humiliant! On me fit la guerre sur ma prétention à parcourir la ville sans drogman et sans ânier; on s'égaya touchant ma poursuite assidue de deux dominos douteux, qui évidemment ne révélaient aucune forme, et pouvaient cacher des vieilles ou des négresses. Ces dames ne me savaient pas le moindre gré d'un choix aussi hasardeux, où aucun de leurs charmes n'était intéressé, car il faut avouer que le *habbarah* noir, moins attrayant que le voile des simples filles fellahs, fait de toute femme un paquet sans forme, et, quand le vent s'y engouffre, lui donne l'aspect d'un ballon à demi gonflé.

Après le dîner, servi entièrement à la française, on me fit entrer dans une salle beaucoup plus riche, aux murs revêtus de porcelaines peintes, aux corniches de cèdre sculptées. Une fontaine de marbre lançait dans le milieu ses minces filets d'eau, des tapis et des glaces de Venise complétaient l'idéal du luxe arabe; mais la surprise qui m'attendait là concentra bientôt toute mon attention. C'étaient huit jeunes filles placées autour d'une table ovale, et travaillant à divers ouvrages. Elles se levèrent, me firent un salut, et les deux plus jeunes vinrent me baiser la main, cérémonie à laquelle je savais qu'on ne pouvait se refuser au Caire. Ce qui m'étonnait le plus dans cette apparition séduisante, c'est que le teint de ces jeunes personnes, vêtues à l'orientale, variait du bistre à l'olivâtre, et arrivait, chez la dernière, au chocolat le plus foncé. Il eût été inconvenant peut-être de citer devant la plus blanche le vers de Goëthe :

Connais-tu la contrée — où les citrons mûrissent...

Cependant elles pouvaient passer toutes pour des beautés de race mixte. La maîtresse de la maison et sa sœur avaient pris place sur le divan en riant aux éclats de mon admiration. Les deux petites filles nous apportèrent des liqueurs et du café.
Je savais un gré infini à mon hôte de m'avoir introduit dans son *harem*, mais je me disais en moi-même qu'un Français ne ferait jamais un bon Turc, et que l'amour-propre de montrer ses maîtresses ou ses épouses devait dominer toujours la crainte de les exposer aux séductions. Je me trompais encore sur ce point. Ces charmantes fleurs aux couleurs variées étaient non pas les femmes, mais les filles de la maison. Mon hôte appartenait à cette génération militaire qui voua son existence au service de Napoléon. Plutôt que de se reconnaître sujets de la restauration, beaucoup de ces braves

allèrent offrir leurs services aux souverains de l'Orient. L'Inde et l'Égypte en accueillirent un grand nombre ; il y avait dans ces deux pays de beaux souvenirs de la gloire française. Quelques-uns adoptèrent la religion et les mœurs des peuples qui leur donnaient asile. Le moyen de les blâmer ? La plupart, nés pendant la révolution, n'avaient guère connu de culte que celui des théophilanthropes ou des loges maçonniques. Le mahométisme, vu dans les pays où il règne, a des grandeurs qui frappent l'esprit le plus sceptique. Mon hôte s'était livré jeune encore à ces séductions d'une patrie nouvelle. Il avait obtenu le grade de bey par ses talents, par ses services ; son sérail s'était recruté en partie des beautés du Sennaar, de l'Abyssinie, de l'Arabie même, car il avait concouru à délivrer des villes saintes du joug des sectaires musulmans. Plus tard, plus avancé en âge, les idées de l'Europe lui étaient revenues : il s'était marié à une aimable fille de consul, et, comme le grand Soliman épousant Roxelane, il avait congédié tout son sérail ; mais les enfants lui étaient restés. C'étaient les filles que je voyais là ; les garçons étudiaient dans les écoles militaires.

Au milieu de tant de filles à marier, je sentis que l'hospitalité qu'on me donnait dans cette maison présentait certaines chances dangereuses, et je n'osai trop exposer ma situation réelle avant de plus amples informations.

On me fit reconduire chez moi le soir, et j'ai emporté de toute cette aventure le plus gracieux souvenir... Mais, en vérité, ce ne serait pas la peine d'aller au Caire pour me marier dans une famille française.

Le lendemain, Abdallah vint me demander la permission d'accompagner des Anglais jusqu'à Suez. C'était l'affaire d'une semaine, et je ne voulus pas le priver de cette course lucrative. Je le soupçonnai de n'être pas très satisfait de ma conduite de la veille. Un voyageur qui se passe de drogman toute une journée, qui rôde à pied dans les rues du Caire, et dîne ensuite on ne sait où, risque de passer pour un être bien fallacieux. Abdallah me présenta, du reste, pour tenir sa place, un *barbarin* de ses amis, nommé Ibrahim. Le barbarin (c'est ici le nom des domestiques ordinaires) ne sait qu'un peu de patois maltais.

VIII. — LE WÉKIL.

Le Juif Yousef, ma connaissance du bazar aux cotons, venait tous les jours s'asseoir sur mon divan, et se perfectionner dans la conversation.

— J'ai appris, me dit-il, qu'il vous fallait une femme, et je vous ai trouvé un *wékil*.

— Un *wékil* ?

— Oui, cela veut dire envoyé, ambassadeur ; mais, dans le cas présent, c'est un honnête homme chargé de s'entendre avec les parents des filles à marier. Il vous en amènera, ou vous conduira chez elles.

— Oh ! oh ! mais quelles sont donc ces filles-là ?

— Ce sont des personnes très honnêtes, et il n'y en a que de celles-là au Caire, depuis que son altesse a relégué les autres à Esné, un peu au-dessous de la première cataracte.

— Je veux le croire. Eh bien ! nous verrons ; amenez-moi ce *wékil*.

— Je l'ai amené ; il est en bas.

Le *wékil* était un aveugle, que son fils, homme grand et robuste, guidait de l'air le plus modeste.

Nous montons à âne tous les quatre, et je riais beaucoup intérieurement en comparant l'aveugle à l'Amour, et son fils au dieu de l'hyménée. Le Juif, insoucieux de ces emblèmes mythologiques, m'instruisait chemin faisant.

— Vous pouvez, me disait-il, vous marier ici de quatre manières. La première, c'est d'épouser une fille cophte devant le *Turc*.

— Qu'est-ce que le Turc?

— C'est un brave santon à qui vous donnez quelque argent, qui dit une prière, vous assiste devant le cadi, et remplit les fonctions d'un prêtre : ces hommes-là sont saints dans le pays, et tout ce qu'ils font est bien fait. Ils ne s'inquiètent pas de votre religion, si vous ne songez pas à la leur; mais ce mariage-là n'est pas celui des filles très honnêtes.

— Bon, passons à un autre.

— Celui-là est un mariage sérieux. Vous êtes chrétien, et les Cophtes le sont aussi; il y a des prêtres cophtes qui vous marieront, quoique schismatique, sous la condition de consigner un douaire à la femme, dans le cas où vous divorceriez plus tard.

— C'est très raisonnable, mais quel est le douaire?....

— Oh! cela dépend des conventions. Il faut toujours donner au moins 200 piastres.

— Cinquante francs! ma foi, je me marie, et ce n'est pas cher.

— Il y a encore une autre sorte de mariage pour les personnes très scrupuleuses ; ce sont les bonnes familles. Vous êtes fiancé devant le prêtre cophte, il vous marie selon son rite, et ensuite vous ne pouvez plus divorcer.

— Oh! mais cela c'est très grave : un instant!

— Pardon ; il faut aussi, auparavant, constituer un douaire, pour le cas où vous quitteriez le pays.

— Alors la femme devient donc libre?

— Certainement, et vous aussi ; mais, tant que vous restez dans le pays, vous êtes lié.

— Au fond, c'est encore assez juste ; mais quelle est la quatrième sorte de mariage ?

— Celle-là, je ne vous conseille pas d'y penser. On vous marie deux fois : à l'église cophte et au couvent des Franciscains.

— C'est un mariage mixte?

— Un mariage très solide : si vous partez, il vous faut emmener la femme ; elle peut vous suivre partout et vous mettre les enfants sur les bras.

— Alors c'est fini, on est marié sans rémission ?

— Il y a bien des moyens encore de glisser des nullités dans l'acte... mais surtout gardez-vous d'une chose, c'est de vous laisser conduire devant le consul !

— Mais cela, c'est le mariage européen.

— Tout-à-fait. Vous n'avez qu'une seule ressource alors ; si vous connaissez quelqu'un au consulat, c'est d'obtenir que les bans ne soient pas publiés dans votre pays.

Les connaissances de cet éleveur de vers à soie sur la question des mariages me confondaient ; mais il m'apprit qu'on l'avait souvent employé dans ces sortes d'affaires. Il servait de truchement au *wékil*, qui ne savait que l'arabe. Tous ces détails du reste m'intéressaient au dernier point.

Nous étions arrivés presque à l'extrémité de la ville, dans la partie du quartier cophte qui fait retour sur la place de l'Esbekieh du côté de Boulac. Une maison d'assez pauvre apparence au bout d'une rue encombrée de marchands d'herbes et de fritures, voilà le lieu où la présentation devait se faire. On m'avertit que ce n'était point la maison des parents, mais un terrain neutre.

— Vous allez en voir deux, me dit le Juif, et, si

vous n'êtes pas content, on en fera venir d'autres.

— C'est parfait ; mais, si elles restent voilées, je vous préviens que je n'épouse pas.

— Oh ! soyez tranquille, ce n'est pas ici comme chez les Turcs.

— Les Turcs ont l'avantage de pouvoir se rattraper sur le nombre.

— C'est en effet tout différent.

La salle basse de la maison était occupée par trois ou quatre hommes en sarrau bleu, qui semblaient dormir ; pourtant, grace au voisinage de la porte de la ville et d'un corps-de-garde situé auprès, cela n'avait rien d'inquiétant. Nous montâmes par un escalier de pierre sur une terrasse intérieure. La chambre où l'on entrait ensuite donnait sur la rue, et la large fenêtre, avec tout son grillage de menuiserie, s'avançait, selon l'usage, d'un demi-mètre au dehors de la maison. Une fois assis dans cette espèce de garde-manger, le regard plonge sur les deux extrémités de la rue ; on voit les passants à travers les dentelures latérales. C'est d'ordinaire la place des femmes, d'où, comme sous le voile, elles observent tout sans être vues. On m'y fit asseoir, tandis que le *wékil*, son fils et le Juif prenaient place sur les divans. Bientôt arriva une femme cophte voilée, qui, après avoir salué, releva son *bor-ghot* noir au-dessus de sa tête, ce qui, avec le voile rejeté en arrière, composait une sorte de coiffure israélite. C'était la *khatbé*, ou *wékil* des femmes. Elle me dit que les jeunes personnes achevaient de s'habiller. Pendant ce temps, on avait apporté des pipes et du café à tout le monde. Un homme à barbe blanche, en turban noir, avait aussi augmenté notre compagnie. C'était le prêtre cophte. Deux femmes voilées, les mères sans doute, restaient debout à la porte.

La chose prenait du sérieux, et mon attente était, je l'avoue, mêlée de quelque anxiété. Enfin, deux jeunes filles entrèrent, et successivement vinrent me baiser la main. Je les engageai par signe à prendre place auprès de moi.

— Laissez-les debout, me dit le Juif, ce sont vos servantes.

Mais j'étais encore trop Français pour ne pas insister. Le Juif parla et fit comprendre sans doute que c'était une coutume bizarre des Européens de faire asseoir les femmes devant eux. Elles prirent enfin place à mes côtés.

Elles étaient vêtues d'habits de taffetas à fleurs et de mousseline brodée. C'était fort printanier. La coiffure, composée du tarbouch rouge entortillé de gazillons, laissait échapper un fouillis de rubans et de tresses de soie ; des grappes de petites pièces d'or et d'argent, probablement fausses, cachaient entièrement les cheveux. Pourtant il était aisé de reconnaître que l'une était brune et l'autre blonde ; on avait prévu toute objection. La première « était svelte comme un palmier et avait l'œil noir d'une gazelle, » avec un teint légèrement bistré ; l'autre, plus délicate, plus riche de contours, et d'une blancheur qui m'étonnait en raison de la latitude, avait la mine et le port d'une jeune reine éclose au pays du matin.

Cette dernière me séduisait particulièrement, et je lui faisais dire toutes sortes de douceurs sans cependant négliger entièrement sa compagne. Toutefois le temps se passait sans que j'abordasse la question principale ; alors la khatbé les fit lever et leur découvrit les épaules qu'elle frappa de la main pour en montrer la fermeté. Un instant, je craignis que l'exhibition n'allât trop loin, et j'étais moi-même un peu embarrassé devant ces pauvres filles, dont les mains recouvraient de gaze leurs charmes à demi trahis. Enfin le Juif me dit :

— Quelle est votre pensée ?

— Il y en a une qui me plaît beaucoup, mais je

voudrais réfléchir : on ne s'enflamme pas tout d'un coup ; nous les reviendrons voir.

Les assistants auraient certainement voulu quelque réponse plus précise. La khatbé et le prêtre cophte me firent presser de prendre une décision. Je finis par me lever en promettant de revenir, mais je sentais qu'on n'avait pas grande confiance.

Les deux jeunes filles étaient sorties pendant cette négociation. Quand je traversai la terrasse pour gagner l'escalier, celle que j'avais remarquée particulièrement semblait occupée à arranger des arbustes. Elle se releva en souriant, et, faisant tomber son tarbouch, elle secoua sur ses épaules de magnifiques tresses dorées, auxquelles le soleil donnait un vif reflet rougeâtre. Ce dernier effort d'une coquetterie d'ailleurs bien légitime, triompha presque de ma prudence, et je fis dire à la famille que j'enverrais certainement des présents.

— Ma foi, dis-je en sortant au complaisant israélite, j'épouserais bien celle-là devant le Turc.

— La mère ne voudrait pas, elles tiennent au prêtre cophte. C'est une famille d'écrivains : le père est mort ; la jeune fille que vous avez préférée n'a encore été mariée qu'une fois, et pourtant elle a seize ans.

— Comment ! elle est veuve ?

— Non, divorcée.

— Oh ! mais cela change la question !

J'envoyai toujours une petite pièce d'étoffe comme présent.

L'aveugle et son fils se remirent en quête, et me trouvèrent d'autres fiancées. C'était toujours à peu près les mêmes cérémonies ; mais je prenais goût à cette revue du beau sexe cophte, et moyennant quelques étoffes et menus bijoux l'on ne se formalisait pas trop de mes incertitudes. Il y eut une mère qui amena sa fille dans mon logis : je crois bien que celle-là aurait volontiers célébré l'hymen devant le Turc ; mais, tout bien considéré, cette fille était d'âge à avoir été déjà épousée plus que de raison.

IX. — LE JARDIN DE ROSETTE.

Le *barbarin* qu'Abdallah avait mis à sa place, un peu jaloux peut-être de l'assiduité du Juif et de son wékil, m'amena un jour un jeune homme fort bien vêtu, parlant italien et nommé Mahomet, qui avait à me proposer un mariage tout-à-fait relevé.

— Pour celui-là, me dit-il, c'est devant le consul. Ce sont des gens riches, et la fille n'a que douze ans.

— Elle est un peu jeune pour moi; mais il paraît qu'ici c'est le seul âge où l'on ne risque pas de les trouver veuves ou divorcées.

— *Signor, è vero !* ils sont très impatients de vous voir, car vous occupez une maison où il y a eu des Anglais; on a donc une bonne opinion de votre rang. J'ai dit que vous étiez un général.

— Mais je ne suis pas général.

— Allons donc ! vous n'êtes pas un ouvrier, ni un négociant (*cavadja*). Vous ne faites rien ?

— Pas grand'chose.

— Eh bien ! cela représente ici au moins le grade d'un *myrliva* (général).

Je savais déjà qu'en effet au Caire, comme en Russie, l'on classait toutes les positions d'après les grades militaires. Il est à Paris des écrivains pour qui c'eût été une mince distinction que d'être assimilés à un général égyptien; moi, je ne pouvais voir là qu'une amplification orientale. Nous montons sur des ânes, et nous nous dirigeons vers le Mousky. Mahomet frappe à une maison d'assez bonne apparence. Une négresse ouvre la porte et pousse des cris de joie; une autre esclave noire se penche avec curiosité sur la balustrade de l'escalier, frappe des mains en riant très haut, et j'entends retentir des conversations où je devinais seulement qu'il était question du *myrliva* annoncé.

Au premier étage je trouve un personnage proprement vêtu, ayant un turban de cachemire, qui me fait asseoir et me présente un grand jeune homme comme son fils. C'était le père. Dans le même instant entre une femme d'une trentaine d'années encore jolie; on apporte du café et des pipes, et j'apprends par l'interprète qu'ils étaient de la Haute-Égypte, ce qui donnait au père le droit d'avoir un turban blanc. Un instant après, la jeune fille arrive suivie des négresses, qui se tiennent en dehors de la porte; elle leur prend des mains un plateau, et nous sert des confitures dans un pot de cristal où l'on puise avec des cuillers de vermeil. Elle était si petite et si mignonne, que je ne pouvais concevoir qu'on songeât à la marier. Ses traits n'étaient pas encore bien formés; mais elle ressemblait tellement à sa mère, qu'on pouvait se rendre compte, d'après la figure de cette dernière, du caractère futur de sa beauté. On l'envoyait aux écoles du quartier franc, et elle savait déjà quelques mots d'italien. Toute cette famille me paraissait si respectable, que je regrettais de m'y être présenté sans intentions tout-à-fait sérieuses. Ils me firent mille honnêtetés, et je les quittai en promettant une réponse prompte. Il y avait de quoi mûrement réfléchir.

Le surlendemain était le jour de la pâque juive, qui correspond à notre dimanche des Rameaux. Au lieu de buis, comme en Europe, tous les chrétiens portaient le rameau biblique, et les rues étaient pleines d'enfants qui se partageaient la dépouille des palmiers. Je traversais, pour me rendre au quartier franc, le jardin de Rosette, qui est la plus charmante promenade du Caire. C'est une verte oasis au milieu des maisons poudreuses, sur la limite du quartier cophte et du Mousky. Deux maisons de consuls et celle du docteur Clot Bey ceignent un côté de cette retraite; les maisons franques qui bordent l'impasse Waghorn s'étendent à l'autre extrémité; l'intervalle est assez considérable pour présenter à l'œil un horizon touffu de dattiers, d'orangers et de sycomores.

Il n'est pas facile de trouver le chemin de cet éden mystérieux, qui n'a point de porte publique. On traverse la maison du consul de Sardaigne en donnant à ses gens quelques paras, et l'on se trouve au milieu de vergers et de parterres dépendant des maisons voisines. Un sentier qui les divise aboutit à une sorte de petite ferme entourée de grillages où se promènent plusieurs girafes que le docteur Clot-Bey fait élever par des Nubiens. Un bois d'orangers fort épais s'étend plus loin à gauche de la route ; à droite sont plantés des mûriers entre lesquels on cultive du maïs. Ensuite le chemin tourne, et le vaste espace qu'on aperçoit de ce côté se termine par un rideau de palmiers entremêlés de bananiers, avec leurs longues feuilles d'un vert éclatant. Il y a là un pavillon soutenu par de hauts piliers, qui recouvre un bassin profond autour duquel des compagnies de femmes viennent souvent se reposer et chercher la fraîcheur. Le vendredi, ce sont des musulmanes, toujours voilées le plus possible, le samedi, des Juives, le dimanche des chrétiennes. Ces deux derniers jours, les voiles sont un peu moins discrets ; beaucoup de femmes font étendre des tapis près du bassin par leurs esclaves, et se font servir des fruits et des pâtisseries. Le passant peut s'asseoir dans le pavillon même sans qu'une retraite farouche l'avertisse de son indiscrétion, ce qui arrive quelquefois le vendredi, jour des Turques.

Je passais près de là, lorsqu'un garçon de bonne

mine vient à moi d'un air joyeux ; je reconnais le frère de ma dernière prétendue. J'étais seul. Il me fait quelques signes que je ne comprends pas, et finit par m'engager, au moyen d'une pantomime plus claire, à l'attendre dans le pavillon. Dix minutes après, la porte de l'un des petits jardins bordant les maisons s'ouvre et donne passage à deux femmes que le jeune homme amène, et qui viennent prendre place près du bassin en levant leurs voiles. C'étaient sa mère et sa sœur. Leur maison donnait sur la promenade du côté opposé à celui où j'y étais entré l'avant-veille. Après les premiers saluts affectueux, nous voilà à nous regarder et à prononcer des mots au hasard en souriant de notre mutuelle ignorance. La petite fille ne disait rien, sans doute par réserve ; mais, me souvenant qu'elle apprenait l'italien, j'essaie quelques mots de cette langue, auxquels elle répond avec l'accent guttural des Arabes, ce qui rendait l'entretien fort peu clair.

Je tâchais d'exprimer ce qu'il y avait de singulier dans la ressemblance des deux femmes. L'une était la miniature de l'autre. Les traits vagues encore de l'enfant se dessinaient mieux chez la mère ; on pouvait prévoir entre ces deux âges une saison charmante qu'il serait doux de voir fleurir. Il y avait près ne nous un tronc de palmier renversé depuis peu de jours par le vent, et dont les rameaux trempaient dans l'extrémité du bassin. Je le montrai du doigt en disant : *Oggi è il giorno delle palme*. Or, les fêtes cophtes, se réglant sur le calendrier primitif de l'église, ne tombent pas en même temps que les nôtres. Toutefois la petite fille alla cueillir un rameau qu'elle garda à la main, et dit : *Io cosi sono « Roumi. »* (Moi, comme cela, je suis Romaine!)

Au point de vue des Egyptiens, tous les Francs sont des *Romains*. Je pouvais donc prendre cela pour un compliment et pour une allusion au futur mariage... O hymen, hyménée! je t'ai vu ce jour-là de bien près ! Tu ne dois être sans doute, selon nos idées européennes, qu'un frère puîné de l'amour. Pourtant ne serait-il pas charmant de voir grandir et se développer près de soi l'épouse que l'on s'est choisie, de remplacer quelque temps le père avant d'être l'amant?.. Mais, pour le mari quel danger!

En sortant du jardin, je sentais le besoin de consulter mes amis du Caire. J'allai voir Seyd-Aga. « Mariez-vous donc de par Dieu ! » me dit-il, comme Pantagruel à Panurge. J'allai de là chez le peintre de l'hôtel Domergue, qui me cria de toute sa voix de sourd : « Si c'est devant le consul... ne vous mariez pas ! »

Il y a, quoi qu'on fasse, un certain préjugé religieux qui domine l'Européen en Orient, du moins dans les circonstances graves. Faire un mariage *à la cophte*, comme on dit au Caire, ce n'est rien que de fort simple ; mais le faire avec une toute jeune enfant, qu'on vous livre pour ainsi dire, et qui contracte un lien illusoire pour vous-même, c'est une grave responsabilité morale assurément.

Comme je m'abandonnais à ces sentiments délicats, je vis arriver Abdallah revenu de Suez ; j'exposai ma situation.

— Je m'étais bien douté, s'écria-t-il, qu'on profiterait de mon absence pour vous faire faire des sottises. Je connais la famille. Vous êtes-vous inquiété de la dot ?

— Oh ! peu m'importe ; je sais qu'ici ce doit être peu de chose.

— On parle de vingt mille piastres.

— Eh bien ! c'est toujours cela (cinq mille francs).

— Comment donc ? mais c'est vous qui devez les payer.

— Ah ! c'est bien différent... Ainsi il faut que j'apporte une dot, au lieu d'en recevoir une ?

— Naturellement. Ignorez-vous que c'est l'usage ici ?

— Comme on me parlait d'un mariage à l'européenne...

— Le mariage, oui ; mais la somme se paie toujours. C'est un petit dédommagement pour la famille.

Je comprenais dès-lors l'empressement des parents dans ce pays à marier les petites filles. Rien n'est plus juste d'ailleurs, à mon avis, que de reconnaître, en payant, la peine que de braves gens se sont donnée de mettre au monde et d'élever pour vous une jeune enfant, gracieuse et bien faite. Il paraît que la dot, ou pour mieux dire le douaire, dont j'ai indiqué plus haut le minimum, croît en raison de la beauté de l'épouse et de la position des parents. Ajoutez à cela les frais de la noce, et vous verrez qu'un mariage à la cophte devient encore une formalité assez coûteuse. J'ai regretté que le dernier qui m'était proposé fût en ce moment-là au-dessus de mes moyens. Du reste, l'opinion d'Abdallah était que pour le même prix on pouvait acquérir tout un sérail au Bazar des esclaves.

LES ESCLAVES.

I. — UN LEVER DU SOLEIL.

Que notre vie est quelque chose d'étrange ! Chaque matin, dans ce demi-sommeil où la raison triomphe peu à peu des folles images du rêve, je sens qu'il est naturel, logique et conforme à mon origine parisienne de m'éveiller aux clartés d'un ciel gris, au bruit des roues broyant les pavés, dans quelque chambre d'un aspect triste, garnie de meubles anguleux, où l'imagination se heurte aux vitres comme un insecte emprisonné, et c'est avec un étonnement toujours plus vif que je me retrouve à mille lieues de ma patrie, et que j'ouvre mes sens peu à peu aux vagues impressions d'un monde qui est la parfaite antithèse du nôtre. La voix du Turc qui chante au minaret voisin, la clochette et le trôt lourd du chameau qui passe, et quelquefois son hurlement bizarre, les bruissements et les sifflements indistincts qui font vivre l'air, le bois et la muraille, l'aube hâtive dessinant au plafond les mille découpures des fenêtres, une brise matinale chargée de senteurs pénétrantes, qui soulève le rideau de ma porte et me fait apercevoir au-dessus des murs de la cour les têtes flottantes des palmiers ; tout cela me surprend, me ravit... ou m'attriste, selon les jours ; car je ne veux pas dire qu'un éternel été fasse une vie toujours joyeuse. Le soleil noir de la mélancolie, qui verse des rayons obscurs sur le front de l'ange rêveur d'Albert Durer, se lève aussi parfois aux plaines lumineuses du Nil, comme sur les bords du Rhin, dans un froid paysage d'Allemagne. J'avouerai même qu'à défaut de brouillard, la poussière est un triste voile aux clartés d'un jour d'Orient.

Je monte quelquefois sur la terrasse de la maison que j'habite dans le quartier cophte, pour voir les premiers rayons qui embrasent au loin la plaine d'Héliopolis et les versants du Mokattam, où s'étend la Ville des Morts, entre le Caire et Matarée. C'est d'ordinaire un beau spectacle, quand l'aube colore peu à peu les coupoles et les arceaux grêles des tombeaux consacrés aux trois dynasties de califes, de soudans et de sultans qui depuis l'an 1000 ont gouverné l'Égypte. L'un des obélisques de l'ancien temple du soleil est resté seul debout, dans cette plaine comme une sentinelle oubliée; il se dresse au milieu d'un bouquet touffu de palmiers et de sycomores, et reçoit toujours le premier regard du dieu que l'on adorait jadis à ses pieds.

L'aurore, en Égypte, n'a pas ces belles teintes vermeilles qu'on admire dans les Cyclades ou sur les côtes de Candie ; le soleil éclate tout-à-coup au bord du ciel, précédé seulement d'une vague lueur blanche ; quelquefois il semble avoir peine à soulever les longs plis d'un linceul grisâtre, et nous apparaît pâle et privé de rayons, comme l'Osiris souterrain ; son empreinte décolorée attriste encore le ciel aride, qui ressemble alors, à s'y méprendre, au ciel couvert de notre Europe, mais qui, loin d'amener la pluie, absorbe toute humidité. Cette poudre épaisse qui charge l'horizon ne se découpe jamais en frais nuages comme nos brouillards ; à peine le soleil, au plus haut point de sa force, parvient-il à percer l'atmosphère cendreuse sous la forme d'un disque rouge, qu'on croirait sorti des forges libyques du dieu Phta. On comprend alors cette mélancolie profonde de la vieille Égypte, cette préoccupation fréquente de la souffrance et des tombeaux que les monuments nous transmettent. C'est Typhon qui triomphe pour un temps des divinités bienfaisantes; il irrite les yeux, dessèche les poumons, et jette des nuées d'insectes sur les champs et sur les vergers.

Je les ai vus passer comme des messagers de mort et de famine, l'atmosphère en était chargée, et regardant au-dessus de ma tête, faute de point de comparaison, je les prenais d'abord pour des nuées d'oiseaux. Abdallah, qui était monté en même temps que moi sur la terrasse, fit un cercle dans l'air avec le long tuyau de son chibouk, et il en tomba deux ou trois sur le plancher. Il secoua la tête en regardant ces énormes cigales vertes et roses, et me dit :—Vous n'en avez jamais mangé?

Je ne pus m'empêcher de faire un geste d'éloignement pour une telle nourriture, et cependant, si on leur ôte les ailes et les pattes, elles doivent ressembler beaucoup aux crevettes de l'océan.

— C'est une grande ressource dans le désert, me dit Abdallah; on les fume, on les sale, et elles ont, à peu de chose près, le goût du hareng saur; avec de la pâte de dourah, cela forme un mets excellent.

— Mais à ce propos, dis-je, ne serait-il pas possible de me faire ici un peu de cuisine égyptienne? Je trouve ennuyeux d'aller deux fois par jour prendre mes repas à l'hôtel.

— Vous avez raison, dit Abdallah; il faudra prendre à votre service un cuisinier.

— Eh bien! est-ce que le *barbarin* ne sait rien faire?

— Oh! rien. Il est ici pour ouvrir la porte et tenir propre la maison, voilà tout.

— Et vous-même, ne seriez-vous pas capable de mettre au feu un morceau de viande, de préparer quelque chose enfin?

— C'est de moi que vous parlez? s'écria Abdallah d'un ton profondément blessé; non, monsieur, je ne sais rien de semblable.

— C'est fâcheux, repris-je en ayant l'air de continuer une plaisanterie, nous aurions pu en outre déjeuner avec des sauterelles ce matin; mais, sérieusement, je voudrais prendre mes repas ici. Il y a des bouchers dans la ville, des marchands de fruits et de poisson... Je ne vois pas que ma prétention soit si extraordinaire.

— Rien n'est plus simple en effet : prenez un cuisinier. Seulement, un cuisinier européen vous coûtera un talari par jour. Encore les beys, les pachas et les hôteliers eux-mêmes ont-ils de la peine à s'en procurer.

— J'en veux un qui soit de ce pays-ci, et qui me prépare les mets que tout le monde mange.

— Fort bien, nous pourrons trouver cela chez M. Jean. C'est un de vos compatriotes qui tient un cabaret dans le quartier cophte, et chez lequel se réunissent les gens sans place.

II. — MONSIEUR JEAN.

M. Jean est un débris glorieux de notre armée d'Égypte. Il a été l'un des trente-trois Français qui prirent du service dans les Mamelouks après la retraite de l'expédition. Pendant quelques années, il a eu comme les autres un palais, des femmes, des chevaux, des esclaves : à l'époque de la destruction de cette puissante milice, il fut épargné comme Français; mais, rentré dans la vie civile, ses richesses se fondirent en peu de temps, la source ne pouvait s'en renouveler. Il imagina de vendre publiquement du vin, chose alors nouvelle en Égypte, où les Chrétiens et les Juifs ne s'enivraient que d'eau-de-vie, d'arak, et d'une certaine bière forte nommée *bouza*. Depuis lors, les vins de Malte, de Syrie et de l'Archipel firent concurrence aux spiritueux, et les musulmans du Caire ne parurent pas s'offenser de cette innovation.

M. Jean admira la résolution que j'avais prise d'échapper à la vie des hôtels ; mais, me dit-il, vous aurez bien de la peine à vous monter une maison. Il faut, au Caire, prendre autant de serviteurs qu'on a de besoins différents. Chacun d'eux met son amour-propre à ne faire qu'une seule chose, et d'ailleurs ils sont si paresseux, qu'on peut douter que ce soit un calcul. Tout détail compliqué les fatigue ou leur échappe, et ils vous abandonnent même, pour la plupart, dès qu'ils ont gagné de quoi passer quelques jours sans rien faire.

— Mais comment font les gens du pays ?

— Oh ! ils les laissent s'en donner à leur aise, et prennent deux ou trois personnes pour chaque emploi. Dans tous les cas, un effendi a toujours avec lui son secrétaire (*quatibessir*), son trésorier (*khazindar*), son porte-pipe (*tchiboukji*), le *selikdar* pour porter ses armes, le *seradjbachi* pour tenir son cheval, le *kahwedji-bachi* pour faire son café partout où il s'arrête, sans compter les *yamaks* pour aider tout ce monde. A l'intérieur, il en faut bien d'autres; car le portier ne consentirait pas à prendre soin des appartements, ni le cuisinier à faire le café; il faut avoir jusqu'à un porteur d'eau à ses gages. Il est vrai qu'en leur distribuant une piastre ou une piastre et demie, c'est à-dire de vingt-cinq à trente centimes par jour, on est regardé par chacun de ces fainéants comme un patron très magnifique.

— Eh bien! dis-je, tout ceci est encore loin des soixante piastres qu'il faut payer journellement dans les hôtels.

— Mais c'est un tracas auquel nul Européen ne peut résister.

— J'essaierai, cela m'instruira.

— Ils vous feront une nourriture abominable.

— Je ferai connaissance avec les mets du pays.

— Il faudra tenir un livre de comptes, et discuter les prix de tout.

— Cela m'apprendra la langue.

— Vous pouvez essayer, du reste; je vous enverrai les plus honnêtes, vous choisirez.

— Est-ce qu'ils sont très voleurs?

— *Carotteurs* tout au plus, me dit le vieux soldat, par un ressouvenir du langage militaire : voleurs ! des Égyptiens... ils n'ont pas assez de courage.

Je trouve qu'en général ce pauvre peuple d'Égypte est trop méprisé par les Européens. Le Franc du Caire, qui partage aujourd'hui les priviléges de la race turque, en prend aussi les préjugés. Ces gens sont pauvres, ignorants sans nul doute, et la longue habitude de l'esclavage les maintient dans une sorte d'abjection. Ils sont plus rêveurs qu'actifs, et plus intelligents qu'industrieux, mais je les crois bons et d'un caractère analogue à celui des Hindous, ce qui peut-être tient aussi à leur nourriture presque exclusivement végétale. Nous autres carnassiers, nous respectons fort le Tartare et le Bédouin, nos pareils, et nous sommes portés à abuser de notre énergie à l'égard des populations moutonnières.

Après avoir quitté M. Jean, je traversai la place de l'Esbekieh, pour me rendre à l'hôtel Domergue. C'est, comme on sait, un vaste champ situé entre l'enceinte de la ville et la première ligne des maisons du quartier cophte et du quartier franc. Il y a là beaucoup de palais et d'hôtels splendides. On distingue surtout la maison où fut assassiné Kléber, et celle où se tenaient les séances de l'Institut d'Égypte. Un petit bois de sycomores et de *figuiers de Pharaon* se rattache au souvenir de Bonaparte, qui les fit planter. A l'époque de l'inondation, toute cette place est couverte d'eau et sillonnée par des canges et des djermes peintes et dorées appartenant aux propriétaires des maisons voisines. Cette transformation annuelle d'une place publique en lac d'agrément n'empêche pas qu'on y trace des jardins et qu'on y creuse des canaux dans les temps ordinaires. Je vis là un grand nombre de *fellahs* qui travaillaient à une tranchée ; les hommes piochaient la terre, et les femmes en emportaient de lourdes charges dans des couffes de paille de riz. Parmi ces dernières, il y avait plusieurs jeunes filles, les unes en chemises bleues, et celles de moins de huit ans entièrement nues, comme on les voit du reste dans les villages aux bords du Nil. Des inspecteurs armés de bâtons surveillaient le travail, et frappaient de temps en temps les moins actifs. Le tout était sous la direction d'une sorte de militaire coiffé d'un tarbouch rouge, chaussé de bottes fortes à éperons, traînant un sabre de cavalerie, et tenant à la main un fouet en peau d'hippopotame roulée. Cela s'adressait aux nobles épaules des inspecteurs, comme le bâton de ces derniers à l'omoplate des fellahs.

Le surveillant, me voyant arrêté à regarder les pauvres jeunes filles qui pliaient sous les sacs de terre, m'adressa la parole en français. C'était encore un compatriote. Je n'eus pas trop l'idée de m'attendrir sur les coups de bâton distribués aux hommes, assez mollement du reste; l'Afrique a d'autres idées que nous sur ce point.

— Mais pourquoi, dis-je, faire travailler ces femmes et ces enfants?

— Ils ne sont pas forcés à cela, me dit l'inspecteur français, ce sont leurs pères ou leurs maris qui aiment mieux les faire travailler sous leurs yeux que de les laisser dans la ville. On les paie depuis vingt paras jusqu'à une piastre selon leur force. Une piastre (25 centimes) est généralement le prix de la journée d'un homme.

— Mais pourquoi y en a-t-il quelques-uns qui sont enchaînés? sont-ce des forçats?

— Ce sont des fainéants; ils aiment mieux passer leur temps à dormir ou à écouter des histoires dans les cafés que de se rendre utiles.

— Comment vivent-ils dans ce cas-là?

— On vit de si peu de chose ici. Au besoin, ne

trouvent-ils pas toujours des fruits ou des légumes à voler dans les champs ? Le gouvernement a bien de la peine à faire exécuter les travaux les plus nécessaires ; mais, quand il le faut absolument, on fait cerner un quartier ou barrer une rue par des troupes, on arrête les gens qui passent, on les attache et on nous les amène, voilà tout.

— Quoi ! tout le monde sans exception ?

— Oh ! tout le monde ; cependant, une fois arrêtés, chacun s'explique. Les Turcs et les Francs se font reconnaître. Parmi les autres, ceux qui ont de l'argent se rachètent de la corvée, plusieurs se recommandent de leurs maîtres ou patrons. Le reste est embrigadé et travaille pendant quelques semaines ou quelques mois, selon l'importance des choses à exécuter.

Que dire de tout cela? L'Égypte en est encore au moyen-âge. Ces corvées se faisaient jadis au profit des beys mamelouks. Le pacha est aujourd'hui le seul suzerain ; le massacre des Mamelouks a supprimé le servage ; c'est bien quelque chose déjà.

III. — LES KHOWALS.

Après avoir déjeuné à l'hôtel, je suis allé m'asseoir dans le plus beau café du Mousky. J'y ai vu pour la première fois danser des almées en public. Je voudrais bien mettre un peu la chose en scène ; mais véritablement la décoration ne comporte ni trèfles, ni colonnettes, ni lambris de porcelaine, ni œufs d'autruches suspendus. Ce n'est qu'à Paris que l'on rencontre des cafés si orientaux. Il faut plutôt imaginer une humble boutique carrée, blanchie à la chaux, où pour toute arabesque se répète plusieurs fois l'image peinte d'une pendule posée au milieu d'une prairie entre deux cyprès. Le reste de l'ornementation se compose de miroirs également peints, et qui sont censés se renvoyer l'éclat d'un bâton de palmier chargé de flacons d'huile où nagent des veilleuses, ce qui est le soir d'un assez bon effet.

Des divans, d'un bois assez dur, qui règnent autour de la pièce, sont bordés de cages en palmiers servant de tabourets pour les pieds des fumeurs, auxquels on distribue de temps en temps les élégantes petites tasses (*fines-janes*) dont j'ai déjà parlé. C'est là que le fellah en blouse bleue, le Cophte au turban noir ou le Bédouin au manteau rayé prennent place le long du mur, et voient sans surprise et sans ombrage le Franc s'asseoir à leurs côtés. Pour ce dernier, le *kahwedji* sait bien qu'il faut sucrer la tasse, et la compagnie sourit de cette bizarre préparation. Le fourneau occupe un des coins de la boutique et en est d'ordinaire l'ornement le plus précieux. L'encoignure qui le surmonte, garnie de faïence peinte, se découpe en festons et en rocailles, et a quelque chose de l'aspect des poêles allemands. Le foyer est toujours garni d'une multitude de petites cafetières de cuivre rouge, car il faut faire bouillir une cafetière pour chacune de ces *fines-janes* grandes comme des coquetiers.

Et maintenant voici les almées qui nous apparaissent dans un nuage de poussière et de fumée de tabac. Elles me frappèrent au premier abord par l'éclat des calottes d'or qui surmontaient leur chevelure tressée. Leurs talons qui frappaient le sol, pendant que les bras levés en répétaient la rude secousse, faisaient résonner des clochettes et des anneaux; les hanches frémissaient d'un mouvement voluptueux; la taille apparaissait nue sous la mousseline dans l'intervalle de la veste et de la riche ceinture relâchée et tombant très bas, comme le ceston de Vénus. A peine, au milieu du tournoiement rapide, pouvait-on distinguer les traits de ces séduisantes personnes, dont les doigts agitaient de petites cymbales grandes comme des castagnettes, et qui se démenaient vaillamment aux sons primitifs de la flûte et du tambourin. Il y en avait deux fort belles, à la mine fière, aux yeux arabes avivés par le *cohel*, aux joues pleines et délicates légèrement fardées ; mais la troisième, il faut bien le dire, trahissait un sexe moins tendre avec une barbe de huit jours : de sorte qu'à bien examiner les choses, et quand, la danse étant finie, il me fut possible de distinguer mieux les traits des deux autres, je ne tardai pas à me convaincre que nous n'avions affaire là qu'à des almées... mâles.

O vie orientale, voilà de tes surprises ! et moi j'allais m'enflammer imprudemment pour ces êtres douteux, je me disposais à leur coller sur le front quelques pièces d'or, selon les traditions les plus pures du Levant... On va me croire prodigue ; je me hâte de faire remarquer qu'il y a des pièces d'or nommées *ghazis*, depuis cinquante centimes jusqu'à cinq francs. C'est naturellement avec les plus petites que l'on fait des masques d'or aux danseuses, quand après un pas gracieux elles viennent incliner leur front humide devant chacun des spectateurs ; mais, pour de simples danseurs vêtus en femmes, on peut bien se priver de cette cérémonie en leur jetant quelques paras.

Sérieusement, la morale turque est quelque chose de bien particulier. Il y a peu d'années, les danseuses parcouraient librement la ville, animaient les fêtes publiques et faisaient les délices des casins et des cafés. Aujourd'hui elles ne peuvent plus se montrer que dans les maisons et aux fêtes particulières, et les gens scrupuleux trouvent beaucoup plus convenables ces danses d'hommes aux traits efféminés, aux longs cheveux, dont les bras, la taille et le col nu parodient si déplorablement les attraits demi-voilés des danseuses égyptiennes.

J'ai parlé de ces dernières sous le nom d'*almées* en cédant, pour être plus clair, au préjugé européen. Les danseuses s'appellent *ghawasies;* les almées sont des chanteuses ; le pluriel de ce mot se prononce *oualems*. Quant aux danseurs autorisés par la morale musulmane, ils s'appellent *khowals*.

En sortant du café, je traversai de nouveau l'étroite rue qui conduit au bazar franc pour entrer dans l'impasse Waghorn et gagner le jardin de Rosette. Des marchands d'habits m'entourèrent, étalant sous mes yeux les plus riches costumes brodés, des ceintures de drap d'or, des armes incrustées d'argent, des tarbouchs garnis d'un flot soyeux à la mode de Constantinople, choses fort séduisantes qui excitent chez l'homme un sentiment de coquetterie tout féminin. Si j'avais pu me regarder dans les miroirs du café, qui n'existaient, hélas! qu'en peinture, j'aurais pris plaisir à essayer quelques-uns de ces costumes ; mais assurément je ne veux pas tarder à prendre l'habit oriental. Avant tout, il faut songer encore à constituer mon intérieur.

IV. — LA KHANOUN.

Je rentrais chez moi plein de ces réflexions, ayant depuis long-temps renvoyé le drogman pour m'y attendre, car je commence à ne plus me perdre dans les rues ; je trouvai la maison pleine de monde. Il y avait d'abord des cuisiniers envoyés par M. Jean, qui fumaient tranquillement sous le vestibule, où ils s'étaient fait servir du café ; puis le Juif Yousef, au premier étage, se livrant aux délices du narghilé, et d'autres gens encore menant grand bruit sur la terrasse. Je réveillai le drogman qui faisait son *kief* (sa sieste) dans la chambre du fond. Il s'écria comme un homme au désespoir :

— Je vous l'avais bien dit ce matin !
— Mais quoi ?

— Que vous aviez tort de rester sur votre terrasse.

— Vous m'avez dit qu'il était bon de n'y monter que la nuit pour ne pas inquiéter les voisins.

— Et vous y êtes resté jusqu'après le soleil levé.

— Eh bien?

— Eh bien! il y a là-haut des ouvriers qui travaillent à vos frais et que le cheik du quartier a envoyés depuis une heure.

Je trouvai en effet des treillageurs qui travaillaient à boucher la vue de tout un côté de la terrasse.

— De ce côté, me dit Abdallah, est le jardin d'une *khanoun* (dame principale d'une maison) qui s'est plaint de ce que vous avez regardé chez elle.

— Mais je ne l'ai pas vue... malheureusement.

— Elle vous a vu, elle, cela suffit.

— Et quel âge a-t-elle, cette dame?

— Oh! c'est une veuve; elle a bien cinquante ans.

Cela me parut si ridicule, que j'enlevai et jetai au dehors les claies dont on commençait à entourer la terrasse; les ouvriers surpris se retirèrent sans rien dire, car personne au Caire, à moins d'être de race turque, n'oserait résister à un Franc. Le drogman et le Juif secouèrent la tête sans trop se prononcer. Je fis monter les cuisiniers, et je retins celui d'entre eux qui me parut le plus intelligent. C'était un Arabe à l'œil noir, qui s'appelait Mustafa ; il parut très satisfait d'une piastre et demie par journée que je lui fis promettre. Un des autres s'offrit à l'aider pour une piastre seulement ; je ne jugeai pas à propos d'augmenter à ce point mon train de maison.

Je commençais à causer avec le Juif, qui me développait ses idées sur la culture des mûriers et l'élève des vers à soie, lorsqu'on frappa à la porte. C'était le vieux cheick qui ramenait ses ouvriers. Il me fit dire que je le compromettais dans sa place, que je reconnaissais mal sa complaisance de m'avoir loué sa maison. Il ajouta que la *khanoun* était furieuse surtout de ce que j'avais jeté dans son jardin les claies posées sur ma terrasse, et qu'elle pourrait bien se plaindre au cadi.

J'entrevis une série de désagréments, et je tâchai de m'excuser sur mon ignorance des usages, l'assurant que je n'avais rien vu ni pu voir chez cette dame, ayant la vue très basse...

— Vous comprenez, me dit-il encore, combien l'on craint ici qu'un œil indiscret ne pénètre dans l'intérieur des jardins et des cours, puisque l'on choisit toujours des vieillards aveugles pour annoncer la prière du haut des minarets.

— Je savais cela, lui dis-je.

— Il conviendrait, ajouta-t-il, que votre femme fît une visite à la *khanoun*, et lui portât quelque présent, un mouchoir, une bagatelle.

— Mais vous savez, repris-je embarrassé, que jusqu'ici...

— *Machallah!* s'écrie-t-il en se frappant la tête, je n'y songeais plus! Ah! quelle fatalité d'avoir des *frenguis* dans ce quartier! Je vous avais donné huit jours pour suivre la loi. Fussiez-vous musulman, un homme qui n'a pas de femme ne peut habiter qu'à l'*okel* (khan ou caravansérail); vous ne pouvez pas rester ici.

Je le calmai de mon mieux; je lui représentai que j'avais encore deux jours sur ceux qu'il m'avait accordés; au fond, je voulais gagner du temps et m'assurer s'il n'y avait pas dans tout cela quelque supercherie tendant à obtenir une somme en sus de mon loyer payé d'avance. Aussi pris-je, après le départ du cheick, la résolution d'aller trouver le consul de France.

V. — VISITE AU CONSUL DE FRANCE.

Je me prive, autant que je puis, en voyage, de lettres de recommandation. Du jour où l'on est connu dans une ville, il n'est plus possible de rien voir. Nos gens du monde, même en Orient, ne consentiraient pas à se montrer hors de certains endroits reconnus convenables, ni à causer publiquement avec des personnes d'une classe inférieure, ni à se promener en négligé à certaines heures du jour. Je plains beaucoup ces gentlemen toujours coiffés, bridés, gantés, qui n'osent se mêler au peuple pour voir un détail curieux, une danse, une cérémonie, qui craindraient d'être vus dans un café, dans une taverne, de suivre une femme, de fraterniser même avec un Arabe expansif qui vous offre cordialement le bouquin de sa longue pipe, ou vous fait servir du café sur sa porte, pour peu qu'il vous voie arrêté par la curiosité ou par la fatigue. Les Anglais surtout sont parfaits, et je n'en vois jamais passer sans m'amuser de tout mon cœur. Imaginez un monsieur monté sur un âne, avec ses longues jambes qui traînent presque à terre. Son chapeau rond est garni d'un épais revêtement de coton blanc piqué. C'est une invention contre l'ardeur des rayons du soleil, qui s'absorbent, dit-on, dans cette coiffure moitié matelas, moitié feutre. Le gentleman a sur les yeux deux espèces de coques de noix en treillis d'acier bleu, pour briser la réverbération lumineuse du sol et des murailles ; il porte par-dessus tout cela un voile de femme vert contre la poussière. Son paletot de caoutchouc est recouvert encore d'un surtout de toile cirée pour le garantir de la peste et du contact fortuit des passants. Ses mains gantées tiennent un long bâton qui écarte de lui tout Arabe suspect, et généralement il ne sort que flanqué à droite et à gauche de son *groom* et de son drogman.

On est rarement exposé à faire connaissance avec de pareilles caricatures, l'Anglais ne parlant jamais à qui ne lui a pas été présenté ; mais nous avons bien des compatriotes qui vivent jusqu'à un certain point à la manière anglaise, et, du moment que l'on a rencontré un de ces aimables voyageurs, on est perdu, la société vous envahit.

Quoi qu'il en soit, j'ai fini par me décider à retrouver au fond de ma malle une lettre de recommandation pour notre consul-général, qui habitait momentanément le Caire. Le soir même, je dînai chez lui sans accompagnement de gentleman anglais ou autres. Il y avait là seulement le docteur Clot-Bey, dont la maison était voisine du consulat et M. Lubbert, l'ancien directeur de l'Opéra, aujourd'hui *historiographe* du pacha d'Égypte.

Ces deux messieurs, ou, si vous voulez, ces deux effendis, c'est le titre de tout personnage distingué dans la science, dans les lettres ou dans les fonctions civiles, portaient avec aisance le costume oriental. La plaque étincelante du *nichan* décorait leurs poitrines, et il eût été difficile de les distinguer des musulmans ordinaires. Les cheveux rasés, la barbe et ce hâle léger de la peau qu'on acquiert dans les pays chauds transforment bien vite l'Européen en un Turc très passable.

Je parcourus avec empressement les journaux français étalés sur le divan du consul. Faiblesse humaine! lire les journaux dans le pays du papyrus et des hiéroglyphes! ne pouvoir oublier, comme madame de Staël aux bords du Léman, le ruisseau de la rue du Bac!

L'Égypte ne possède encore que deux journaux à elle, une sorte de *Moniteur* arabe, qui s'imprime à Boulac, et *le Phare* d'Alexandrie. A l'époque de sa lutte contre la Porte, le pacha fit venir à grands frais un rédacteur français, qui lutta pendant quelques mois contre les journaux de Constantinople et de Smyrne. Le journal était une machine de guerre comme une autre; sur ce point là aussi, l'Égypte a désarmé, ce qui ne l'empêche pas de recevoir encore souvent les bordées des feuilles publiques du Bosphore.

On s'entretint pendant le dîner d'une affaire qui était jugée très grave et qui faisait grand bruit dans la société franque. Un pauvre diable de Français, un domestique, avait résolu de se faire musulman, et ce qu'il y avait de plus singulier, c'est que sa femme aussi voulait embrasser l'islamisme. On s'occupait des moyens d'empêcher ce scandale; le clergé franc avait pris à cœur la chose, mais le clergé musulman mettait de l'amour-propre à triompher de son côté. Les uns offraient au couple infidèle de l'argent, une bonne place, et différents avantages; les autres disaient au mari : « Tu auras beau faire, en restant chrétien, tu seras toujours ce que tu es, ta vie est clouée là; on n'a jamais vu en Europe un domestique devenir seigneur. Chez nous, le dernier des valets, un esclave, un marmiton, devient émir, pacha, ministre, il épouse la fille du sultan; l'âge n'y fait rien, l'étude est inutile, l'espérance du premier rang ne nous quitte qu'à la mort. « Le pauvre diable, qui peut-être avait de l'ambition, se laissait aller à ces espérances. Pour sa femme aussi, la perspective offerte n'était pas moins brillante; elle devenait tout de suite une cadine, l'égale des plus grandes dames, avec le droit de mépriser toute femme chrétienne ou juive, de porter le habbarah noir et les babouches jaunes; elle pouvait divorcer, chose peut-être plus séduisante encore, épouser un grand personnage, hériter, posséder la terre, ce qui est défendu aux *yavours*, sans compter les chances de devenir favorite d'une princesse ou d'une sultane-mère gouvernant l'empire du fond d'un sérail.

Voilà la double perspective qu'on ouvrait à ces pauvres gens, et il faut avouer que cette possibilité pour des personnes de bas étage d'arriver, grâce au hasard ou à leur intelligence naturelle, aux plus hautes positions, sans que leur passé, leur éducation ou leur condition première y puissent faire obstacle, réalise assez bien ce principe d'égalité qui chez nous n'est écrit que dans les codes. En Orient, le criminel lui-même, s'il a payé sa dette à la loi, ne trouve aucune carrière fermée, le préjugé moral disparaît devant lui.

Eh bien ! il faut le dire, malgré toutes ces séductions de la loi turque, les apostasies sont très rares. L'importance qu'on attachait à l'affaire dont je parle en est une preuve. Le consul avait l'idée de faire enlever l'homme et la femme pendant la nuit et de les faire embarquer sur un vaisseau français ; mais le moyen de les transporter du Caire à Alexandrie ! Il faut six jours pour descendre le Nil. En les mettant dans une barque enfermée, on risquait que leurs cris fussent entendus sur la route. En pays turc, le changement de religion est la seule circonstance où cesse le pouvoir des consuls sur les nationaux.

— Mais pourquoi faire enlever ces pauvres gens? dis-je au consul ; en auriez-vous le droit au point de vue de la loi française?

— Parfaitement ; dans un port de mer, je n'y verrais aucune difficulté.

— Mais si l'on suppose chez eux une conviction religieuse ?

— Allons donc, est-ce qu'on se fait Turc?

— Vous avez quelques Européens qui le sont devenus.

— Sans doute ; de hauts employés du pacha, qui autrement n'auraient pas pu parvenir aux grades qu'on leur a conférés, ou qui n'auraient pu se faire obéir des musulmans.

— J'aime à croire que chez la plupart, il y a eu un changement sincère, autrement je ne verrais là que des motifs d'intérêt.

— Je pense comme vous, mais voici pourquoi, dans les cas ordinaires, nous nous opposons de tout notre pouvoir à ce qu'un sujet français quitte sa religion. Chez nous, la religion est isolée de la loi civile ; chez les musulmans, ces deux principes sont confondus. Celui qui embrasse le mahométisme devient sujet turc en tout point, et perd sa nationalité européenne. Nous ne pouvons plus agir sur lui en aucune manière, il appartient au bâton et au sabre, et s'il retourne au christianisme, la loi turque le condamne à mort. En se faisant musulman, on ne perd pas seulement sa foi, on perd son nom, sa famille, sa patrie ; on n'est plus le même homme, on est un Turc ; c'est fort grave, comme vous voyez.

Cependant le consul nous faisait goûter un assez bel assortiment de vins de Grèce et de Chypre dont je n'appréciais que difficilement les diverses nuances, à cause d'une saveur prononcée de goudron, qui, selon lui, en prouvait l'authenticité. Il faut quelque temps pour se faire à ce raffinement hellénique, nécessaire sans doute à la conservation du véritable malvoisie, du vin de commanderie ou du vin de Ténédos.

Je trouvai dans le cours de l'entretien un moment pour exposer ma situation domestique ; je racontai l'histoire de mes mariages manqués, de mes aventures modestes. Je n'ai aucunement l'idée, ajoutai-je, de faire ici le Casanova. Je viens au Caire pour travailler, pour étudier la ville, pour en interroger les souvenirs, et voilà qu'il est impossible d'y vivre à moins de soixante piastres par jour, ce qui, je l'avoue, dérange mes prévisions.

— Vous comprenez, me dit le consul, que dans une ville où les étrangers ne passent qu'à de certains mois de l'année, sur la route des Indes, où se croisent les lords et les nababs, les trois ou quatre hôtels qui existent s'entendent facilement pour élever les prix et éteindre toute concurrence.

— Sans doute ; aussi ai-je loué une maison pour quelques mois.

— C'est le plus sage.

— Eh bien ! maintenant on veut me mettre dehors, sous prétexte que je n'ai pas de femme.

— On en a le droit ; M. Clot-Bey a enregistré ce

détail dans son livre. M. William Lane, le consul anglais, raconte dans le sien qu'il a été soumis lui-même à cette nécessité. Bien plus, lisez l'ouvrage de Maillet, le consul-général de Louis XIV, vous verrez qu'il en était de même de son temps ; il faut vous marier.

— J'y ai renoncé. La dernière femme qu'on m'a proposée m'a gâté les autres, et malheureusement je n'avais pas *assez en mariage* pour elle.

— C'est différent.

— Mais les esclaves sont beaucoup moins coûteuses : mon drogman m'a conseillé d'en acheter une et de l'établir dans mon domicile.

— C'est une idée.

— Serai-je ainsi dans les termes de la loi ?

— Parfaitement.

La conversation se prolongea sur ce sujet. Je m'étonnais un peu de cette facilité donnée aux chrétiens d'acquérir des esclaves en pays turc : on m'expliqua que cela ne concernait que les femmes plus ou moins colorées ; mais on peut avoir des Abyssiniennes presque blanches. La plupart des négociants établis au Caire en possèdent. M. Clot-Bey en élève plusieurs pour l'emploi de sages-femmes. Une preuve encore qu'on me donna que ce droit n'était pas contesté, c'est qu'une esclave noire, s'étant échappée récemment de la maison de M. Lubbert, lui avait été ramenée par la police.

J'étais encore tout rempli des préjugés de l'Europe, et je n'apprenais pas ces détails sans quelque surprise. Il faut vivre un peu en Orient pour s'apercevoir que l'esclavage n'est là en principe qu'une sorte d'adoption. La condition de l'esclave y est certainement meilleure que celle du *fellah* ou du *rayah* libres. Je comprenais déjà en outre, d'après ce que j'avais appris sur les mariages, qu'il n'y avait pas grande différence entre l'Égyptienne vendue par ses parents et l'Abyssinienne exposée au bazar.

Les consuls du Levant diffèrent d'opinion touchant le droit des Européens sur les esclaves. Le code diplomatique ne contient rien de formel là-dessus. D'un autre côté, la France, qui a des colonies à esclaves, ne peut empêcher ses nationaux de jouir des droits que leur concède la législation orientale. Notre consul m'affirma du reste qu'il tenait beaucoup à ce que la situation actuelle ne changeât pas à cet égard, et voici pourquoi. Les Européens ne peuvent pas être propriétaires fonciers en Égypte, mais, à l'aide de fictions légales, ils exploitent cependant des propriétés, des fabriques ; outre la difficulté de faire travailler les gens du pays, qui, dès qu'ils ont gagné la moindre somme, s'en vont vivre au soleil jusqu'à ce qu'elle soit épuisée, ils ont souvent contre eux le mauvais vouloir des cheiks ou de personnages puissants, leurs rivaux en industrie, qui peuvent tout d'un coup leur enlever tous leurs travailleurs sous prétexte d'utilité publique. Avec des esclaves, du moins, ils peuvent obtenir un travail régulier et suivi, si toutefois ces derniers y consentent, car l'esclave mécontent d'un maître peut toujours le contraindre à le faire revendre au bazar. Ce détail est un de ceux qui expliquent le mieux la douceur de l'esclavage en Orient.

VI. — LES DERVICHES.

Quand je sortis de chez le consul, la nuit était déjà avancée ; le barbarin m'attendait à la porte, envoyé par Abdallah, qui avait jugé à propos de se coucher ; il n'y avait rien à dire : quand on a beaucoup de valets, ils se partagent la besogne ; c'est naturel... Au reste, Abdallah ne se fût pas laissé ranger dans cette dernière catégorie ! Un drogman est à ses propres yeux un homme instruit, un philologue, qui consent à mettre sa science au service du voyageur; il veut bien encore remplir le rôle de cicerone, il ne repousserait pas même au besoin les aimables attributions du seigneur Pandarus de Troie, mais là s'arrête sa spécialité; vous en avez pour vos vingt piastres par jour!

Au moins faudrait-il qu'il fût toujours là pour vous expliquer toute chose obscure. Ainsi j'aurais voulu savoir le motif d'un certain mouvement dans les rues, qui m'étonnait à cette heure de la nuit. Les cafés étaient ouverts et remplis de monde; les mosquées, illuminées, retentissaient de chants solennels, et leurs minarets élancés portaient des bagues de lumière; des tentes étaient dressées sur la placé de l'Esbekieh, et l'on entendait partout les sons du tambour et de la flûte de roseau. Après avoir quitté la place et nous être engagés dans les rues, nous eûmes peine à fendre la foule qui se pressait le long des boutiques, ouvertes comme en plein jour, éclairées chacune par des centaines de bougies et parées de festons et de guirlandes en papier d'or et de couleur. Devant une petite mosquée située au milieu de la rue, il y avait un immense candélabre portant une multitude de petites lampes de verre en pyramide, et, à l'entour, des grappes suspendues de lanternes. Une trentaine de chanteurs, assis en ovale autour du candélabre, semblaient former le chœur d'un chant dont quatre autres, debout au milieu d'eux, entonnaient successivement les strophes; il y avait de la douceur et une sorte d'expression amoureuse dans cet hymne nocturne qui s'élevait au ciel avec ce sentiment de mélancolie consacré chez les Orientaux à la joie comme à la tristesse.

Je m'arrêtais à l'écouter, malgré les instances du barbarin, qui voulait m'entraîner hors de la foule, et d'ailleurs je remarquais que la majorité des auditeurs se composait de Cophtes, reconnaissables à leur turban noir; il était donc clair que les Turcs admettaient volontiers la présence des chrétiens à cette solennité.

Je songeai fort heureusement que la boutique de M. Jean n'était pas loin de cette rue, et je parvins à faire comprendre au barbarin que je voulais y être conduit. Nous trouvâmes l'ancien mamelouk fort éveillé et dans le plein exercice de son commerce de liquides. Une tonnelle, au fond de l'arrière-cour, réunissait des Cophtes et des Grecs, qui venaient se rafraîchir et se reposer de temps en temps des émotions de la fête.

M. Jean m'apprit que je venais d'assister à une cérémonie de chant, ou *zikr*, en l'honneur d'un saint derviche enterré dans la mosquée voisine. Cette mosquée étant située dans le quartier cophte, c'étaient des personnes riches de cette religion qui faisaient chaque année les frais de la solennité; ainsi s'expliquait le mélange des turbans noirs avec ceux des autres couleurs. D'ailleurs, le bas peuple chrétien fête volontiers certains *derviches* ou *santons*, sorte de religieux dont les pratiques bizarres n'appartiennent souvent à aucun culte déterminé, et remontent peut être aux superstitions de l'antiquité.

En effet, lorsque je revins au lieu de la cérémonie, où M. Jean voulut bien m'accompagner, je trouvai que la scène avait pris un caractère plus extraordinaire encore. Les trente derviches se tenaient par la main avec une sorte de mouvement de tangage, tandis que les quatre coryphées ou *zikkers* entraient peu à peu dans une frénésie poétique moitié tendre, moitié sauvage; leur chevelure aux longues boucles, conservée contre l'usage arabe, flottait au balancement de leurs têtes, coiffées non du tarbouch, mais d'un bonnet de forme antique, pareil au *pétase* romain; leur psalmodie bourdonnante prenait par instants un accent dramatique; les vers se répondaient évidemment, et la pantomime s'adressait avec tendresse et plainte à je ne sais quel objet d'amour inconnu. Peut-être était-ce ainsi que les anciens prêtres de l'Égypte célébraient les mystères d'Osiris retrouvé ou perdu ; telles sans doute étaient les plaintes des corybantes ou des cabires, et ce chœur étrange de derviches hurlant et frappant la terre en cadence obéissait peut-être encore à cette vieille tradition de ravissements et d'extases qui jadis résonnait sur tout ce rivage oriental, depuis les oasis d'Ammon jusqu'à la froide Samothrace. A les entendre seulement, je sentais mes yeux pleins de larmes, et l'enthousiasme gagnait peu à peu tous les assistants.

M. Jean, vieux sceptique de l'armée républicaine, ne partageait pas cette émotion; il trouvait cela fort ridicule et m'assura que les musulmans eux-mêmes prenaient ces derviches en pitié. C'est le bas peuple qui les encourage, me disait-il; autrement rien n'est moins conforme au mahométisme véritable, et même, dans toute supposition, ce qu'ils chantent n'a pas de sens. Je le priai de m'en donner néanmoins l'explication. — Ce n'est rien, me dit-il, ce sont des chansons amoureuses qu'ils débitent on ne sait à quel propos ; j'en connais plusieurs, en voici une qu'ils ont chantée :

« Mon cœur est troublé par l'amour ; — ma paupière ne se ferme plus ! — Mes yeux reverront-ils jamais le Bien-aimé ?

« Dans l'épuisement des tristes nuits, l'absence fait mourir l'espoir ; — mes larmes roulent comme des perles, — et mon cœur est embrasé !

« O colombe, dis-moi — pourquoi tu te lamentes ainsi ; — l'absence te fait-elle aussi gémir — ou tes ailes manquent-elles d'espace ?

« Elle répond : Nos chagrins sont pareils ; — je suis consumée par l'amour ; — hélas ! c'est ce mal aussi, — l'absence de mon Bien-aimé, qui me fait gémir. »

Et le refrain dont les trente derviches accompagnent ses couplets est toujours le même : « Il n'y a de Dieu que Dieu ! »

— Il me semble, dis-je, que cette chanson peut bien s'adresser en effet à la Divinité, c'est de l'amour divin qu'il est question sans doute.

— Nullement ; on les entend, dans d'autres couplets, comparer leur bien-aimée à la gazelle de l'Yémen, lui dire qu'elle a la peau fraîche et qu'elle a passé à peine le temps de boire le lait... C'est, ajouta-t-il, ce que nous appellerions des chansons grivoises.

Je n'étais pas convaincu ; je trouvais bien plutôt

aux autres vers qu'il me cita une certaine ressemblance avec le Cantique des Cantiques. — Du reste, ajouta M. Jean, vous les verrez encore faire bien d'autres folies après-demain, pendant la fête de Mahomet ; seulement je vous conseille de prendre alors un costume arabe, car la fête coïncide cette année avec le retour des pèlerins de la Mecque, et parmi ces derniers il y a beaucoup de Moghrebins (musulmans de l'ouest) qui n'aiment pas les habits francs, surtout depuis la conquête d'Alger.

Je me promis de suivre ce conseil, et je repris en compagnie du barbarin le chemin de mon domicile. La fête devait encore se continuer toute la nuit.

VII. — CONTRARIÉTÉS DOMESTIQUES.

Le lendemain au matin, j'appellai Abdallah pour commander mon déjeuner au cuisinier Mustafa. Ce dernier répondit qu'il fallait d'abord acquérir les ustensiles nécessaires. Rien n'était plus juste, et je dois dire encore que l'assortiment n'en fut pas compliqué. Quant aux provisions, les femmes fellahs stationnent partout dans les rues avec des cages pleines de poules, de pigeons et de canards ; on vend même au boisseau les poulets éclos dans les fours à œufs si célèbres du pays ; des Bédouins apportent le matin des coqs de bruyère et des guirlandes de cailles dont ils tiennent les pattes serrées entre leurs doigts. Tout cela, sans compter les poissons du Nil, les légumes et les fruits énormes de cette vieille terre d'Égypte, se vend à des prix fabuleusement modérés.

En comptant, par exemple, les poules à vingt centimes et les pigeons à moitié moins, je pouvais me flatter d'échapper long-temps au régime des hôtels ; malheureusement il était impossible d'avoir des volailles grasses ; c'étaient de petits squelettes emplumés. Les fellahs trouvent plus d'avantage à les vendre ainsi qu'à les nourrir long-temps de maïs. Abdallah me conseilla d'en acheter un certain nombre de cages, afin de pouvoir les engraisser. Cela fait, on mit en liberté les poules dans la cour et les pigeons dans une chambre, et Mustafa, ayant remarqué un petit coq moins osseux que les autres, se disposa, sur ma demande, à préparer un couscoussou.

Je n'oublierai jamais le spectacle qu'offrit cet Arabe farouche, tirant de sa ceinture son yataghan destiné au meurtre d'un malheureux coq. Le pauvre oiseau payait de bonne mine, et il y avait peu de chose sous son plumage éclatant comme celui d'un faisan doré. En sentant le couteau, il poussa des cris enroués qui me fendirent l'âme. Mustafa lui coupa entièrement la tête et le laissa ensuite se trainer encore en voletant sur la terrasse, jusqu'à ce qu'il s'arrêtât, raidît ses pattes, et tombât dans un coin. Ces détails sanglants suffirent pour m'ôter l'appétit. J'aime beaucoup la cuisine que je ne vois pas faire... et je me regardais comme infiniment plus coupable de la mort du petit coq que s'il avait péri dans les mains d'un hôtelier. Vous trouverez ce raisonnement lâche ; mais que voulez-vous ? je ne pouvais réussir à m'arracher aux souvenirs classiques de l'Égypte, et dans certains moments je me serais fait scrupule de plonger moi-même le couteau dans le cœur d'un légume, de crainte d'offenser un ancien dieu.

Je ne voudrais pas plus abuser pourtant de la pitié qui peut s'attacher au meurtre d'un coq maigre que de l'intérêt qu'inspire légitimement l'homme forcé de s'en nourrir : il y a beaucoup d'autres provisions dans la grande ville du Caire, et les dattes fraîches, les bananes, suffiraient toujours pour un déjeuner convenable ; mais je n'ai pas été long-temps sans reconnaître la justesse des observations de M. Jean. Les bouchers de la ville ne vendent que du mouton, et ceux des faubourgs y ajoutent, comme variété, de la viande de chameau, dont les immenses quartiers apparaissent suspendus au fond des boutiques. Pour le chameau, l'on ne doute jamais de son identité, mais, quant au mouton, la plaisanterie la moins faible de mon drogman était de prétendre que c'était très souvent du chien. Je déclare que je ne m'y serais pas laissé tromper. Seulement je n'ai jamais pu comprendre le système de pesage et de préparation qui faisait que chaque plat me revenait environ à dix piastres ; il faut y joindre, il est vrai, l'assaisonnement obligé de *meloukia* ou de *bamie*, légumes savoureux dont l'un remplace à peu près l'épinard, et dont l'autre n'a point d'analogie avec nos végétaux d'Europe.

Revenons à des idées générales. Il m'a semblé qu'en Orient les hôteliers, les drogmans, les valets et les cuisiniers, s'entendaient de tout point contre le voyageur. Je comprends déjà qu'à moins de beaucoup de résolution et d'imagination même, il faut une fortune énorme pour pouvoir y faire quelque séjour. M. de Châteaubriand avoue qu'il s'y est ruiné ; M. de Lamartine y a fait des dépenses folles ;

parmi les autres voyageurs, la plupart n'ont pas quitté les ports de mer, ou n'ont fait que traverser rapidement le pays. Moi, je veux tenter un projet que je crois meilleur. J'achèterai une esclave, puisqu'aussi bien il me faut une femme, et j'arriverai peu à peu à remplacer par elle le drogman, le barbarin peut-être, et à faire mes comptes clairement avec le cuisinier. En calculant les frais d'un long séjour au Caire et de celui que je puis faire encore dans d'autres villes, il est clair que j'atteins un but d'économie. En me mariant, j'eusse fait le contraire. Décidé par ces réflexions, je dis à Abdallah de me conduire au bazar des esclaves.

VIII. — L'OKEL DES JELLAB.

Nous traversâmes toute la ville jusqu'au quartier des grands bazars, et là, après avoir suivi une rue obscure qui faisait angle avec la principale, nous fîmes notre entrée dans une cour irrégulière sans être obligés de descendre de nos ânes. Il y avait au milieu un puits ombragé d'un sycomore. A droite, le long du mur, une douzaine de noirs étaient rangés debout, ayant l'air plutôt inquiet que triste, vêtus pour la plupart du sayon bleu des gens du peuple, et offrant toutes les nuances possibles de couleur et de forme. Nous nous tournâmes vers la gauche, où régnait une série de petites chambres dont le parquet s'avançait sur la cour comme une estrade, à environ deux pieds de terre. Plusieurs marchands basanés nous entouraient déjà en nous disant : «*Essouad? Abech?*—Des noires ou des Abyssiniennes?» Nous nous avançâmes vers la première chambre.

Là cinq ou six négresses, assises en rond sur des nattes, fumaient pour la plupart, et nous accueillirent en riant aux éclats. Elles n'étaient guère vêtues que de haillons bleus, et l'on ne pouvait reprocher aux vendeurs de parer la marchandise. Leurs cheveux, partagés en des centaines de petites tresses serrées, étaient généralement maintenus par un ruban rouge qui les partageait en deux touffes volumineuses ; la raie de chair était teinte de cinabre ; elles portaient des anneaux d'étain aux bras et aux jambes, des colliers de verroterie, et, chez quelques-unes, des cercles de cuivre passés au nez ou aux oreilles complétaient une sorte d'ajustement barbare dont certains tatouages et coloriages de la peau rehaussaient encore le caractère. C'étaient des négresses du Sennaar, l'espèce la plus éloignée, certes, du type de la beauté convenue parmi nous.

La proéminence de la mâchoire, le front déprimé, la lèvre épaisse, classent ces pauvres créatures dans une catégorie presque bestiale, et cependant, à part ce masque étrange dont la nature les a dotées, le corps est d'une perfection rare, des formes virginales et pures se dessinent sous leurs tuniques, et leur voix sort douce et vibrante d'une bouche éclatante de fraîcheur.

Eh bien! je ne m'enflammerai pas pour ces jolis monstres, mais sans doute les belles dames du Caire doivent aimer à s'entourer de chambrières pareilles. Il peut y avoir ainsi des oppositions charmantes de couleur et de forme ; ces Nubiennes ne sont point laides dans le sens absolu du mot, mais forment un contraste parfait à la beauté telle que nous la comprenons. Une femme blanche doit ressortir admirablement au milieu de ces filles de la nuit, que leurs formes élancées semblent destiner à tresser les cheveux, tendre les étoffes, porter les flacons et les vases, comme dans les fresques antiques.

Si j'étais en état de mener largement la vie orientale, je ne me priverais pas de ces pittoresques créatures ; mais, ne voulant acquérir qu'une seule esclave, j'ai demandé à en voir d'autres chez lesquelles l'angle facial fût plus ouvert et la teinte noire moins prononcée. Cela dépend du prix que vous voulez mettre, me dit Abdallah ; celles que vous voyez là ne coûtent guère que deux bourses (250 francs); on les garantit pour huit jours ; vous pouvez les rendre au bout de ce temps, si elles ont quelque défaut ou quelque infirmité.

— Mais, observai-je, je mettrais volontiers quelque chose de plus ; une femme un peu jolie ne coûte pas plus à nourrir qu'une autre.

Abdallah ne paraissait pas partager mon opinion.

Nous passâmes aux autres chambres ; c'étaient encore des filles du Sennaar. Il y en avait de plus jeunes et de plus belles, mais le type facial dominait avec une singulière uniformité.

Les marchands offraient de les faire déshabiller, ils leur ouvraient les lèvres pour que l'on vît les dents, ils les faisaient marcher et faisaient valoir surtout l'élasticité de leur poitrine. Ces pauvres filles se laissaient faire avec assez d'insouciance ; la plupart éclataient de rire presque continuellement, ce qui rendait la scène moins pénible. On comprenait d'ailleurs que toute condition était pour elles préférable au séjour de l'okel, et peut-être même à leur existence précédente dans leur pays.

Ne trouvant là que des négresses pures, je demandai au drogman si l'on n'y voyait pas d'Abyssiniennes. — Oh! me dit-il, on ne les fait pas voir publiquement ; il faut monter dans la maison et que le marchand soit bien convaincu que vous ne venez pas ici par simple curiosité, comme la plupart des voyageurs. Du reste, elles sont beaucoup plus chères, et vous pourriez peut-être trouver quelque femme qui vous conviendrait parmi les esclaves du Dongola. Il y a d'autres okels que nous pouvons voir encore. Outre celui des Jellab, où nous sommes, il y a encore l'okel Kouchouk et le khan Ghafar.

Un marchand s'approcha de nous et me fit dire qu'il venait d'arriver des Éthiopiennes qu'on avait installées hors de la ville, afin de ne pas payer les droits. Elles étaient dans la campagne, au-delà de la porte Bab-el-Madbah. Je voulus d'abord voir celles-là.

Nous nous engageâmes dans un quartier assez désert, et, après beaucoup de détours, nous nous trouvâmes dans la plaine, c'est-à-dire au milieu des tombeaux, car ils entourent tout ce côté de la ville. Les monuments des califes étaient restés à notre gauche ; nous passions entre des collines poudreuses, couvertes de moulins et formées de débris d'anciens édifices. On arrêta les ânes à la porte d'une petite enceinte de murs, restes probablement d'une mosquée en ruines. Trois ou quatre Arabes, vêtus d'un costume étranger au Caire, nous firent entrer, et je me vis au milieu d'une sorte de tribu dont les tentes étaient dressées dans ce clos, fermé de toutes parts. Les éclats de rire d'une vingtaine de négresses m'accueillirent comme à l'okel ; ces natures naïves manifestent clairement toutes leurs impressions, et je ne sais pourquoi l'habit européen leur paraît si ridicule. Toutes ces filles s'occupaient à divers travaux de ménage, et il y en avait une très grande et très belle dans le milieu qui surveillait avec attention le contenu d'un vaste chaudron placé sur le feu. Rien ne pouvant l'arracher à cette préoccupation, je me fis montrer les autres, qui se hâtaient de quitter leur besogne et détaillaient elles-mêmes leurs beautés. Ce n'était pas la moindre de leurs coquetteries qu'une chevelure toute en nattes d'un volume extraordinaire, comme j'en avais vu déjà, mais entièrement imprégnée de beurre, ruisselant de là sur leurs épaules et leur poitrine. Je pensai que c'était pour rendre moins vive l'action du soleil sur leur tête ; mais Abdallah m'assura que c'était une affaire de mode, afin de rendre leurs cheveux lustrés et leur figure luisante. Seulement, me dit-il, une fois qu'on les a achetées, on se hâte de les envoyer au bain et de leur faire démêler cette chevelure en cordelettes, qui n'est de mise que du côté des montagnes de la Lune.

L'examen ne fut pas long ; ces pauvres créatures avaient des airs sauvages fort curieux sans doute, mais peu séduisants au point de vue de la cohabitation. La plupart étaient défigurées par une foule de tatouages, d'incisions grotesques, d'étoiles et de soleils bleus qui tranchaient sur le noir un peu grisâtre de leur épiderme. A voir ces formes malheureuses, qu'il faut bien s'avouer humaines, on se reproche philanthropiquement d'avoir pu quelquefois manquer d'égards pour le singe, ce parent méconnu que notre orgueil de race s'obstine à repousser. Les gestes et les attitudes ajoutaient encore à ce rapprochement, et je remarquai même que leur pied allongé et développé sans doute par l'habitude de monter aux arbres se rattachait sensiblement à la famille des quadrumanes.

Elles me criaient de tous côtés *bakchis ! bakchis !* et je tirais de ma poche quelques piastres avec hésitation, craignant que les maîtres n'en profitassent exclusivement ; mais ces derniers, pour me rassurer, s'offrirent à leur distribuer des dattes, des pastèques, du tabac, et même de l'eau-de-vie : alors ce furent partout des transports de joie, et plusieurs se mirent à danser au son du tarabouk et de la zommarah, ce tambour et ce fifre mélancoliques des peuplades africaines.

La grande belle fille chargée de la cuisine se détournait à peine, et remuait toujours dans la chaudière une épaisse bouillie de dourah. Je m'approchai ; elle me regarda d'un air dédaigneux, et son attention ne fut attirée que par mes gants noirs. Alors elle croisa les bras et poussa des cris d'admiration. Comment pouvais-je avoir des mains noires et la figure blanche ? voilà ce qui dépassait sa compréhension. J'augmentai cette surprise en ôtant un de mes gants, et alors elle se mit à crier : « *Bismillah ! enté effrit ? enté Sheytan ?* — Dieu me préserve ! es-tu un esprit ? es-tu le diable ? »

Les autres ne témoignaient pas moins d'étonnement, et l'on ne peut imaginer combien tous les détails de ma toilette frappaient ces ames ingénues. Il est clair que dans leur pays j'aurais pu gagner ma vie à me faire voir. Quant à la principale de ces beautés nubiennes, elle ne tarda pas à reprendre son occupation première avec cette inconstance des singes que tout distrait, mais dont rien ne fixe les idées plus d'un instant.

J'eus la fantaisie de demander ce qu'elle coûtait, mais le drogman m'apprit que c'était justement la favorite du marchand d'esclaves, et qu'il ne voulait pas la vendre, espérant qu'elle le rendrait père... ou bien qu'alors ce serait plus cher.

Je n'insistai point sur ce détail.

— Décidément, dis-je au drogman, je trouve toutes ces teintes trop foncées; passons à d'autres nuances. L'Abyssinienne est donc bien rare sur le marché?

— Elle manque un peu pour le moment, me dit Abdallah, mais voici la grande caravane de la Mecque qui arrive. Elle s'est arrêtée à Birket-el-Hadji, pour faire son entrée demain au point du jour, et nous aurons alors de quoi choisir, car beaucoup de pèlerins, manquant d'argent pour finir leur voyage, se défont de quelqu'une de leurs femmes, et il y a toujours aussi des marchands qui en ramènent de l'Hedjaz.

Nous sortîmes de cet okel sans qu'on s'étonnât le moins du monde de ne m'avoir vu rien acheter. Un habitant du Caire avait conclu cependant une affaire pendant ma visite et reprenait le chemin de Bab-el-

Madbah avec deux jeunes négresses fort bien découplées. Elles marchaient devant lui, rêvant l'inconnu, se demandant sans doute si elles allaient devenir favorites ou servantes, et le beurre, plus que les larmes, ruisselait sur leur sein découvert aux rayons d'un soleil ardent.

IX. — LE THÉATRE DU CAIRE.

Nous rentrâmes en suivant la rue *Hazânieh*, qui nous conduisit à celle qui sépare le quartier franc du quartier juif, et qui longe le Calish traversé de loin en loin de ponts vénitiens d'une seule arche. Il existe là un fort beau café dont l'arrière-salle donne sur le canal et où l'on prend des sorbets et des limonades. Ce ne sont pas, au reste, les rafraîchissements qui manquent au Caire, où des boutiques coquettes étalent çà et là des coupes de limonades et de boissons mélangées de fruits sucrés aux prix les plus accessibles à tous. En détournant la rue turque pour traverser le passage qui conduit au Mousky, je vis sur les murs des affiches lithographiées qui annonçaient un spectacle pour le soir même au théâtre du Caire. Je ne fus pas fâché de retrouver ce souvenir de la civilisation ; je congédiai Abdallah et j'allai dîner chez Domergue, où l'on m'apprit que c'étaient des amateurs de la ville qui donnaient la représentation au profit des aveugles pauvres, fort nombreux au Caire malheureusement. Quant à la saison musicale italienne, elle ne devait pas tarder à s'ouvrir, mais on n'allait assister pour le moment qu'à une simple soirée de vaudeville.

Vers sept heures, la rue étroite dans laquelle s'ouvre l'impasse Waghorn était encombrée de monde, et les Arabes s'émerveillaient de voir entrer toute cette foule dans une seule maison. C'était grande fête pour les mendiants et pour les âniers, qui s'époumonaient à crier *bakchis!* de tous côtés. L'entrée, fort obscure, donne dans un passage couvert qui s'ouvre au fond sur le jardin de Rosette, et l'intérieur rappelle nos plus petites salles populaires. Le parterre était rempli d'Italiens et de Grecs en tarbouch rouge qui faisaient grand bruit ; quelques officiers du pacha se montraient à l'orchestre, et les loges étaient assez garnies de femmes, la plupart en costume levantin.

On distinguait les Grecques au *tatikos* de drap rouge festonné d'or qu'elles portent incliné sur l'oreille ; les Arméniennes, aux châles et aux gazillons qu'elles entremêlent pour se faire d'énormes coiffures. Les Juives mariées, ne pouvant, selon les prescriptions rabbiniques, laisser voir leur chevelure, ont à la place des plumes de coq roulées qui garnissent les tempes et figurent des touffes de cheveux. C'est la coiffure seule qui distingue les races; le costume est à peu près le même pour toutes dans les autres parties. Elles ont la veste turque échancrée sur la poitrine, la robe fendue et collant sur les reins, la ceinture, le caleçon (*chetyan*), qui donne à toute femme débarrassée du voile la démarche d'un jeune garçon; les bras sont toujours couverts, mais laissent pendre à partir du coude les manches variées des gilets, dont les poètes arabes comparent les boutons serrés à des fleurs de camomille. Ajoutez à cela des aigrettes, des fleurs et des papillons de diamants relevant le costume des plus riches, et vous comprendrez que l'humble *teatro del Cairo* doit encore un certain éclat à ces toilettes levantines. Pour moi, j'étais ravi, après tant de figures noires que j'avais vues dans la journée, de reposer mes yeux sur des beautés simplement jaunâtres. Avec moins de bienveillance, j'eusse reproché à leurs regards d'abuser des ressources de la teinture, à leurs joues d'en être encore au fard et aux mouches du siècle passé, à leurs mains d'emprunter sans trop d'avantage la teinte orange du *henné*; mais il fallait, dans tous les cas, admirer sans réserve les contrastes charmants de tant de beautés diverses, la variété des étoffes, l'éclat des diamants, dont les femmes de ce pays sont si fières, qu'elles portent volontiers sur elles la fortune de leurs maris; enfin je me refaisais un peu dans cette soirée d'un long jeûne de frais visages qui commençait à me peser. Du reste, pas une femme n'était voilée; et pas une femme réellement musulmane n'assistait par conséquent à la représentation. On leva le rideau; je reconnus les premières scènes de *La Mansarde des Artistes*.

O gloire du vaudeville, où t'arrêteras-tu? Des jeunes gens marseillais jouaient les principaux rôles, et la jeune première était représentée par Mme Bonhomme, la maîtresse du cabinet de lecture français. J'arrêtai mes regards avec surprise et ravissement sur une tête parfaitement blanche et blonde; il y avait deux jours que je rêvais les nuages de ma patrie et les beautés pâles du Nord; je devais cette préoccupation au premier souffle du *khamsin* et à l'abus des visages de négresses, lesquels décidément prêtent fort peu à l'idéal.

A la sortie du théâtre, toutes ces femmes si richement parées avaient revêtu l'uniforme habbarah de taffetas noir, couvert leurs traits du borghot blanc, et remontaient sur des ânes, comme de bonnes musulmanes, aux lueurs des flambeaux tenus par les *saïs*.

X. — LA BOUTIQUE DU BARBIER.

Le lendemain, songeant aux fêtes qui se préparaient pour l'arrivée des pèlerins, je me décidai, pour les voir à mon aise, à prendre le costume du pays.

Je possédais déjà la pièce la plus importante du vêtement arabe, le *machlah*, manteau patriarcal, qui peut indifféremment se porter sur les épaules, ou se draper sur la tête, sans cesser d'envelopper tout le corps. Dans ce dernier cas seulement, on a les jambes découvertes, et l'on est coiffé comme un sphinx, ce qui ne manque pas de caractère. Je me bornai pour le moment à gagner le quartier franc, où je voulais opérer ma transformation complète, d'après les conseils du peintre de l'hôtel Domergue.

L'impasse qui aboutit à l'hôtel se prolonge en croisant la rue principale du quartier franc, et décrit plusieurs zigzags jusqu'à ce qu'elle aille se perdre sous les voûtes de longs passages qui correspondent au quartier juif. C'est dans cette rue capricieuse, tantôt étroite et garnie de boutiques d'Arméniens et de Grecs, tantôt plus large, bordée de longs murs et de hautes maisons, que réside l'aristocratie commerciale de la nation franque ; là sont les banquiers, les courtiers, les entrepositaires des produits de l'Égypte et des Indes. A gauche, dans la partie la plus large, un vaste bâtiment, dont rien au dehors n'annonce la destination, contient à la fois la principale église catholique et le couvent des Dominicains. Le couvent se compose d'une foule de petites cellules donnant dans une longue galerie ; l'église est une vaste salle au premier étage, décorée de colonnes de marbre et d'un goût italien assez élégant. Les femmes sont à part dans des tribunes grillées, et ne quittent pas leurs mantilles noires, taillées selon les modes turque ou maltaise. Ce ne fut pas à l'église que nous nous arrêtâmes, du reste, puisqu'il s'agissait de perdre tout au moins l'apparence chrétienne, afin de pouvoir assister à des fêtes mahométanes. Le peintre me conduisit plus loin encore, à un point où la rue se resserre et s'obscurcit, dans une boutique de barbier, qui est une merveille d'ornementation. On peut admirer en elle l'un des derniers monuments du style arabe ancien, qui cède partout la place, en décoration comme en architecture, au goût turc de Constantinople, triste et froid pastiche à demi tartare, à demi européen.

C'est dans cette charmante boutique, dont les fenêtres gracieusement découpées donnent sur le Calish ou canal du Caire, que je perdis ma chevelure européenne. Le barbier y promena le rasoir avec beaucoup de dextérité, et, sur ma demande expresse, me laissa une seule mèche au sommet de la tête comme celle que portent les Chinois et les musulmans. On est partagé sur les motifs de cette coutume : les uns prétendent que c'est pour offrir de la prise aux mains de l'ange de la mort ; les autres y croient voir une cause plus matérielle. Le Turc prévoit toujours le cas où l'on pourrait lui trancher la tête, et, comme alors il est d'usage de la montrer au peuple, il ne veut pas qu'elle soit soulevée par le nez ou par la bouche, ce qui serait très ignominieux. Les barbiers turcs font aux chrétiens la malice de tout raser ; quant à moi, je suis suffisamment sceptique pour ne repousser aucune superstition.

La chose faite, le barbier me fit tenir sous le menton une cuvette d'étain, et je sentis bientôt une colonne d'eau ruisseler sur mon cou et sur mes oreilles. Il était monté sur le banc près de moi, et vidait un grand coquemar d'eau froide dans une poche de cuir suspendue au-dessus de mon front. Quand la surprise fut passée, il fallut encore soutenir un lessivage à fond d'eau savonneuse, après quoi l'on me tailla la barbe selon la dernière mode de Stamboul.

Ensuite on s'occupa de me coiffer, ce qui n'était pas difficile; la rue était pleine de marchands de tarbouchs et de femmes fellah dont l'industrie est de confectionner les petits bonnets blancs dits *takieh*, que l'on pose immédiatement sur la peau; on en voit de très délicatement piqués en fil ou en soie, quelques-uns même sont bordés d'une dentelure faite pour dépasser le bord du bonnet rouge. Quant à ces derniers, ils sont généralement de fabrication française; c'est, je crois, notre ville de Tours qui a le privilége de coiffer tout l'Orient.

Avec les deux bonnets superposés, le cou découvert et la barbe taillée, j'eus peine à me reconnaître dans l'élégant miroir incrusté d'écaille que me présentait le barbier. Je complétai la transformation en achetant aux revendeurs une vaste culotte de coton bleu et un gilet rouge garni d'une broderie d'argent assez propre : sur quoi le peintre voulut bien me dire que je pouvais passer ainsi pour un montagnard Syrien venu de Saïde ou de Taraboulous. Les assistants m'accordèrent le titre de *tchéléby*, qui est le nom des élégants dans le pays.

XI. — LA CARAVANE DE LA MECQUE.

Je sortis enfin de chez le barbier, transfiguré, ravi, fier de ne plus souiller une ville pittoresque de l'aspect d'un paletot-sac et d'un chapeau rond. Ce dernier ajustement paraît si ridicule aux Orientaux, que dans les écoles on conserve toujours un chapeau de Franc pour en coiffer les enfants ignorants ou indociles : c'est le bonnet d'âne de l'écolier turc.

Il s'agissait de ce moment d'aller voir l'entrée des pèlerins, qui s'opérait déjà depuis le commencement du jour, mais qui devait durer jusqu'au soir. Ce n'est pas peu de chose que trente mille personnes environ venant tout à coup enfler la population du Caire; aussi les rues des quartiers musulmans étaient-elles encombrées. Nous parvînmes à gagner Babel-Fotouh, c'est-à-dire la porte de la Victoire. Toute la longue rue qui y mène était garnie de spectateurs que les troupes faisaient ranger. Le son des trompettes, des cymbales et des tambours, réglait la marche du cortége, où les diverses nations et sectes se distinguaient par des trophées et des drapeaux. Pour moi, j'étais en proie à la préoccupation d'un vieil opéra bien célèbre au temps de l'empire; je fredonnais la *Marche des chameaux*, et je m'attendais toujours à voir paraître le brillant Saint-Phar. Les longues files de dromadaires attachés l'un derrière l'autre, et montés par des Bédouins aux longs fusils, se suivaient cependant avec quelque monotonie, et ce ne fut que dans la campagne que nous pûmes saisir l'ensemble d'un spectacle unique au monde.

C'était comme une nation en marche qui venait se fondre dans un peuple immense, garnissant à droite les mamelons voisins du Mokatam, à gauche les milliers d'édifices ordinairement déserts de la Ville des Morts; le faîte crénelé des murs et des tours de Saladin, rayés de bandes jaunes et rouges, fourmillait aussi de spectateurs; il n'y avait plus là de quoi penser à l'Opéra ni à la fameuse caravane que Bonaparte vint recevoir et fêter à cette même porte de la Victoire. Il me semblait que les siècles remontaient encore en arrière, et que j'assistais à une scène du temps des croisades. Des escadrons de la garde de Méhémet-Ali espacés dans la foule, avec leurs cuirasses étincelantes et leurs casques chevaleresques, complétaient cette illusion. Plus loin encore, dans la plaine où serpente le Calish, on voyait des milliers de tentes bariolées, où les pèlerins s'arrêtaient pour se rafraîchir; les danseurs et les chanteuses ne manquaient pas non plus à la fête, et tous les musiciens du Caire rivalisaient de bruit avec les sonneurs de trompe et les timbaliers du cortége, orchestre monstrueux juché sur des chameaux.

On ne pouvait rien voir de plus barbu, de plus hérissé et de plus farouche que l'immense cohue des Moghrebins, composée des gens de Tunis, de Tripoli, de Maroc et aussi de nos *compatriotes* d'Alger. L'entrée des Cosaques à Paris en 1814 n'en donnerait qu'une faible idée. C'est aussi parmi eux que se distinguaient les plus nombreuses confréries de santons et de derviches, qui hurlaient toujours avec enthousiasme leurs cantiques d'amour entremêlés du nom d'Allah. Les drapeaux de mille couleurs, les hampes chargées d'attributs et d'armures, et çà et là les émirs et les cheiks en habits somptueux, aux chevaux caparaçonnés, ruisselants d'or et de pierreries, ajoutaient à cette marche un peu désordonnée tout l'éclat que l'on peut imaginer. C'était aussi une chose fort pittoresque que les nombreux palanquins des femmes, appareils singuliers, figurant un lit surmonté d'une tente et posé en travers sur le dos d'un chameau. Des ménages entiers semblaient groupés à l'aise avec enfants et mobilier dans ces pavillons, garnis de tentures brillantes pour la plupart.

Vers les deux tiers de la journée, le bruit des canons de la citadelle, les acclamations et les trompettes annoncèrent que le *Mahmil*, espèce d'arche sainte qui renferme la robe de drap d'or de Mahomet, était arrivé en vue de la ville. La plus belle partie de la caravane, les cavaliers les plus magnifiques, les santons les plus enthousiastes, l'aristocratie du turban, signalée par la couleur verte, entouraient ce palladium de l'islam. Sept à huit dromadaires venaient à la file, ayant la tête si richement ornée et empanachée, couverts de harnais et de tapis si éclatants, que, sous ces ajustements qui déguisaient leurs formes, ils avaient l'air des salamandres ou des dragons qui servent de monture aux fées. Les premiers portaient de jeunes timbaliers aux bras nus, qui levaient et laissaient tomber leurs baguettes d'or du milieu d'une gerbe de drapeaux flottants disposés autour de la selle. Ensuite venait un vieillard symbolique à longue barbe blanche, couronné de feuillages, assis sur une sorte de char doré, toujours à dos de chameau, puis le Mahmil, se composant d'un riche pavillon en forme de tente carrée, couvert d'inscriptions brodées, surmonté au sommet et à ses quatre angles d'énormes boules d'argent.

De temps en temps, le Mahmil s'arrêtait, et toute la foule se prosternait dans la poussière en courbant le front sur les mains. Une escorte de cavasses avait grand' peine à repousser les nègres, qui, plus fanatiques que les autres musulmans, aspiraient à se faire écraser par les chameaux; de larges volées de coups de bâton leur conféraient du moins une certaine portion de martyre. Quant aux santons, espèces de saints plus enthousiastes encore que les derviches et d'une orthodoxie moins reconnue, on en voyait plusieurs qui se perçaient les joues avec de longues pointes et marchaient ainsi couverts de sang; d'autres dévoraient des serpents vivants, et d'autres encore se remplissaient la bouche de charbons allumés. Les femmes ne prenaient que peu de part à ces pratiques, et l'on distinguait seulement, dans la foule des pèlerins, des troupes d'almées attachées à la caravane qui chantaient à l'unisson leurs longues complaintes gutturales, et ne craignaient pas de montrer sans voile leur visage tatoué de bleu et de rouge et leur nez percé de lourds anneaux.

Nous nous mêlâmes, le peintre et moi, à la foule bigarrée qui suivait le Mahmil, criant Allah! comme les autres aux diverses stations des chameaux sacrés, lesquels, balançant majestueusement leurs têtes parées, semblaient ainsi bénir la foule avec leurs longs cols recourbés et leurs hennissements étranges. A l'entrée de la ville, les salves de canon recommencèrent, et l'on prit le chemin de la citadelle à travers les rues, pendant que la caravane continuait d'emplir le Caire de ses trente mille fidèles, qui avaient le droit désormais de prendre le titre d'*hadjis*.

On ne tarda pas à gagner les grands bazars et cette immense rue Salahieh, où les mosquées d'El-Hazar, El-Moyed et le Moristan étalent leurs merveilles d'architecture et lancent au ciel des gerbes de minarets entremêlés de coupoles. A mesure que l'on passait devant chaque mosquée, le cortége s'amoindrissait d'une partie des pèlerins, et des montagnes de babouches se formaient aux portes, chacun n'entrant que les pieds nus. Cependant le Mahmil ne s'arrêtait pas ; il s'engagea dans les rues étroites qui montent à la citadelle, et y entra par la porte du nord, au milieu des troupes rassemblées et aux acclamations du peuple réuni sur la place de Roumelieh. Ne pouvant pénétrer dans l'enceinte du palais de Méhémet-Ali, palais neuf, bâti à la turque et d'un assez médiocre effet, je me rendis sur la terrasse d'où l'on domine tout le Caire. On ne peut rendre que faiblement l'effet de cette perspective, l'une des plus belles du monde ; ce qui surtout saisit l'œil sur le premier plan, c'est l'immense développement de la mosquée du sultan Hassan, rayée et bariolée de rouge, et qui conserve encore les traces de la mitraille française depuis la fameuse révolte du Caire. La ville occupe devant vous tout l'horizon, qui se termine aux verts ombrages de Choubra ; à droite, c'est toujours la longue cité des tombeaux musulmans, la campagne d'Héliopolis et la vaste plaine du désert arabique interrompue par la chaîne du Mokatam ; à gauche, le cours du Nil aux eaux rougeâtres, avec sa maigre bordure de dattiers et de sycomores. Boulac, au bord du fleuve, servant de port au Caire qui en est éloigné d'une demi-lieue ; l'île de Roddah, verte et fleurie, cultivée en jardin anglais et terminée par le bâtiment du Nilomètre, en face des riantes maisons de campagne de Giseh ; au-delà enfin, les pyramides, posées sur les derniers versants de la chaîne lybique, et vers le sud encore, à Saccarah, d'autres pyramides entremêlées d'hypogées ; plus loin, la forêt de palmiers qui couvre les ruines de Memphis, et sur la rive opposée du fleuve, en revenant vers la ville, le vieux Caire, bâti par Amrou à la place de l'ancienne Babylone d'Égypte, à moitié caché par les arches d'un immense aqueduc, au pied duquel s'ouvre le Calish, qui côtoie la plaine des tombeaux de Karafeh.

Voilà l'immense panorama qu'animait l'aspect d'un peuple en fête fourmillant sur les places et parmi les campagnes voisines. Mais déjà la nuit était proche, et le soleil avait plongé son front dans les sables de ce long ravin du désert d'Ammon que les Arabes appellent *mer sans eau ;* on ne distinguait plus au loin que le cours du Nil, où des milliers de canges traçaient des réseaux argentés comme aux fêtes des Ptolémées. Il faut redescendre, il faut détourner ses regards de cette antiquité muette dont un sphinx, à demi disparu dans les sables, garde les secrets éternels; voyons si les splendeurs et les croyances de l'islam repeupleront suffisamment la double solitude du désert et des tombes, ou s'il faut pleurer encore sur un poétique passé qui s'en va. Ce moyen-âge arabe, en retard de trois siècles, est-il prêt à crouler à son tour, comme a fait l'antiquité grecque, au pied insoucieux des monuments de Pharaon?

Hélas! en me retournant, j'apercevais au-dessus de ma tête les dernières colonnes rouges du vieux palais de Saladin. Sur les débris de cette architecture éblouissante de hardiesse et de grace, mais frêle et passagère, comme celle des génies, on a bâti récemment une construction carrée, toute de marbre et d'albâtre, du reste sans élégance et sans caractère, qui a l'air d'un marché aux grains, et qu'on prétend devoir être une mosquée. Ce sera une mosquée en effet, comme la Madeleine est une église; les architectes modernes ont toujours la précaution de bâtir à Dieu des demeures qui puissent servir à autre chose quand on ne croira plus en lui.

Cependant le gouvernement paraissait avoir célébré l'arrivée du Mahmil à la satisfaction générale; le pacha et sa famille avaient reçu respectueusement la robe du prophète rapportée de la Mecque, l'eau sacrée du puits de Zemzem et autres ingrédients du pèlerinage ; on avait montré la robe au peuple à la porte d'une petite mosquée située derrière le palais, et déjà l'illumination de la ville produisait un effet magnifique du haut de la plate-forme. Les grands édifices ravivaient au loin, par des illuminations, leurs lignes d'architecture perdues dans l'ombre ; des chapelets de lumières ceignaient les dômes des mosquées, et les minarets revêtaient de nouveau ces colliers lumineux que j'avais remarqués déjà ; des versets du Coran brillaient sur le front des édifices, tracés partout en verres de couleur. Je me hâtai, après avoir admiré ce spectacle, de gagner la place de l'Esbekieh, où se passait la plus belle partie de la fête.

Les quartiers voisins resplendissaient de l'éclat des boutiques ; les pâtissiers, les frituriers et les marchands de fruits avaient envahi tous les rez-de-chaussée ; les confiseurs étalaient des merveilles de sucrerie sous forme d'édifices, d'animaux et autres fantaisies. Les pyramides et girandoles de lumières éclairaient tout comme en plein jour ; de plus, on promenait sur des cordes tendues de distance en distance de petits vaisseaux illuminés, souvenir peut-être des fêtes Isiaques, conservé comme tant d'autres par le bon peuple égyptien. Les pèlerins, vêtus de blanc pour la plupart et plus hâlés que les gens du Caire, recevaient partout une hospitalité fraternelle. C'est au midi de la place, dans la partie qui touche au quartier franc, qu'avaient lieu les principales réjouissances; des tentes étaient élevées partout, non-seulement pour les cafés, mais pour les *zikr* ou réunions de chanteurs dévots; de grands mâts pavoisés et supportant des lustres servaient aux exercices des derviches tourneurs, qu'il ne faut pas confondre avec les hurleurs, chacun ayant sa manière d'arriver à cet état d'enthousiasme qui leur procure des visions et des extases : c'est autour des mâts que les premiers tournaient sur eux-mêmes en criant seulement d'un ton étouffé : *Allah zheyt!* c'est-à-dire « Dieu vivant! » Ces mâts, dressés au nombre de quatre sur la même ligne, s'appellent *sârys*. Ailleurs la foule se pressait pour voir des jongleurs, des danseurs de corde ou pour écouter les rapsodes (*schayërs*) qui récitent des portions du roman d'*Abou-Zeyd*. Ces narrations se poursuivent chaque soir dans les cafés de la ville, et sont toujours, comme nos feuilletons de journaux, interrompus à l'endroit le plus saillant, afin de ramener le lendemain au même café des habitués avides de péripéties nouvelles.

Les balançoires, les jeux d'adresse, les *caragheuses* les plus variés sous forme de marionnettes ou d'ombres chinoises, achevaient d'animer cette fête foraine, qui devait se renouveler deux jours encore pour l'anniversaire de la naissance de Mahomet que l'on appelle *El-Mouled-en neby*.

Le lendemain, dès le point du jour, je partais avec Abdallah pour le bazar d'esclaves situé dans le quartier Soukel-ezzi. J'avais choisi un fort bel âne rayé comme un zèbre, et arrangé mon nouveau costume avec quelque coquetterie. Parce qu'on va acheter des femmes, ce n'est point une raison pour leur faire peur. Les rires dédaigneux des négresses m'avaient donné cette leçon.

XII. — ABDEL-KÉRIM.

Nous arrivâmes à une maison fort belle, ancienne demeure sans doute d'un *kachef* ou d'un bey mamelouk, et dont le vestibule se prolongeait en galerie avec colonnade sur un des côtés de la cour. Il y avait au fond un divan de bois garni de coussins où siégeait un musulman de bonne mine vêtu avec quelque recherche, qui égrenait nonchalamment son chapelet de bois d'aloès. Un négrillon était en train de rallumer le charbon du narghilé, et un écrivain cophte, assis à ses pieds, servait sans doute de secrétaire.

— Voici, me dit Abdallah, le seigneur Abdel-Kérim, le plus illustre des marchands d'esclaves : il peut vous procurer des femmes fort belles, s'il le veut; mais il est riche et les garde souvent pour lui.

Abdel-Kérim me fit un gracieux signe de tête en portant la main sur sa poitrine et me dit *saba-el kher*. Je répondis à ce salut par une formule arabe analogue, mais avec un accent qui lui apprit mon origine. Il m'invita toutefois à prendre place auprès de lui et fit apporter un narghilé et du café.

— Il vous voit avec moi, dit Abdallah, et cela lui donne bonne opinion de vous. Je vais lui dire que vous venez vous fixer dans le pays, et que vous êtes disposé à monter richement votre maison.

Les paroles d'Abdallah parurent faire une impression favorable sur Abdel-Kérim, qui m'adressa quelques mots de politesse en mauvais italien.

La figure fine et distinguée, l'œil pénétrant et les manières gracieuses d'Abdel-Kérim faisaient trouver naturel qu'il fît les honneurs de ce palais, où pourtant il se livrait à un si triste commerce. Il y avait chez lui un singulier mélange de l'affabilité d'un prince et de la résolution impitoyable d'un forban. Il devait dompter les esclaves par l'expression fixe de son œil mélancolique et leur laisser, même les ayant fait souffrir, le regret de ne plus l'avoir pour maître. Il est bien évident, me disais-je, que la femme qui me sera vendue ici aura été éprise d'Abdel-Kérim. N'importe; il y avait une fascination telle dans son œil, que je compris qu'il n'était guère possible de ne pas faire affaire avec lui.

La cour carrée, où se promenaient un grand nombre de Nubiens et d'Abyssiniens, offrait partout des portiques et des galeries supérieures d'une architecture élégante; de vastes moucharabys en menuiserie tournée surplombaient un vestibule d'escalier décoré d'arcades moresques par lequel on montait à l'appartement des plus belles esclaves.

Beaucoup de Turcs étaient entrés déjà et examinaient les noirs plus ou moins foncés réunis dans la cour; on les faisait marcher, on leur frappait le dos et la poitrine, on leur faisait tirer la langue. Un seul de ces jeunes gens, vêtu d'un machlah rayé de jaune et de bleu, avec les cheveux tressés et tombant à plat comme une coiffure du moyen-âge, portait aux bras une lourde chaîne qu'il faisait résonner en marchant d'un pas fier ; c'était un Abyssinien de la nation des Gallas, pris sans doute à la guerre.

Il y avait autour de la cour plusieurs salles basses, habitées par des négresses, comme j'en avais vu déjà, insoucieuses et folles la plupart, riant à tout propos ; une autre femme cependant, drapée dans une couverture jaune, pleurait en cachant son visage contre une colonne du vestibule. La morne sérénité du ciel et les lumineuses broderies que traçaient les rayons du soleil jetant de longs angles dans la cour protestaient en vain contre cet éloquent désespoir ; je m'en sentais le cœur navré.

Je passai derrière le pilier, et, bien que sa figure fût cachée, je vis que cette femme était presque blanche ; un petit enfant se pressait contre elle à demi enveloppé dans le manteau.

Quoi qu'on fasse pour accepte la vie orientale, on se sent Français... et sensible dans de pareils moments. J'eus un instant l'idée de la racheter si je pouvais, et de lui donner la liberté.

— Ne faites pas attention à elle, me dit Abdallah ; cette femme est l'esclave favorite d'un effendi qui, pour la punir d'une faute, l'envoie au marché, où l'on fait semblant de vouloir la vendre avec son enfant. Quand elle aura passé ici quelques heures, son maître viendra la reprendre et lui pardonnera sans doute.

Ainsi la seule esclave qui pleurait là pleurait à la pensée de perdre son maître, les autres ne paraissaient s'inquiéter que de la crainte de rester trop long-temps sans en trouver. Voilà qui parle, certes, en faveur du caractère des Turcs. Comparez à cela le sort de nos esclaves des colonies ! Il est vrai qu'en Égypte, c'est le fellah seul qui travaille à la terre. On ménage les forces de l'esclave, qui coûte cher, et on ne l'occupe guère qu'à des services domestiques. Et d'ailleurs qui empêcherait les esclaves trop mal traités de fuir dans le désert et de gagner la Syrie ? Au contraire, nos possessions à esclaves sont des îles ou des pays bien gardés aux frontières. Quel droit avons-nous donc, au nom de nos idées religieuses ou philosophiques, de flétrir l'esclavage musulman !

XIII. — LA JAVANAISE.

Abdel-Kérim nous avait quittés un instant pour répondre aux acheteurs turcs; il revint à moi, et me dit qu'on était en train de faire habiller les Abyssiniennes qu'il voulait me montrer. — Elles sont, dit-il, dans mon harem et traitées tout-à-fait comme les personnes de ma famille; mes femmes les font manger avec elles. En attendant, si vous voulez en voir de très jeunes, on va en amener.

On ouvrit une porte, et une douzaine de petites filles cuivrées se précipitèrent dans la cour comme des enfants en récréation. On les laissa jouer sous la cage de l'escalier avec les canards et les pintades, qui se baignaient dans une fontaine sculptée, reste de la splendeur évanouie de l'okel.

Je contemplais ces pauvres filles aux yeux si grands et si noirs, vêtues comme de petites sultanes, sans doute arrachées à leurs mères pour satisfaire la débauche des riches habitants de la ville. Abdallah me dit que plusieurs d'entre elles n'appartenaient pas au marchand, et étaient mises en vente pour le compte de leurs parents, qui faisaient exprès le voyage du Caire, et croyaient préparer ainsi à leurs enfants la condition la plus heureuse.

— Sachez, du reste, ajouta-t-il, qu'elles sont plus chères que les femmes nubiles.

— *Queste fanciulle sono cucite !* dit Abdel-Kérim dans son italien corrompu.

— Oh ! l'on peut être tranquille et acheter avec confiance, observa Abdallah, d'un ton de connaisseur, les parents ont tout prévu.

Eh bien ! me disais-je en moi-même, je laisserai ces enfants à d'autres ; le musulman, qui vit selon sa loi, peut en toute conscience répondre à Dieu du sort de ces pauvres petites ames ; mais moi, si j'achète une esclave, c'est avec la pensée qu'elle sera libre, même de me quitter.

Abdel-Kérim vint me reprendre, et me fit monter dans la maison. Abdallah resta discrètement au pied de l'escalier.

Dans une grande salle aux lambris sculptés qu'enrichissaient encore des restes d'arabesques peintes et dorées, je vis rangées contre le mur cinq femmes assez belles, dont le teint rappelait l'éclat du bronze de Florence ; leurs figures étaient régulières, leur nez droit, leur bouche petite ; l'ovale parfait de leur tête, l'emmanchement gracieux de leur cou et la douceur de leur physionomie leur donnaient l'air de ces madones peintes d'Italie dont la couleur a jauni par le temps. C'étaient des Abyssiniennes catholiques, des descendantes peut-être du prêtre Jean ou de la reine Candace.

Le choix était difficile; elles se ressemblaient toutes, comme il arrive dans ces races primitives. Abdel-Kérim, me voyant indécis et croyant qu'elles ne me plaisaient pas, en fit entrer une autre qui, d'un pas indolent, alla prendre place près du mur.

Je poussai un cri d'enthousiasme; je venais de reconnaître l'œil en amande, la paupière oblique des Javanaises, dont j'ai vu des peintures en Hollande; comme carnation, cette femme appartenait évidemment à la race jaune. Je ne sais quel goût de l'étrange et de l'imprévu, dont je ne pus me défendre, me décida en sa faveur. Elle était fort belle du reste et d'une solidité de formes qu'on ne craignait pas de laisser admirer; l'éclat métallique de ses yeux, la blancheur de ses dents, la distinction des mains et la longueur des cheveux d'un ton d'acajou sombre, qu'on me fit voir en ôtant son tarbouch, ne laissaient rien à objecter aux éloges qu'Abdel-Kérim exprimait en s'écriant : *Bono! bono!*

Nous redescendîmes et nous causâmes avec l'aide

d'Abdallah. Cette femme était arrivée la veille à la suite de la caravane, et n'était chez Abdel-Kérim que depuis ce temps. Elle avait été prise toute jeune dans l'archipel indien, par des corsaires de l'iman de Mascate.

— Mais, dis-je à Abdallah, si Abdel-Kérim l'a mise hier avec ses femmes....

— Eh bien? répondit le drogman en ouvrant des yeux étonnés.

Je vis que mon observation paraissait médiocre.

— Croyez-vous, dit Abdallah, entrant enfin dans mon idée, que ses femmes légitimes le laisseraient faire la cour à d'autres?... Et puis un marchand, songez-y donc! Si cela se savait, il perdrait toute sa clientèle.

C'était une bonne raison. Abdallah me jura de plus qu'Abdel-Kérim, comme bon musulman, avait dû passer la nuit en prières à la mosquée, vu la solennité de la fête de Mahomet.

Il ne restait plus qu'à parler du prix. On demanda cinq bourses (625 francs); j'eus l'idée d'offrir seulement quatre bourses; mais, en songeant que c'était marchander une femme, ce sentiment me parut bas. De plus, Abdallah me fit observer qu'un marchand turc n'avait jamais deux prix.

Je demandai son nom... j'achetais le nom aussi naturellement : — *Z' n' b' !* dit Abdel-Kérim. — *Z' n' b'*, répéta Abdallah avec un grand effort de contraction nasale. Je ne pouvais pas comprendre que l'éternuement de trois consonnes représentât un nom. Il me fallut quelque temps pour deviner que cela pouvait se prononcer Zeynab.

Nous quittâmes Abdel-Kérim, après avoir donné des arrhes, pour aller chercher la somme qui reposait à mon compte chez un banquier du quartier franc.

En traversant la place de l'Esbekieh, nous assistâmes à un spectacle extraordinaire. Une grande foule était rassemblée pour voir la cérémonie de la *Dohza*. Le cheick ou l'émir de la caravane devait passer à cheval sur le corps des derviches tourneurs et hurleurs qui s'exerçaient depuis la veille autour des mâts et sous des tentes. Ces malheureux s'étaient étendus à plat ventre sur le chemin de la maison du cheick El-Bekry, chef de tous les derviches, située à l'extrémité sud de la place, et formaient une chaussée humaine d'une soixantaine de corps.

Cette cérémonie est regardée comme un miracle destiné à convaincre les infidèles ; aussi laisse-t-on volontiers les Francs se mettre aux premières places. Un miracle public est devenu une chose assez rare, depuis que l'homme s'est avisé, comme dit Henri Heine, de regarder dans les manches du bon Dieu... mais celui-là, si c'en est un, est incontestable. J'ai vu de mes yeux le vieux cheick des derviches, couvert d'un benich blanc, avec un turban jaune, passer à cheval sur les reins de soixante croyants pressés sans le moindre intervalle, ayant les bras croisés sous leur tête. Le cheval était ferré. Ils se relevèrent tous sur une ligne en chantant Allah !

Les esprits forts du quartier franc prétendent que c'est un phénomène analogue à celui qui faisait jadis supporter aux convulsionnaires des coups de chenets dans l'estomac. L'exaltation où se mettent ces gens développe une force nerveuse qui supprime le sentiment et la douleur, et communique aux organes une force de résistance extraordinaire.

Les musulmans n'admettent pas cette explication, et disent qu'on a fait passer le cheval sur des verres et des bouteilles sans rien casser.

Voilà ce que j'aurais voulu voir.

Il n'avait pas fallu moins qu'un tel spectacle pour me faire perdre de vue un instant mon acquisition.

Le soir même, je ramenais triomphalement l'esclave voilée à ma maison du quartier cophte. Il était temps, car c'était le dernier jour du délai que m'avait accordé le cheick du quartier. Un domestique de l'okel la suivait avec un âne chargé d'une grande caisse verte.

Abdel-Kérim avait bien fait les choses. Il y avait dans le coffre deux costumes complets. — C'est à elle, me fit-il dire, cela lui vient d'un cheick de la Mecque auquel elle a appartenu, et maintenant c'est à vous.

On ne peut pas voir certainement de procédé plus délicat.

LE HAREM.

I. — LE PASSÉ ET L'AVENIR.

Je ne regrettais pas de m'être fixé pour quelque temps au Caire et de m'être fait sous tous les rapports un citoyen de cette ville, ce qui est le seul moyen sans nul doute de la comprendre et de l'aimer; les voyageurs ne se donnent pas le temps, d'ordinaire, d'en saisir la vie intime et d'en pénétrer les beautés pittoresques, les contrastes, les souvenirs. C'est pourtant la seule ville orientale où l'on puisse retrouver les couches bien distinctes de plusieurs âges historiques. Ni Bagdad, ni Damas, ni Constantinople, n'ont gardé de tels sujets d'études et de réflexions. Dans les deux premières, l'étranger ne rencontre que des constructions fragiles de briques et de terre sèche; les intérieurs offrent seuls une décoration splendide, mais qui ne fut jamais établie dans des conditions d'art sérieux et de durée; Constantinople, avec ses maisons de bois peintes se renouvelle tous les vingt ans et ne conserve que la physionomie assez uniforme de ses dômes bleuâtres et de ses minarets blancs. Le Caire doit à ses inépuisables carrières du Mokatam, ainsi qu'à la sérénité constante de son climat, l'existence de monuments innombrables; l'époque des califes, celle des soudans et celle des sultans mamelouks, se rapportent naturellement à des systèmes variés d'architecture dont l'Espagne et la Sicile ne possèdent qu'en partie les contre-épreuves ou les modèles. Les merveilles moresques de Grenade et de Cordoue se retracent à chaque pas au souvenir, dans les rues du Caire, par une porte de mosquée, une fenêtre, un minaret, une arabesque, dont la coupe ou le style précisent la date éloignée. Les mosquées, à elles seules, raconteraient l'histoire entière de l'Égypte musulmane, car chaque prince en a fait bâtir au moins une, voulant transmettre à jamais le souvenir de son époque et de sa gloire; c'est Amrou, c'est Hakem, c'est Touloun, Saladin, Bibars ou Barkouk, dont les noms se conservent ainsi dans la mémoire de ce peuple ; cependant les plus anciens de ces monuments n'offrent plus que des murs croulants et des enceintes dévastées.

La mosquée d'Amrou, construite la première après la conquête de l'Égypte, occupe un emplacement aujourd'hui désert entre la ville nouvelle et la ville vieille. Rien ne défend plus contre la profanation ce lieu si révéré jadis ; j'ai parcouru la forêt de colonnes qui soutient encore la voûte antique, j'ai pu monter dans la chaire sculptée de l'iman, élevée l'an 94 de l'hégire, et dont on disait qu'il n'y en avait pas une plus belle ni plus noble après celle du prophète ; j'ai parcouru les galeries et reconnu, au centre de la cour, la place où se trouvait dressée la tente du lieutenant d'Omar, alors qu'il eut l'idée de fonder le vieux Caire.

Une colombe avait fait son nid au-dessus du pavillon ; Amrou, vainqueur de l'Égypte grecque, et qui venait de saccager Alexandrie, ne voulut pas qu'on dérangeât le pauvre oiseau ; cette place lui parut consacrée par la volonté du ciel, et il fit construire d'abord une mosquée autour de sa tente, puis autour de la mosquée une ville qui prit le nom de *Fostat*, c'est-à-dire la *tente*. Aujourd'hui cet emplacement n'est plus même contenu dans la ville, et se trouve de nouveau, comme les chroniques le peignaient autrefois, au milieu des vignes, des jardinages et des *palmeraies*.

J'ai retrouvé, non moins abandonnée, mais à une autre extrémité du Caire et dans l'enceinte des murs, près de Bab-el-Nasr, la mosquée du calife Hakem, fondée trois siècles plus tard, mais qui se rattache au souvenir de l'un des héros les plus étranges du moyen-âge musulman. Hakem, que nos vieux orientalistes français appellent *le Chacamberille*, ne se contenta pas d'être le troisième des califes africains, l'héritier par la conquête des trésors d'Haroun-al-Reschid, le maître absolu de l'Egypte et de la Syrie, le vertige des grandeurs et des richesses en fit une sorte de Néron ou plutôt d'Héliogabale. Comme le premier, il mit le feu à sa capitale dans un jour de caprice ; comme le second, il se proclama dieu et traça les règles d'une religion qui fut adoptée par une partie de son peuple et qui est devenue celle des Druses. Hakem est le dernier révélateur, ou, si l'on veut, le dernier dieu qui se soit produit au monde et qui conserve encore des fidèles plus ou moins nombreux. Les chanteurs et les narrateurs des cafés du Caire racontent sur lui mille aventures, et l'on m'a montré sur une des cimes du Mokatam l'observatoire où il allait consulter les astres, car ceux qui ne croient pas à sa divinité le peignent du moins comme un puissant magicien.

Sa mosquée est plus ruinée encore que celle d'Amrou. Les murs extérieurs et deux des tours ou minarets situés aux angles offrent seuls des formes d'architecture qu'on peut reconnaître ; c'est de l'époque qui correspond aux plus anciens monuments d'Espagne. Aujourd'hui l'enceinte de la mosquée, toute poudreuse et semée de débris, est occupée par des cordiers qui tordent leur chanvre dans ce vaste espace, et dont le rouet monotone a succédé au bourdonnement des prières. Mais l'édifice du fidèle Amrou est-il moins abandonné que celui de Hakem l'hérétique, abhorré des vrais musulmans ? La vieille Égypte, oublieuse autant que crédule, a enseveli sous sa poussière bien d'autres prophètes et bien d'autres dieux.

Aussi l'étranger n'a-t-il à redouter dans ce pays ni le fanatisme de religion ni l'intolérance de race des autres parties de l'Orient ; la conquête arabe n'a jamais pu transformer à ce point le caractère des habitants ; n'est-ce pas toujours d'ailleurs la terre antique et maternelle où notre Europe, à travers le monde grec et romain, sent remonter ses origines? Religion, morale, industrie, tout partait de ce centre à la fois mystérieux et accessible, où les génies des premiers temps ont puisé pour nous la sagesse. Ils pénétraient avec terreur dans ces sanctuaires étranges où s'élaborait l'avenir des hommes, et ressortaient plus tard, le front ceint de lueurs divines, pour révéler à leurs peuples des traditions antérieures au déluge et remontant aux premiers jours du monde. Ainsi Orphée, ainsi Moïse, ainsi ce législateur moins connu de nous, que les Indiens appellent Rama, emportaient un même fonds d'enseignement et de croyances, qui devait se modifier selon les lieux et les races, mais qui partout constituaient des civilisations durables. Ce qui fait le caractère de l'antiquité égyptienne, c'est justement cette pensée d'universalité et même de prosélytisme que Rome n'a imitée depuis que dans l'intérêt de sa puissance et de sa gloire. Un peuple qui fondait des monuments indestructibles pour y graver tous les procédés des arts et de l'industrie, et qui parlait à la postérité dans une langue que la postérité commence à comprendre, mérite certainement la reconnaissance de tous les hommes.

Quand cette grande Alexandrie fut tombée, et sous les Sarrasins eux-mêmes c'était encore l'Égypte principalement qui conservait et perfectionnait les sciences où puisa le monde chrétien; la domination des mameloucks a éteint ces dernières clartés, et il faut remarquer que cette sorte d'obscurantisme où l'Orient est tombé depuis trois siècles n'est pas le résultat du principe mahométan, mais spécialement de l'influence turque. Le génie arabe, qui avait couvert le monde de merveilles, a a été étouffé sous ces dominateurs stupides; les anges de l'islam ont perdu leurs ailes, les génies des *Mille et une Nuits* ont vu briser leurs talismans; une sorte de protestantisme aride et sombre s'est étendu sur tous les peuples du Levant. Le Coran est devenu, par l'interprétation turque, ce qu'était la Bible pour les puritains d'Angleterre, un moyen de tout niveler. Les arts, les lettres et les sciences ont disparu depuis ce temps; la poésie des mœurs et des croyances primitives n'a laissé çà et là que de légères traces, et c'est l'Égypte encore qui a conservé les plus profondes.

Aujourd'hui ce peuple opprimé si long-temps ne vit que d'idées étrangères; il a besoin qu'on lui rapporte les lumières éparses dont il fut long-temps le foyer ; mais avec quelle reconnaissance, avec quelle application studieuse il s'empreint déjà et se fortifie de tout ce qui vient de l'Europe ! Les chefs-d'œuvre de nos sciences et de nos littératures sont traduits en arabe et multipliés aussitôt par l'impression ; des milliers de jeunes gens élevés pour la guerre emploient à cette œuvre les loisirs de la paix. Faut-il désespérer de cette race forte avec laquelle Méhémet-Ali avait dans ces derniers temps reconquis et renouvelé l'ancien empire des califes, et qui, sans l'intervention européenne, aurait en quelques jours renversé le trône d'Othman ? On peut prévoir déjà qu'à défaut de cette gloire militaire, qui n'a laissé à l'Égypte que l'épuisement d'un grand effort trahi, la civilisation et l'industrie occuperont les forces et les intelligences sollicitées à l'action dans un but différent. A Constantinople, les institutions récentes sont stériles ; au Caire, elles donneront de grands résultats lorsque plusieurs années de paix auront développé la prospérité matérielle.

II.—LA VIE INTIME A L'ÉPOQUE DU KHAMSIN.

J'ai mis à profit, en étudiant et en lisant le plus

possible, les longues journées d'inaction que m'imposait l'époque du *khamsin*. Depuis le matin, l'air était brûlant et chargé de poussière. Pendant cinquante jours, chaque fois que le vent du midi souffle, il est impossible de sortir avant trois heures du soir, moment où se lève la brise qui vient de la mer.

On se tient dans les chambres inférieures revêtues de faïence ou de marbre et rafraîchies par des jets d'eau; on peut encore passer sa journée dans les bains, au milieu de ce brouillard tiède qui remplit de vastes enceintes dont la coupole percée de trous ressemble à un ciel étoilé. Ces bains sont la plupart de véritables monuments qui serviraient très bien de mosquées ou d'églises; l'architecture en est byzantine, et les bains grecs en ont probablement fourni les premiers modèles; il y a entre les colonnes sur lesquelles s'appuie la voûte circulaire de petits cabinets de marbre, où une fontaine élégante est consacrée aux ablutions froides. Vous pouvez tour à tour vous isoler ou vous mêler à la foule qui n'a rien de l'aspect maladif de nos réunions de baigneurs, et se compose généralement d'hommes sains et de belle race, drapés, à la manière antique, d'une longue étoffe de lin. Les formes se dessinent vaguement à travers la brume laiteuse que traversent les blancs rayons de la voûte, et l'on peut se croire dans un paradis peuplé d'ombres heureuses. Seulement le purgatoire vous attend dans les salles voisines. Là sont les bassins d'eau bouillante où le baigneur subit diverses sortes de cuisson ; là se précipitent sur vous ces terribles estafiers aux mains armées de gants de crin, qui détachent de votre peau de longs rouleaux moléculaires dont l'épaisseur vous effraie et vous fait craindre d'être usé graduellement comme une vaisselle trop écurée. On peut d'ailleurs se soustraire à ces cérémonies et se contenter du bien-être que procure l'atmosphère humide de la grande salle du bain. Par un effet singulier, cette chaleur artificielle délasse de l'autre ; le feu terrestre de Phta combat les ardeurs trop vives du céleste Horus. Faut-il parler encore des délices du massage et du repos charmant que l'on goûte sur ces lits disposés autour d'un haute galerie à balustres qui domine la salle d'entrée des bains ? Le café, les sorbets, le narguilé, interrompent là ou préparent ce léger sommeil de la méridienne si cher aux peuples du Levant.

Du reste, le vent du midi ne souffle pas continuellement pendant l'époque du *khamsin*, il s'interrompt souvent des semaines entières, et nous laisse littéralement respirer. Alors la ville reprend son aspect animé, la foule se répand sur les places et dans les jardins; l'allée de Choubra se remplit de promeneurs; les musulmanes voilées vont s'asseoir dans les kiosques, au bord des fontaines et sur les tombes entremêlées d'ombrages, où elles rêvent tout le jour entourées d'enfants joyeux, et se font même apporter leurs repas. Les femmes d'Orient ont deux grands moyens d'échapper à la solitude des harems, c'est le cimetière, où elles ont toujours quelque être chéri à pleurer, et le bain public, où la coutume oblige leur mari de les laisser aller une fois par semaine au moins.

Ce détail, que j'ignorais, a été pour moi la source de quelques chagrins domestiques contre lesquels il faut bien que je prévienne l'Européen qui serait tenté de suivre mon exemple. Je n'eus pas plutôt ramené du bazar l'esclave javanaise que je me vis assailli d'une foule de réflexions qui ne s'étaient pas encore présentées à mon esprit. La crainte de la laisser un jour de plus parmi les femmes d'Abd-el-Kérim avait précipité ma résolution, et le dirais-je? le premier regard jeté sur elle avait été tout-puissant.

Il y a quelque chose de très séduisant dans une femme d'un pays lointain et singulier, qui parle une langue inconnue, dont le costume et les habitudes frappent déjà par l'étrangeté seule, et qui enfin n'a rien de ces vulgarités de détail que l'habitude nous révèle chez les femmes de notre patrie. Je subis quelque temps cette fascination de couleur locale, je l'écoutais babiller, je la voyais étaler la bigarrure de ses vêtements : c'était comme un oiseau splendide que je possédais en cage ; mais cette impression pouvait-elle toujours durer ?

On m'avait prévenu que si le marchand m'avait trompé sur les mérites de l'esclave, s'il existait un vice rédhibitoire quelconque, j'avais trois jours pour résilier le marché. Je ne songeais guère qu'il fût possible à un Européen d'avoir recours à cette indigne clause, eût-il même été trompé. Seulement je vis avec peine que cette pauvre fille avait sous le bandeau rouge qui ceignait son front une place brûlée grande comme un écu de six livres à partir des premiers cheveux. On voyait sur sa poitrine une autre brûlure de même forme, et sur ces deux marques un tatouage qui représentait une sorte de soleil. Le menton était aussi tatoué en fer de lance, et la narine gauche percée de manière à recevoir un anneau. Quant aux cheveux, ils étaient rognés par-devant à partir des tempes et autour du front, et, sauf la partie brûlée, ils tombaient ainsi jusqu'aux sourcils qu'une ligne noire prolongeait et réunissait selon la coutume. Quant aux bras et aux pieds teints de couleur orange, je savais que c'était l'effet d'une préparation de henné qui ne laissait aucune marque au bout de quelques jours.

Que faire maintenant ? Habiller une femme jaune à l'européenne, c'eût été la chose la plus ridicule du monde. Je me bornai à lui faire signe qu'il fallait laisser repousser les cheveux coupés en rond sur le devant, ce qui parut l'étonner beaucoup ; quant à la brûlure du front et à celle de la poitrine, qui résultait probablement d'un usage de son pays, car on ne voit rien de pareil en Égypte, cela pouvait se cacher au moyen d'un bijou ou d'un ornement quelconque ; il n'y avait donc pas trop de quoi se plaindre, tout examen fait.

III. — SOINS DU MÉNAGE.

La pauvre enfant s'était endormie, pendant que j'examinais sa chevelure avec cette sollicitude de propriétaire qui se plaint qu'on ait fait des coupes dans le bien qu'il vient d'acquérir. J'entendis Ibrahim crier du dehors : *Ya sidy !* (eh ! monsieur !), puis d'autres mots où je compris que quelqu'un me rendait visite. Je sortis de la chambre, et je trouvai dans la galerie le Juif Yousef qui voulait me parler. Il s'aperçut que je ne tenais pas à ce qu'il entrât dans la chambre, et nous nous promenâmes en fumant.

— J'ai appris, me dit-il, qu'on vous avait fait acheter une esclave ; j'en suis bien contrarié.

— Et pourquoi ?

— Parce pu'on vous aura trompé ou volé de beaucoup ; les drogmans s'entendent toujours avec le marchand d'esclaves.

— Cela me paraît probable.

— Abdallah aura reçu au moins une bourse pour lui.

— Qu'y faire ?

— Vous n'êtes pas au bout. Vous serez très embarrassé de cette femme quand vous voudrez partir, et il vous offrira de la racheter pour peu de chose. Voilà ce qu'il est habitué à faire, et c'est pour cela qu'il vous a détourné de conclure un mariage à la cophte, ce qui était beaucoup plus simple et moins coûteux.

— Mais vous savez bien qu'après tout j'avais quelque scrupule à faire un de ces mariages qui veulent toujours une sorte de consécration religieuse.

— Eh bien ! que ne m'avez-vous dit cela ? je vous aurais trouvé un domestique turc qui se serait marié pour vous autant de fois que vous auriez voulu !

La singularité de cette proposition me fit partir d'un éclat de rire ; mais quand on est au Caire, on apprend vite à ne s'étonner de rien. Les détails que me donna Yousef m'apprirent qu'il se rencontrait des gens assez misérables pour faire ce marché. La facilité qu'ont les Turcs de prendre femme et de divorcer à leur gré rend cet arrangement possible, et la plainte de la femme pourrait seule le révéler ; mais évidemment ce n'est qu'un moyen d'éluder la sévérité du pacha à l'égard des mœurs publiques. Toute femme qui ne vit pas seule ou dans sa famille doit avoir un mari légalement reconnu, dût-elle divorcer au bout de huit jours, à moins que, comme esclave, elle n'ait un maître.

Je témoignai au Juif Yousef combien une telle convention m'aurait révolté.

—Bon ! me dit-il, qu'importe ?... avec des Turcs !

— Vous pourriez dire aussi avec des chrétiens.

— C'est un usage, ajouta-t-il, qu'ont introduit les Anglais ; ils ont tant d'argent !

— Alors cela coûte cher ?

— C'était cher autrefois ; mais maintenant la concurrence s'y est mise, et c'est à la portée de tous.

Voilà pourtant où aboutissent les réformes morales des Turcs. On déprave toute une population pour éviter un mal certainement beaucoup moindre. Il y a dix ans, le Caire avait des bayadères publiques comme l'Inde, et des courtisanes comme l'antiquité. Les ulémas se plaignirent, et ce fut long-temps sans succès, parce que le gouvernement tirait un impôt assez considérable de ces femmes, organisées en corporation, et dont le plus grand nombre résidait hors de la ville, à Matarée. Enfin les dévots turcs offrirent de payer l'impôt en question ; ce fut alors que l'on exila toutes ces femmes à Esné, dans la Haute Égypte. Aujourd'hui cette ville de l'ancienne Thébaïde est pour les étrangers qui remontent le Nil une sorte de Capoue. Il y a là des Laïs et des Aspasies qui mènent une grande existence, et qui se sont enrichies particulièrement aux dépens de l'Angleterre. Elles ont des palais, des esclaves, et pourraient se faire construire des pyramides comme la fameuse Rhodope, si c'était encore la mode aujourd'hui d'entasser des pierres sur son corps pour prouver sa gloire ; elles aiment mieux les diamants.

Je comprenais bien que le Juif Yousef ne cultivait pas ma connaissance sans quelque motif ; l'incertitude que j'avais là-dessus m'avait empêché déjà de l'avertir de mes visites aux bazars d'esclaves. L'étranger se trouve toujours en Orient dans la position de l'amoureux naïf ou du fils de famille des comédies de Molière. Il faut louvoyer entre le Mascarille et le Sbrigani. Pour mettre fin à tout calcul possible, je me plaignis de ce que le prix de l'esclave avait presque épuisé ma bourse. — Quel malheur ! s'écria le Juif ; je voulais vous mettre de moitié dans une affaire magnifique qui en quelques jours vous aurait rendu dix fois votre argent. Nous sommes plusieurs amis qui achetons toute la récolte des feuilles de mûrier aux environs du Caire, et nous la revendrons en détail aux prix que nous voudrons aux éleveurs de vers à soie ; mais il faut un peu d'argent comptant : c'est ce qu'il y a de plus rare dans ce pays, le taux légal est de 24 pour 100.

Pourtant, avec des spéculations raisonnables, l'argent se multiplie... Enfin n'en parlons plus. Je vous donnerai seulement un conseil : vous ne savez pas l'arabe ; n'employez pas le drogman pour parler avec votre esclave ; il lui communiquerait de mauvaises idées sans que vous vous en doutiez, et elle s'enfuirait quelque jour ; cela s'est vu.

Ces paroles me donnèrent à réfléchir.

Si la garde d'une femme est difficile pour un mari, que ne sera-ce pas pour un maître ! C'est la position d'Arnolphe ou de George Dandin. Que faire ? l'eunuque et la duègne n'ont rien de sûr pour un étranger ; accorder tout de suite à une esclave l'indépendance des femmes françaises, ce serait absurde dans un pays où les femmes, comme on sait, n'ont aucun principe contre la plus vulgaire séduction. Comment sortir de chez moi seul ? et et comment sortir avec elle dans un pays où jamais femme ne s'est montrée au bras d'un homme ? Comprend-on que je n'eusse pas prévu tout cela ?

Je fis dire par le Juif à Mustafa de me préparer à dîner ; je ne pouvais pas évidemment mener l'esclave à la table d'hôte de l'hôtel Domergue. Quant au drogman, il était allé attendre l'arrivée de la voiture de Suez, car je ne l'occupais pas assez pour qu'il ne cherchât point à promener de temps en temps quelque Anglais dans la ville. Je lui dis à son retour que je ne voulais plus l'employer que pour certains jours, que je ne garderais pas tout ce monde qui m'entourait, et qu'ayant une esclave, j'apprendrais très vite à échanger quelques mots avec elle, ce qui me suffisait. Comme il s'était cru plus indispensable que jamais, cette déclaration l'étonna un peu. Cependant il finit par prendre fort bien la chose, et me dit que je le trouverais à l'hôtel Waghorn chaque fois que j'en aurais besoin.

Il s'attendait sans doute à me servir de truchement pour faire du moins connaissance avec l'esclave; mais la jalousie est une chose si bien comprise en Orient, la réserve est si naturelle dans tout ce qui a rapport aux femmes, qu'il ne m'en parla même pas.

J'étais rentré dans la chambre où j'avais laissé l'esclave endormie. Elle était réveillée et assise sur l'appui de la fenêtre, regardant à droite et à gauche dans la rue par les grilles latérales du *moucharaby*. Il y avait, deux maisons plus loin, des jeunes gens en costume turc de la réforme, officiers sans doute de quelque personnage, et qui fumaient nonchalament devant la porte. Je compris qu'il existait un danger de ce côté. Je cherchais en vain dans ma tête un mot qui pût lui faire comprendre qu'il n'était pas bien de regarder les militaires dans la rue, mais je ne trouvais que cet universel *tayeb* (très bien), interjection optimiste bien digne de caractériser l'esprit du peuple le plus doux de la terre, mais tout-à-fait insuffisante dans la situation.

O femmes! avec vous tout change; j'étais heureux, content de tout. Je disais *tayeb* à tout propos, et l'Égypte me souriait. Aujourd'hui il me faut chercher des mots qui ne sont peut-être pas dans la langue de ces nations bienveillantes. Il est vrai que j'avais surpris chez quelques naturels, un mot et un geste négatifs. Si une chose ne leur plaît pas, ce qui est rare, ils vous disent : *Lah!* en levant la main négligemment à la hauteur du front. Mais comment dire d'un ton rude et toutefois avec un mouvement de main languissant : — *Lah!* Ce fut cependant à quoi je m'arrêtai faute de mieux; après cela je ramenai l'esclave vers le divan, et je fis un geste qui indiquait qu'il était plus convenable de se tenir là qu'à la fenêtre. Du reste, je lui fis comprendre que nous ne tarderions pas à dîner.

La question maintenant était de savoir si je lui

laisserais découvrir sa figure devant le cuisinier ; cela me parut contraire aux usages. Personne, jusque-là, n'avait cherché à la voir. Le drogman lui-même n'était pas monté avec moi lorsque Abd-el-Kérim m'avait fait voir ses femmes : il était donc clair que je me ferais mépriser en agissant autrement que les gens du pays.

Quand le dîner fut prêt, Mustapha cria du dehors : — *Sidi !* Je sortis de la chambre, et il me montra la casserole de terre contenant une poule découpée dans du riz.

— *Bono ! bono !* lui dis-je, et je rentrai pour engager l'esclave à remettre son masque, ce qu'elle fit.

Mustapha plaça la table, posa dessus une nappe de drap vert, puis, ayant arrangé sur un plat sa pyramide de pilau, il apporta encore plusieurs verdures sur de petites assiettes, et notamment des koulkas découpés dans du vinaigre, ainsi que des tranches de gros oignons nageant dans une sauce à la moutarde ; cet ambigu n'avait pas mauvaise mine. Ensuite il se retira discrètement.

IV. — PREMIÈRES LEÇONS D'ARABE.

Je fis signe à l'esclave de prendre une chaise,

(j'avais eu la faiblesse d'acheter des chaises); elle secoua la tête, et je compris que mon idée était ridicule à cause du peu de hauteur de la table. Je mis donc des coussins à terre, et je pris place en l'invitant à s'asseoir de l'autre côté; mais rien ne put la décider. Elle détournait la tête et mettait la main sur sa bouche: « Mon enfant, lui dis-je, est-ce que vous voulez vous laisser mourir de faim? »

Je sentais qu'il valait mieux parler, même avec la certitude de n'être pas compris, que de se livrer à une pantomime ridicule. Elle répondit quelques mots qui signifiaient probablement qu'elle ne comprenait pas, et auxquels je répliquai : *Tayeb*. C'était toujours un commencement de dialogue.

Lord Byron disait par expérience que le meilleur moyen d'apprendre une langue était de vivre seul pendant quelque temps avec une femme; mais encore faudrait-il y joindre quelques livres élémentaires, autrement on n'apprend que des substantifs; le verbe manque; ensuite il est bien difficile de retenir des mots sans les écrire, et l'arabe ne s'écrit pas avec nos lettres, ou du moins ces dernières ne donnent qu'une idée imparfaite de la prononciation. Quant à apprendre l'écriture arabe, c'est une affaire si compliquée, à cause des élisions, que le savant Volney avait trouvé plus simple d'inventer un alphabet mixte, dont malheureusement les autres savants n'encouragèrent pas l'emploi. La science aime les difficultés, et ne tient jamais à vulgariser beaucoup l'étude; si l'on apprenait de soi-même, que deviendraient les professeurs?

Après tout, me dis-je, cette jeune fille née à Java suit peut-être la religion hindoue; elle ne se nourrit sans doute que de fruits et d'herbages. Je fis un un signe d'adoration, en prononçant d'un air interrogatif le nom de Brahma; elle ne parut pas comprendre. Dans tous les cas, ma prononciation eût été mauvaise sans doute. J'énumérai encore tout ce que je savais de noms se rattachant à cette même cosmogonie; c'était comme si j'eusse parlé français. Je commençais à regretter d'avoir remercié le drogman; j'en voulais surtout au marchand d'esclaves de m'avoir vendu ce bel oiseau doré sans me dire ce qu'il fallait lui donner pour nourriture.

Je lui présentai simplement du pain, et du meilleur qu'on fît au quartier franc; elle dit d'un ton mélancolique : *Mafisch!* mot inconnu dont l'expression m'attrista beaucoup. Je songeai alors à de pauvres bayadères amenées à Paris il y a quelques années, et qu'on m'avait fait voir dans une maison des Champs-Élysées. Ces Indiennes ne prenaient que des aliments qu'elles avaient préparés elles-mêmes dans des vases neufs. Ce souvenir me rassura un peu, et je pris la résolution de sortir, après mon repas, avec l'esclave pour éclaircir ce point.

La défiance que m'avait inspirée le Juif pour mon drogman avait eu pour second effet de me mettre en garde contre lui-même ; voilà ce qui m'avait conduit à cette position fâcheuse. Il s'agissait donc de prendre pour interprète quelqu'un de sûr, afin du moins de faire connaissance avec mon acquisition. Je songeai un instant à M. Jean, le mamelouck, homme d'un âge respectable ; mais le moyen de conduire cette femme dans un cabaret? D'un autre côté, je ne pouvais pas la faire rester dans la maison avec le cuisinier et le Barbarin pour aller chercher M. Jean. Et eussé-je envoyé dehors ces deux serviteurs hasardeux, était-il prudent de laisser une esclave seule dans un logis fermé d'une serrure de bois?

Un son de petites clochettes retentit dans la rue; je vis à travers le treillis un chevrier en sarreau bleu qui menait quelques chèvres du côté du quartier franc. Je le montrai à l'esclave, qui me dit en souriant : *Aioua!* ce que je traduisis par oui.

J'appelai le chevrier, garçon de quinze ans, au teint hâlé, aux yeux énormes, ayant du reste le gros nez et la lèvre épaisse des têtes de sphinx, un type égyptien des plus purs. Il entra dans la cour avec ses bêtes, et se mit à en traire une dans un vase de faïence neuve que je fis voir à l'esclave avant qu'il s'en servît. Celle-ci répéta *aioua*, et du haut de la galerie elle regarda, bien que voilée, le manége du chevrier.

Tout cela était simple comme l'idylle, et je trouvai très naturel qu'elle lui adressât ces deux mots : *Talé bouckra ;* je compris qu'elle l'engageait sans doute à revenir le lendemain. Quand la tasse fut pleine, le chevrier me regarda d'un air sauvage en criant : *At foulouz !* J'avais assez cultivé les âniers pour savoir que cela voulait dire : Donne de l'argent. Quand je l'eus payé, il cria encore *bakchiz !* autre expression favorite de l'Égyptien, qui réclame à tout propos le pour-boire. Je lui répondis : *Talé bouckra !* comme avait dit l'esclave. Il s'éloigna satisfait. Voilà comme on apprend les langues peu à peu.

Elle se contenta de boire son lait sans y vouloir

mettre du pain ; toutefois ce léger repas me rassura un peu ; je craignais qu'elle ne fût de cette race javanaise qui se nourrit d'une sorte de terre grasse, qu'on n'aurait peut-être pas pu se procurer au Caire. Ensuite j'envoyai chercher des ânes et je fis signe à l'esclave de prendre son vêtement de dessus (*milayeh*). Elle regarda avec un certain dédain ce tissu de coton quadrillé, qui est pourtant fort bien porté au Caire, et me dit : *Ana.... habbarah !*

Comme on s'instruit ! Je compris qu'elle espérait porter de la soie au lieu de coton, le vêtement des grandes dames au lieu de celui des simples bourgeoises, et je lui dis : *Lah ! lah !* en secouant la main et hochant la tête à la manière des Égyptiens.

V. — L'AIMABLE INTERPRÈTE.

Je n'avais envie ni d'aller acheter un habbarah ni de faire une simple promenade ; il m'était venu à l'idée qu'en prenant un abonnement au cabinet de lecture français, la gracieuse Madame Bonhomme voudrait bien me servir de truchement pour une première explication avec ma jeune captive. Je n'avais vu encore Madame Bonhomme que dans la fameuse représentation d'amateurs qui avait inauguré la saison au *Teatro di Cairo*, mais le vaudeville qu'elle avait joué lui prêtait à mes yeux les qualités d'une excellente et obligeante personne. Le théâtre a cela de particulier, qu'il vous donne l'illusion de connaître parfaitement une inconnue. De là les grandes passions qu'inspirent les actrices, tandis qu'on ne s'éprend guère, en général, des femmes qu'on n'a fait que voir de loin.

Si l'actrice a ce privilége d'exposer à tous un idéal que l'imagination de chacun interprète et réalise à son gré, pourquoi ne pas reconnaître chez une jolie, et, si vous voulez, même une vertueuse marchande, cette fonction généralement bienveillante, et pour ainsi dire initiatrice, qui ouvre à l'étranger des relations utiles et charmantes?

On sait à quel point le bon Yorick, inconnu, inquiet, perdu dans le grand tumulte de la vie parisienne, fut ravi de trouver accueil chez une aimable et complaisante gantière; mais combien une telle rencontre n'est-elle pas plus utile encore dans une ville d'Orient!

Madame Bonhomme accepta avec toute la grace

et toute la patience possibles le rôle d'interprète entre l'esclave et moi. Il y avait du monde dans la salle de lecture, de sorte qu'elle nous fit entrer dans un magasin d'articles de toilette et d'assortiment, qui était joint à la librairie. Au quartier franc, tout commerçant vend de tout. Pendant que l'esclave étonnée examinait avec ravissement les merveilles du luxe européen, j'expliquais ma position à Madame Bonhomme, qui, du reste, avait elle-même une esclave noire à laquelle de temps en temps je l'entendais donner des ordres en arabe.

Mon récit l'intéressa; je la priai de demander à l'esclave si elle était contente de m'appartenir. — *Aioua!* répondit celle-ci. A cette réponse affirmative, elle ajouta qu'elle serait bien contente d'être vêtue comme une Européenne. Cette prétention fit sourire Madame Bonhomme, qui alla chercher un bonnet de tulle à rubans et l'ajusta sur sa tête. Je dois avouer que cela ne lui allait pas très bien; la blancheur du bonnet lui donnait l'air malade. — Mon enfant, lui dit Madame Bonhomme, il faut rester comme tu es; le tarbouch te sied beaucoup mieux. Et, comme l'esclave renonçait au bonnet avec peine, elle lui alla chercher un *talikos* de femme grecque festonné d'or, qui, cette fois, était du meilleur effet. Je vis bien qu'il y avait là une légère intention de pousser à la vente, mais le prix était modéré, malgré l'exquise délicatesse du travail.

Certain désormais d'une double bienveillance, je me fis raconter en détail les aventures de cette pauvre fille. Cela ressemblait à toutes les histoires d'esclaves possibles, à l'Andrienne de Térence, à Mademoiselle Aïssé... il est bien entendu que je ne me flattais pas d'obtenir la vérité complète. Issue de nobles parents, enlevée toute petite au bord de la mer, chose qui serait invraisemblable aujourd'hui dans la Méditerranée, mais qui reste probable au point de vue des mers du sud... Et d'ailleurs, d'où serait-elle venue? Il n'y avait pas à douter de son origine malaise. Les sujets de l'empire ottoman ne peuvent être vendus sous aucun prétexte. Tout ce qui n'est pas blanc ou noir, en fait d'esclaves, ne peut donc appartenir qu'à l'Abyssinie ou à l'archipel indien.

Elle avait été vendue à un cheik très vieux du territoire de la Mecque. Ce cheik étant mort, des marchands de la caravane l'avaient emmenée et exposée en vente au Caire.

Tout cela était fort naturel, et je fus heureux de

croire en effet qu'elle n'avait pas eu d'autre possesseur avant moi que ce vénérable cheik glacé par l'âge. — Elle a bien dix-huit ans, me dit Madame Bonhomme, mais elle est très forte, et vous l'auriez payée plus cher, si elle n'était pas d'une race qu'on voit rarement ici. Les Turcs sont gens d'habitude, il leur faut des Abyssiniennes ou des noires ; soyez sûr qu'on l'a promenée de ville en ville sans pouvoir s'en défaire.

— Eh bien ! dis-je, c'est donc que le sort voulait que je passasse là. Il m'était réservé d'influer sur sa bonne ou sa mauvaise fortune.

Cette manière de voir, en rapport avec la fatalité orientale, fut transmise à l'esclave, et me valut son assentiment.

Je lui fis demander pourquoi elle n'avait pas voulu manger le matin et si elle était de la religion hindoue. — Non, elle est musulmane, me dit Madame Bonhomme après lui avoir parlé ; elle n'a pas mangé aujourd'hui, parce que c'est jour de jeûne jusqu'au coucher du soleil.

Je regrettai qu'elle n'appartînt pas au culte brahmanique pour lequel j'ai toujours eu un faible; quant au langage, elle s'exprimait dans l'arabe le plus pur, et n'avait conservé de sa langue primitive que le souvenir de quelques chansons ou *pantouns*, que je me promis de lui faire répéter.

— Maintenant, me dit Madame Bonhomme, comment ferez-vous pour vous entretenir avec elle ?

— Madame, lui dis-je, je sais déjà un mot avec lequel on se montre content de tout, indiquez-m'en seulement un autre qui exprime le contraire. Mon intelligence suppléera au reste, en attendant que je m'instruise mieux.

— Est-ce que vous en êtes déjà au chapitre des refus ? me dit-elle.

— J'ai de l'expérience, répondis-je, il faut tout prévoir.

— Hélas ! me dit tout bas Madame Bonhomme, ce terrible mot, le voilà : « *Mafisch !* » cela comprend toutes les négations possibles.

Alors je me souvins que l'esclave l'avait déjà prononcé avec moi.

VI. — L'ÎLE DE RODDAH.

Le consul-général m'avait invité à faire une excursion dans les environs du Caire. Ce n'était pas une offre à négliger, les consuls jouissant de priviléges et de facilités sans nombre pour tout visiter commodément. J'avais en outre l'avantage, dans cette promenade, de pouvoir disposer d'une voiture européenne, chose rare dans le Levant. Une voiture au Caire est un luxe d'autant plus beau, qu'il est impossible de s'en servir pour circuler dans la ville; les souverains et leurs représentants auraient seuls le droit d'écraser les hommes et les chiens dans les rues, si l'étroitesse et la forme tortueuse de ces dernières leur permettaient d'en profiter. Mais le pacha lui-même est obligé de tenir ses remises près des portes, et ne peut se faire voiturer qu'à ses diverses maisons de campagne; alors rien n'est plus curieux que de voir un coupé ou une calèche du dernier goût de Paris ou de Londres portant sur le siége un cocher à turban, qui tient d'une main son fouet et de l'autre sa longue pipe de cerisier.

Je reçus donc un jour la visite d'un janissaire du consulat, qui frappa de grands coups à la porte avec sa grosse canne à pomme d'argent, pour me faire honneur dans le quartier. Il me dit que j'étais attendu au consulat pour l'excursion convenue. Nous devions partir le lendemain au point du jour; mais le consul ne savait pas que, depuis sa première invitation, mon logis de garçon était devenu un ménage, et je me demandais ce que je ferais de mon aimable compagne pendant une absence d'un jour entier. La mener avec moi eût été indiscret, la laisser seule avec le cuisinier et le portier était manquer à la prudence la plus vulgaire. Cela m'embarrassa beaucoup. Enfin je songeai qu'il fallait ou se résoudre à acheter des eunuques, ou se confier à quelqu'un. Je la fis monter sur un âne, et nous nous arrêtâmes bientôt devant la boutique de M. Jean. Je demandai à l'ancien mamelouck s'il ne connaissait pas quelque famille honnête à laquelle je pusse confier l'esclave pour un jour. M. Jean, homme de ressources, m'indiqua un vieux Cophte, nommé Mansour, qui, ayant servi plusieurs années dans l'armée française, était digne de confiance sous tous les rapports.

Mansour avait été mamelouk comme M. Jean, mais mamelouk dans l'armée française. Ces derniers, comme il me l'apprit, se composaient principalement de Cophtes qui, lors de la retraite de l'expédition d'Égypte, avaient suivi nos soldats. Le pauvre Mansour, avec plusieurs de ses camarades fut jeté à l'eau à Marseille par la populace pour avoir soutenu le parti de l'empereur au retour des Bourbons; mais, en véritable enfant du Nil, il parvint à se sauver à la nage et à gagner un autre point de la côte.

Nous nous rendîmes chez ce brave homme, qui vivait avec sa femme dans une vaste maison à moitié écroulée : les plafonds faisaient ventre et menaçaient la tête des habitants; la menuiserie découpée des fenêtres s'ouvrait par places comme une guipure déchirée. Des restes de meubles et des haillons paraient seuls l'antique demeure, où la poussière et le soleil causaient une impression aussi morne que peuvent faire la pluie et la boue pénétrant dans les plus pauvres réduits de nos villes. J'eus le cœur serré en songeant que la plus grande partie de la population du Caire habitait ainsi des maisons que les rats avaient abandonnées déjà comme peu sûres. Je n'eus pas un instant l'idée d'y laisser l'esclave, mais je priai le vieux Cophte et sa femme de venir chez moi. Je leur promettais de les prendre à mon service, quitte à renvoyer l'un ou l'autre de mes serviteurs actuels. Du reste, à une piastre et demie, ou 40 centimes par tête et par jour, il n'y avait pas encore de prodigalité.

Ayant ainsi assuré la tranquillité de mon intérieur et opposé, comme les tyrans habiles, une nation fidèle à deux peuples douteux qui auraient pu s'entendre contre moi, je ne vis aucune difficulté à me rendre chez le consul. Sa voiture attendait à la porte, bourrée de comestibles, avec deux janissaires à cheval pour nous accompagner. Il y avait avec nous, outre le secrétaire de légation, un grave personnage en costume oriental, nommé le cheik Abou-Khaled, que le consul avait invité pour nous donner des explications; il parlait facilement l'italien, et passait pour un poète des plus élégants et des plus instruits dans la littérature arabe.

— C'est tout à fait, me dit le consul, un homme du temps passé. La *réforme* lui est odieuse, et pourtant il est difficile de voir un esprit plus tolérant. Il appartient à cette génération d'Arabes philosophes, *voltairiens* même pour ainsi dire, toute particulière à l'Égypte, et qui ne fut pas hostile à la domination française.

Je demandai au cheik s'il y avait, outre lui, beaucoup de poètes au Caire. — Hélas! dit-il, nous ne vivons plus au temps où, pour une belle pièce de vers, le souverain ordonnait qu'on remplît de sequins la bouche du poète, tant qu'elle en pouvait tenir! Aujourd'hui nous sommes seulement des bouches inutiles. A quoi servirait la poésie, sinon pour amuser le bas peuple dans les carrefours?

— Et pourquoi, dis-je, le peuple ne serait-il pas lui-même un souverain généreux?

— Il est trop pauvre, répondit le cheik, et d'ailleurs son ignorance est devenue telle, qu'il n'apprécie plus que les romans délayés sans art et sans souci de la pureté du style. Il suffit d'amuser les habitués d'un café par des aventures sanglantes ou graveleuses. Puis, à l'endroit le plus intéressant, le narrateur s'arrête, et dit qu'il ne continuera pas l'histoire qu'on ne lui ait donné telle somme; mais il rejette toujours le dénouement au lendemain, et cela dure des semaines entières.

— Eh! mais, lui dis-je, tout cela est comme chez nous!

— Quant aux illustres poèmes d'Antar ou d'Abou-Zeyd, continua le cheik, on ne veut plus les écouter que dans les fêtes religieuses et par habitude. Est-il même sûr que beaucoup en comprennent les beautés? Les gens de notre temps savent à peine lire. Qui croirait que les plus savants, entre ceux qui connaissent l'arabe littéraire, sont aujourd'hui deux Français?

— Il veut parler, me dit le consul, du docteur Perron et de M. Fresnel, consul de Djedda. Vous avez pourtant, ajouta-t-il en se tournant vers le cheik, beaucoup de saints ulémas à barbe blanche qui passent tout leur temps dans les bibliothèques des mosquées?

— Est-ce apprendre, dit le cheik, que de rester toute sa vie, en fumant son narghilé, à relire un petit nombre des mêmes livres, sous prétexte que rien n'est plus beau et que la doctrine en est supérieure à toutes choses? Autant vaut renoncer à notre passé glorieux et ouvrir nos esprits à la science des Francs.... qui cependant ont tout appris de nous!

Nous avions quitté l'enceinte de la ville, laissé à droite Boulak et les riantes villas qui l'entourent, et nous roulions dans une avenue large et ombragée, tracée au milieu des cultures, qui traverse un vaste terrain cultivé appartenant à Ibrahim. C'est lui qui a fait planter de dattiers, de mûriers et de *figuiers de pharaon* toute cette plaine autrefois stérile, qui aujourd'hui semble un jardin. De grands bâtiments servant de fabrique occupent le centre de ces cultures à peu de distance du Nil. En les dépassant et tournant à droite, nous nous trouvâmes devant une arcade par où l'on descend au fleuve pour se rendre à l'île de Roddah.

Le bras du Nil semble en cet endroit une petite rivière qui coule parmi les kiosques et les jardins. Des roseaux touffus bordent la rive, et la tradition indique ce point comme étant celui où la fille de Pharaon trouva le berceau de Moïse. En se tournant vers le sud, on aperçoit à droite le port du vieux Caire, à gauche les bâtiments du *Mekkias* ou *Nilomètre*, entremêlés de minarets et de coupoles, qui forment la pointe de l'île.

Cette dernière n'est pas seulement une délicieuse résidence princière, elle est devenue aussi, grace aux soins d'Ibrahim, le *jardin des plantes* du Caire. On peut penser que c'est justement l'inverse du nôtre; au lieu de concentrer la chaleur par des serres, il faudrait créer là des pluies, des froids et des brouillards artificiels pour conserver les plantes de notre Europe. Le fait est que, de tous nos arbres, on n'a pu élever encore qu'un pauvre petit chêne qui ne donne pas même du gland. Ibrahim a été plus heureux dans la culture des plantes de l'Inde. C'est une tout autre végétation que celle de l'Égypte, et qui se montre frileuse déjà dans cette latitude. Nous nous promenâmes avec ravissement sous l'ombrage des tamarins et des baobabs; des cocotiers à la tige élancée secouaient çà et là leur feuillage découpé comme la fougère ; mais à travers mille végétations étranges j'ai distingué comme infiniment gracieuses des allées de bambous formant rideaux comme nos peupliers ; une petite rivière serpentait parmi les gazons, où des paons et des flamants roses brillaient au milieu d'une foule d'oiseaux privés. De temps en temps nous nous reposions à l'ombre d'une espèce de saule pleureur, dont le tronc élevé, droit comme un mât, répand tout à l'entour ses nappes de feuillage ; on croit être ainsi dans une tente de soie verte inondée d'une douce lumière.

Nous nous arrachâmes avec peine à cet horizon magique, à cette fraîcheur, à ces senteurs pénétrantes d'une autre partie du monde, où il semblait que nous fussions transportés par miracle ; mais, en marchant au nord de l'île, nous ne tardâmes pas à rencontrer toute une nature différente, destinée sans doute à compléter la gamme des végétations tropicales. Au milieu d'un bois composé de ces arbres à fleurs qui semblent des bouquets gigantesques, par des chemins étroits cachés sous des voûtes de lianes, on arrive à une sorte de labyrinthe qui gravit des rochers factices surmontés d'un belvédère. Entre les pierres, au bord des sentiers, sur votre tête, à vos pieds, se tordent, s'enlacent, se hérissent et grimacent les plus étranges reptiles du monde végétal. On n'est pas sans inquiétude en mettant le pied dans ces repaires de serpents et d'hydres endormis, parmi ces végétations presque vivantes dont quelques-unes parodient les membres humains et rappellent la monstrueuse conformation des dieux-polypes de l'Inde.

Arrivé au sommet, je fus frappé d'admiration en apercevant dans tout leur développement, au-dessus de Gizeh qui borde l'autre côté du fleuve, les trois pyramides nettement découpées dans l'azur du ciel. Je ne les avais jamais si bien vues, et la transparence de l'air permettait, quoi qu'à une distance de trois lieues, d'en distinguer tous les détails.

Je ne suis pas de l'avis de Voltaire, qui prétend que les pyramides de l'Égypte sont loin de valoir ses fours à poulets; il ne m'était pas indifférent non plus d'être contemplé par quarante siècles; mais c'est au point de vue des souvenirs du Caire et des idées arabes qu'un tel spectacle m'intéressait dans ce moment-là, et je me hâtai de demander au cheik, notre compagnon, ce qu'il pensait des quatre mille ans attribués à ces monuments par la science européenne.

Le vieillard prit place sur le divan de bois du kiosque, et nous dit :

Quelques auteurs pensent que les pyramides ont été bâties par le roi *préadamite* Gian-ben-Gian ; mais, à en croire une tradition plus répandue chez nous, il existait, trois cents ans avant le déluge, un roi nommé Saurid, fils de Salahoc, qui songea une nuit que tout se renversait sur la terre, les hommes tombant sur leur visage et les maisons sur les hommes ; les astres s'entre-choquaient dans le ciel, et leurs débris couvraient le sol à une grande hauteur. Le roi s'éveilla tout épouvanté, entra dans le temple du Soleil, et resta long-temps à baigner ses joues et à pleurer ; ensuite il convoqua les prêtres et devins. Le prêtre Akliman, le plus savant d'entre eux, lui déclara qu'il avait fait lui-même un rêve semblable. — J'ai songé, dit-il, que j'étais avec vous sur une montagne, et que je voyais le ciel abaissé au point qu'il approchait du sommet de nos têtes, et que le peuple courait à vous en foule comme à son refuge ; qu'alors vous élevâtes les mains au-dessus de vous et tâchiez de repousser le ciel pour l'empêcher de s'abaisser davantage, et que moi, vous voyant agir, je faisais aussi de même. En ce moment une voix sortit du soleil qui nous dit : « Le ciel retournera en sa place ordinaire » lorsque j'aurai fait trois cents tours. » Le prêtre ayant parlé ainsi, le roi Saurid fit *prendre les hauteurs* des astres et rechercher quel accident ils promettaient. On calcula qu'il devait y avoir d'abord un déluge d'eau et plus tard un déluge de feu. Ce fut alors que le roi fit construire les pyramides dans cette forme angulaire propre à soutenir même le choc des astres, et poser ces pierres énormes reliées par des pivots de fer et taillées avec une précision telle que ni feu du ciel, ni déluge, ne pouvait certes les pénétrer. Là devaient se réfugier au besoin le roi et les grands du royaume, avec les livres et images des sciences, les talismans et tout ce qu'il importait de conserver pour l'avenir de la race humaine.

J'écoutais cette légende avec grande attention, et je dis au consul qu'elle me semblait beaucoup plus satisfaisante que la supposition acceptée en Europe, que ces monstrueuses constructions auraient été seulement des tombeaux.

— Mais, dit-il, comment les gens réfugiés dans les salles des pyramides auraient-ils pu respirer?

— On y voit encore, reprit le cheik, des puits et des canaux qui se perdent sous la terre. Certains d'entre eux communiquaient avec les eaux du Nil, d'autres correspondaient à de vastes grottes souterraines ; les eaux entraient par des conduits étroits, puis ressortaient plus loin, formant d'immenses cataractes et remuant l'air continuellement avec un bruit effroyable.

Le consul, homme positif, n'accueillait ces traditions qu'avec un sourire ; il avait profité de notre halte dans le kiosque pour faire disposer sur une table les provisions apportées dans sa voiture, et les *bostangis* d'Ibrahim-Pacha venaient nous offrir en outre des fleurs et des fruits rares, propres à compléter nos sensations asiatiques.

En Afrique, on rêve l'Inde comme en Europe on rêve l'Afrique ; l'idéal rayonne toujours au-delà de notre horizon actuel. Pour moi, je questionnais encore avec avidité notre bon cheik, et je lui faisais raconter tous les récits fabuleux de ses pères. Je croyais avec lui au roi Saurid plus fermement qu'au Chéops des Grecs, à leur Chéphen et à leur Mycérinus.

— Et qu'a-t-on trouvé, lui disais-je, dans les pyramides lorsqu'on les ouvrit la première fois sous les sultans arabes ?

—On trouva, dit-il, les statues et les talismans que le roi Saurid avait établis pour la garde de chacune. Le garde de la pyramide orientale était une idole d'écaille noire et blanche, assise sur un trône d'or, et tenant une lance qu'on ne pouvait regarder sans mourir. L'esprit attaché à cette idole était une femme belle et rieuse, qui apparaît encore de notre temps et fait perdre l'esprit à ceux qui la rencontrent. Le garde de la pyramide occidentale était une idole de pierre rouge, armée aussi d'une lance, ayant sur la tête un serpent entortillé ; l'esprit qui le servait avait la forme d'un vieillard nubien, portant un panier sur la tête et dans ses mains un encensoir. Quant à la troisième pyramide, elle avait pour garde une petite idole de basalte, avec le socle de même, qui attirait à elle tous ceux qui la regardaient sans qu'ils pussent s'en détacher ; l'esprit apparaît encore sous la forme d'un jeune homme sans barbe et nu. Quant aux autres pyramides de Saccarah, chacune aussi a son spectre : l'un est un vieillard basané et noirâtre, avec la barbe courte ; l'autre est une jeune femme noire, avec un enfant noir, qui, lorsqu'on la regarde, montre de longues dents blanches et des yeux blancs. Un autre a la tête d'un lion avec des cornes ; un autre a l'air d'un berger vêtu de noir tenant un bâton ; un autre enfin apparaît sous la forme d'un religieux qui sort de la mer et qui se mire dans ses eaux. Il est dangereux de rencontrer ces fantômes à l'heure de midi.

— Ainsi, dis-je, l'Orient a les spectres du jour comme nous avons ceux de la nuit.

— C'est qu'en effet, observa le consul, tout le monde doit dormir à midi dans ces contrées, et ce bon cheik nous fait des contes propres à appeler le sommeil.

— Mais, m'écriai-je, tout cela est-il plus extraordinaire que tant de choses naturelles qu'il nous est impossible d'expliquer? Puisque nous croyons bien à la création, aux anges, au déluge, et que nous ne pouvons douter de la marche des astres, pourquoi n'admettrions-nous pas qu'à ces astres sont attachés des esprits, et que les premiers hommes ont pu se mettre en rapport avec eux par le culte et par les monuments ?

— Tel était en effet le but de la magie primitive, dit le cheik : ces talismans et ces figures ne prenaient force que de leur consécration à chacune des planètes et des signes combinés avec leur lever et leur déclin. Le prince des prêtres s'appelait Kater, c'est-à-dire maître des influences. Au-dessous de lui, chaque prêtre avait un astre à servir seul, comme *Pharouïs* (Saturne), *Rhaouïs* (Jupiter) et les autres.

Aussi chaque matin le Kater disait-il à un prêtre : « Où est à présent l'astre que tu sers? » Celui-ci répondait : « Il est en tel signe, tel degré, telle minute; » et, d'après un calcul préparé, l'on écrivait ce qu'il était à propos de faire ce jour-là. La première pyramide avait donc été réservée aux princes et à leur famille; la seconde dut renfermer les idoles des astres et les tabernacles des corps célestes, ainsi que les livres d'astrologie, d'histoire et de science : là aussi les prêtres devaient trouver refuge. Quant à la troisième, elle n'était destinée qu'à la conservation des cercueils de rois et de prêtres, et, comme elle se trouva bientôt insuffisante, on fit construire plus tard les pyramides de Saccarah et de Daschour. Le but de la solidité employée dans ces constructions était d'empêcher la destruction des corps embaumés qui, selon les idées du temps, devaient renaître au bout d'une certaine révolution des astres dont on ne précise pas au juste l'époque.

— En admettant cette donnée, dit le consul, il y aura des momies qui seront bien étonnées un jour de se réveiller sous un vitrage de musée ou dans le cabinet de curiosités d'un Anglais.

— Au fond, observai-je, ce sont de vraies chrysalides humaines dont le papillon n'est pas encore sorti. Qui nous dit qu'il n'éclora pas quelque jour? J'ai toujours regardé comme impie la mise à nu et la dissection des momies de ces pauvres Égyptiens. Comment cette foi consolante et invincible de tant de générations accumulées n'a-t-elle pas désarmé la sotte curiosité européenne? Nous respectons les morts d'hier; mais les morts ont-ils un âge?

— C'étaient des infidèles, dit le cheik.

— Hélas! dis-je, à cette époque ni Mahomet ni Jésus n'étaient nés.

Nous discutâmes quelque temps sur ce point, où je m'étonnais de voir un musulman imiter l'intolérance catholique. Pourquoi les enfants d'Ismaël maudiraient-ils l'antique Égypte, qui n'a réduit en esclavage que la race d'Isaac? A vrai dire, pourtant, les musulmans respectent en général les tombeaux et les monuments sacrés des divers peuples, et l'espoir seul de trouver d'immenses trésors engagea un calife à faire ouvrir les pyramides. Leurs chroniques rapportent qu'on trouva dans la salle dite du roi une statue d'homme de pierre noire et une statue de femme de pierre blanche debout sur une table, l'un tenant une lance et l'autre un arc. Au milieu de la table était un vase hermétiquement fermé, qui, lorsqu'on l'ouvrit, se trouva plein de sang encore frais. Il y avait aussi un coq d'or rouge émaillé de jacinthes qui fit un cri et battit des ailes lorsqu'on entra. Tout cela rentre un peu dans les *Mille et Une Nuits;* mais qui empêche de croire que ces chambres aient contenu des talismans et des figures cabalistiques? Ce qui est certain, c'est que les modernes n'y ont pas trouvé d'autres ossements que ceux d'un bœuf. Le prétendu sarcophage de la chambre du roi était sans doute une cuve pour l'eau lustrale. D'ailleurs, n'est-il pas plus absurde, comme l'a remarqué Volney, de supposer qu'on ait entassé tant de pierres pour y loger un cadavre de cinq pieds?

VI. — LE HAREM D'IBRAHIM-PACHA.

Nous reprîmes bientôt notre promenade, et nous allâmes visiter un charmant palais orné de rocailles où les femmes d'Ibrahim viennent habiter quelquefois l'été. Des parterres à la turque, représentant les dessins d'un tapis, entourent cette résidence, où l'on nous laissa pénétrer sans difficulté. Les oiseaux manquaient à la cage, et il n'y avait de vivant dans les salles que des pendules à musique qui annonçaient chaque quart-d'heure par un petit air de serinette tiré des opéras français. La distribution d'un harem est la même dans tous les palais turcs, et j'en avais déjà vu plusieurs. Ce sont toujours de petits cabinets entourant de grandes salles de réunion, avec des divans partout, et pour tous meubles de petites tables incrustées d'écaille; des enfoncements découpés en ogives çà et là dans la boiserie servent à serrer les narghilés, vases de fleurs et tasses à café. Trois ou quatre chambres seulement, décorées à l'européenne, contiennent quelques meubles de pacotille qui feraient l'orgueil d'une loge de portier; mais ce sont des sacrifices au progrès, des caprices de favorites peut-être, et aucune de ces choses n'est pour elles d'un usage sérieux.

Mais ce qui surtout manque en général aux harems les plus princiers, ce sont des lits.

— Où couchent donc, disais-je au cheik, ces femmes et leurs esclaves?

— Sur les divans.

— Et n'ont-elles pas de couvertures ?

— Elles dorment tout habillées. Cependant il y a des couvertures de laine ou de soie pour l'hiver.

— Je ne vois pas dans tout cela quelle est la place du mari ?

— Eh bien ! mais le mari couche dans sa chambre, les femmes dans les leurs, et les esclaves (*odaleuk*) sur les divans des grandes salles. Si les divans et les coussins ne semblent pas commodes pour dormir, on fait disposer des matelas dans le milieu de la chambre, et l'on dort ainsi.

— Tout habillé ?

— Toujours, mais en ne conservant que les vêtements les plus simples, le pantalon, une veste, une robe. La loi défend aux hommes ainsi qu'aux femmes de se découvrir les uns devant les autres à partir de la gorge. Le privilége du mari est de voir librement la figure de ses épouses; si la curiosité l'entraîne plus loin, ses yeux sont maudits; c'est un texte formel.

— Je comprends alors, dis-je, que le mari ne tienne pas absolument à passer la nuit dans une chambre remplie de femmes habillées, et qu'il aime autant dormir dans la sienne ; mais s'il emmène avec lui deux ou trois de ces dames...

— Deux ou trois ! s'écria le cheik avec indignation ; quels chiens croyez-vous que seraient ceux qui agiraient ainsi ? Dieu vivant ! est-il une seule femme, même infidèle, qui consentirait à partager avec une autre l'honneur de dormir près de son mari ? Est ce ainsi que l'on fait en Europe ?

— En Europe, répondis-je, non certainement ; mais les chrétiens n'ont qu'une femme, et ils supposent que les Turcs, en ayant plusieurs, vivent avec elles comme avec une seule.

— S'il y avait, me dit le cheik, des musulmans assez dépravés pour agir comme le supposent les chrétiens, leurs épouses légitimes demanderaient aussitôt le divorce, et les esclaves elles-mêmes auraient le droit de les quitter.

— Voyez, dis-je au consul, quelle est encore l'erreur de l'Europe touchant les coutumes de ces peuples. La vie des Turcs est pour nous l'idéal de la puissance et du plaisir, et je vois qu'ils ne sont pas seulement maîtres chez eux.

— Presque tous, me répondit le consul, ne vivent en réalité qu'avec une seule femme. Les filles de bonne maison en font presque toujours une condition de leur alliance. L'homme assez riche pour nourrir et entretenir convenablement plusieurs femmes, c'est-à-dire donner à chacune un logement à part, une servante et deux vêtements complets par année, ainsi que tous les mois une somme fixée pour son entretien, peut, il est vrai, prendre à la fois jusqu'à quatre épouses ; mais la loi l'oblige à consacrer à chacune un jour de la semaine, ce qui n'est pas toujours fort agréable. Songez aussi que les intrigues de quatre femmes, à peu près égales en droits, lui feraient l'existence la plus malheureuse, si ce n'était un homme très riche et très haut placé. Chez ces derniers, le nombre des femmes est un luxe comme celui des chevaux ; mais ils aiment mieux, en général, se borner à une épouse légitime et avoir de belles esclaves, avec lesquelles encore ils n'ont pas toujours les relations les plus faciles, surtout si leurs femmes sont d'une grande famille.

— Pauvres Turcs ! m'écriai-je, comme on les calomnie ! Mais, s'il s'agit simplement d'avoir çà et là des maîtresses, tout homme riche en Europe a les mêmes facilités.

— Il en a de plus grandes, me dit le consul. En Europe, les institutions sont farouches sur ces points-là ; mais les mœurs prennent bien leur revanche. Ici la religion, qui règle tout, domine à la fois l'ordre social et l'ordre moral, et, comme elle ne commande rien d'impossible, on se fait un point d'honneur de l'observer. Ce n'est pas qu'il n'y ait des exceptions, cependant elles sont rares et n'ont guère pu se produire que depuis la réforme. Les dévots de Constantinople furent indignés contre Mahmoud, parce qu'on apprit qu'il avait fait construire une salle de bain magnifique où il pouvait assister à la toilette de ses femmes ; mais la chose est très peu probable, et ce n'est sans doute qu'une invention des Européens.

Nous parcourions, causant ainsi, les sentiers pavés de cailloux ovales formant des dessins blancs et noirs et ceints d'une haute bordure de buis taillé ; je voyais en idée les blanches cadines se disperser dans les allées, traîner leurs babouches sur le pavé de mosaïque, et s'assembler dans les cabinets de verdure où de grands ifs se découpaient en balustres et en arcades ; des colombes s'y posaient parfois comme les ames plaintives de cette solitude, et je songeais qu'un Turc au milieu de tout cela ne pouvait poursuivre que le fantôme du plaisir. L'Orient n'a plus ni de grands amoureux ni de grands voluptueux même ; l'amour idéal de Medjnoun ou d'Antar est oublié des musulmans modernes, et l'inconstante ardeur de don Juan leur est inconnue. Ils ont de beaux palais sans aimer l'art, de beaux jardins sans aimer la nature, de belles femmes sans comprendre l'amour. Je ne dis pas cela pour Méhémet-Ali, Macédonien d'origine, et qui en mainte occasion a montré l'ame d'Alexandre; mais je regrette que son fils et lui n'aient pu rétablir en Orient la prééminence de la race arabe, si intelligente, si chevaleresque autrefois. L'esprit turc les gagne d'un côté, l'esprit européen de l'autre; c'est un médiocre résultat de tant d'efforts!

Nous retournions au Caire après avoir visité le bâtiment du Nilomètre, où un pilier gradué, anciennement consacré à Sérapis, plonge dans un bassin profond et sert à constater la hauteur des inondations de chaque année. Le consul voulut nous mener encore au cimetière de la famille du pacha. Voir le cimetière après le harem, c'était une triste comparaison à faire; mais, en effet, la critique de la polygamie est là. Ce cimetière, consacré aux seuls enfants de cette famille, a l'air d'être celui d'une ville. Il y a là plus de soixante tombes, grandes et petites, neuves pour la plupart, et composées de cippes de marbre blanc. Chacun de ces cippes est surmonté soit d'un turban, soit d'une coiffure de femme, ce qui donne à toutes les tombes turques un caractère de réalité funèbre ; il semble que l'on marche à travers une foule pétrifiée. Les plus importants de ces tombeaux sont drapés de riches étoffes et portent des turbans de soie et de cachemire : là l'illusion est plus poignante encore.

Il est consolant de penser que, malgré toutes ces pertes, la famille du pacha est encore assez nombreuse. Du reste, la mortalité des enfants turcs en Égypte paraît un fait aussi ancien qu'incontestable. Ces fameux mamelouks, qui dominèrent le pays si long-temps, et qui y faisaient venir les plus belles femmes du monde, n'ont pas laissé un seul rejeton.

VII. — LES MYSTÈRES DU HAREM.

Voilà donc une illusion qu'il faut perdre encore, les délices du harem, la toute-puissance du mari ou du maître, des femmes charmantes s'unissant pour faire le bonheur d'un seul : la religion ou les coutumes tempèrent singulièrement cet idéal, qui a séduit tant d'Européens. Tous ceux qui, sur la foi de nos préjugés, avaient compris ainsi la vie orientale se sont vus découragés en bien peu de temps.

La plupart des Francs entrés jadis au service du pacha, qui, par une raison d'intérêt ou de plaisir, ont embrassé l'islamisme, sont rentrés aujourd'hui, sinon dans le giron de l'église, au moins dans les douceurs de la monogamie chrétienne.

Pénétrons-nous bien de cette idée, que la femme mariée, dans tout l'empire turc, a les mêmes priviléges que chez nous, et qu'elle peut même empêcher son mari de prendre une seconde femme, en faisant de ce point une clause de son contrat de mariage. Et, si elle consent à habiter la même maison qu'une autre femme, elle a le droit de vivre à part, et ne concourt nullement, comme on le croit, à former des tableaux gracieux avec les esclaves sous l'œil d'un maître et d'un époux. Gardons-nous de penser que ces belles dames consentent même à chanter ou à danser pour divertir leur seigneur. Ce sont des talents qui leur paraissent indignes d'une femme honnête; mais chacun a le droit de faire venir dans son harem des almées et des ghawasies, et d'en donner le divertissement à ses femmes. Il faut aussi que le maître d'un sérail se garde bien de se préoccuper des esclaves qu'il a données à ses épouses, car elles sont devenues leur propriété personnelle; et s'il lui plaît d'en acquérir pour son usage, il ferait sagement de les établir dans une autre maison, bien que rien ne l'empêche d'user de ce moyen d'augmenter sa postérité.

Maintenant il faut qu'on sache aussi que, chaque maison étant divisée en deux parties tout à fait séparées, l'une consacrée aux hommes et l'autre aux femmes, il y a bien un maître d'un côté, mais de l'autre une maîtresse. Cette dernière est la mère ou la belle-mère, ou l'épouse la plus ancienne ou celle qui a donné le jour à l'aîné des enfants. La première femme s'appelle *la grande dame*, et la seconde *le perroquet* (*durrah*). Dans le cas où les femmes sont nombreuses, ce qui n'existe que pour les grands, le harem est une sorte de couvent où domine une règle austère. On s'y occupe principalement d'élever les enfants, de faire quelques broderies et de diriger les esclaves dans les travaux du ménage. La visite du mari se fait en cérémonie, ainsi que celle des proches parents, et, comme il ne mange pas avec ses femmes, tout ce qu'il peut faire pour passer le temps est de fumer gravement son narghilé et de prendre du café ou des sorbets. Il est d'usage qu'il se fasse annoncer quelque temps à l'avance. De plus, s'il trouve des pantoufles à la porte du harem, il se garde bien d'entrer, car c'est signe que sa femme ou ses femmes reçoivent la visite de leurs amies, et les amies restent souvent un ou deux jours.

Pour ce qui est de la liberté de sortir et de faire des visites, on ne peut guère la contester à une femme de naissance libre. Le droit du mari se borne à la faire accompagner par des esclaves; mais cela est insignifiant comme précaution, à cause de la facilité qu'elles auraient de les gagner ou de sortir sous un déguisement, soit du bain, soit de la maison d'une de leurs amies, tandis que les surveillants attendraient à la porte. Le masque et l'uniformité des vêtements leur donneraient en réalité plus de liberté qu'aux Européennes, si elles étaient disposées aux intrigues. Les contes joyeux narrés le soir dans les cafés roulent souvent sur des aventures d'amants qui se déguisent en femmes pour pénétrer dans un harem. Rien n'est plus aisé, en effet; seulement il faut dire que ceci appartient plus à l'imagination arabe qu'aux mœurs turques, qui dominent dans tout l'Orient depuis deux siècles. Ajoutons encore que le musulman n'est point porté à l'adultère, et trouverait révoltant de posséder une femme qui ne serait pas entièrement à lui.

Quant aux bonnes fortunes des chrétiens, elles

sont rares. Autrefois il y avait un double danger de mort; aujourd'hui la femme seule peut risquer sa vie, mais seulement au cas de flagrant délit dans la maison conjugale. Autrement, le cas d'adultère n'est qu'une cause de divorce et de punition quelconque.

La loi musulmane n'a donc rien qui réduise, comme on l'a cru, les femmes à un état d'esclavage et d'abjection. Elles héritent, elles possèdent personnellement, comme partout, et en dehors même de l'autorité du mari. Elles ont le droit de provoquer le divorce pour des motifs réglés par la loi. Le privilége du mari est, sur ce point, de pouvoir divorcer sans donner de raisons. Il lui suffit de dire à sa femme devant trois témoins : « Tu es divorcée, » et elle ne peut dès-lors réclamer que le douaire stipulé dans son contrat de mariage. Tout le monde sait que, s'il voulait la reprendre ensuite, il ne le pourrait que si elle s'était remariée dans l'intervalle et fût devenue libre depuis. L'histoire du *hulla*, qu'on appelle en Égypte *musthilla*, et qui joue le rôle d'épouseur intermédiaire, se renouvelle quelquefois pour les gens riches seulement. Les pauvres, se mariant sans contrat écrit, se quittent et se reprennent sans difficulté. Enfin, quoique ce soient surtout les grands personnages qui, par ostentation ou par goût, usent de la polygamie, il y a au Caire de pauvres diables qui épousent plusieurs femmes afin de vivre du produit de leur travail. Ils ont ainsi trois ou quatre ménages dans la ville, qui s'ignorent parfaitement l'un l'autre. La découverte de ces mystères amène ordinairement des disputes comiques et l'expulsion du paresseux fellah des divers foyers de ses épouses, car, si la loi lui permet plusieurs femmes, elle lui impose, d'un autre côté, l'obligation de les nourrir.

VIII. — LA LEÇON DE FRANÇAIS.

J'ai retrouvé mon logis dans l'état où je l'avais laissé : le vieux Cophte et sa femme s'occupant à tout mettre en ordre, l'esclave dormant sur un divan, les coqs et les poules, dans la cour, becquetant du maïs, et le Barbarin, qui fumait au café d'en face, m'attendant fort exactement. Par exemple, il fut impossible de retrouver le cuisinier ; l'arrivée du Cophte lui avait fait croire sans doute qu'il allait être remplacé, et il était parti tout d'un coup sans rien dire ; c'est un procédé très fréquent des gens de service ou des ouvriers du Caire. Aussi ont-ils soin de se faire payer tous les soirs pour pouvoir agir à leur fantaisie.

Je ne vis pas d'inconvénient à remplacer Mustapha par Mansour, et sa femme, qui venait l'aider dans la journée, me paraissait une excellente gardienne pour la moralité de mon intérieur. Seulement ce couple respectable ignorait parfaitement les éléments de la cuisine, même égyptienne. Leur nourriture à eux se composait de maïs bouilli et de légumes découpés dans du vinaigre, et cela ne les avait conduits ni à l'art du saucier ni à celui du rôtisseur. Ce qu'ils essayèrent dans ce sens fit jeter les hauts cris à l'esclave, qui se mit à les accabler d'injures. Ce trait de caractère me déplut fort.

Je chargeai Mansour de lui dire que c'était maintenant à son tour de faire la cuisine, et que, voulant l'emmener dans mes voyages, il était bon qu'elle s'y préparât. Je ne puis rendre toute l'expression d'orgueil blessé, ou plutôt de dignité offensée, dont elle nous foudroya tous.

— Dites au *sidi*, répondit-elle à Mansour, que je suis une *cadine* (dame) et non une *odaleuk* (servante), et que j'écrirai au pacha, s'il ne me donne pas la position qui convient.

—Au pacha ! m'écriai-je ; mais que fera le pacha dans cette affaire ? Je prends une esclave, moi, pour me faire servir, et, si je n'ai pas les moyens de payer des domestiques, ce qui peut très bien m'arriver, je ne vois pas pourquoi elle ne ferait pas le ménage, comme font les femmes dans tous les pays.

— Elle répond, dit Mansour, qu'en s'adressant au pacha, toute esclave a le droit de se faire revendre et de changer ainsi de maître ; qu'elle est de religion musulmane, et ne se résignera jamais à des fonctions viles.

J'estime la fierté dans les caractères, et puisqu'elle avait ce droit, chose dont Mansour me confirma la vérité, je me bornai à dire que j'avais plaisanté, que seulement il fallait qu'elle s'excusât envers ce vieillard de l'emportement qu'elle avait montré ; mais Mansour lui traduisit cela de telle manière que l'excuse, je crois bien, vint de son côté.

Il était clair désormais que j'avais fait une folie en achetant cette femme. Si elle persistait dans son idée, ne pouvant m'être pour le reste de ma route qu'un sujet de dépense, au moins fallait-il qu'elle pût me servir d'interprète. Je lui déclarai que, puisqu'elle était une personne si distinguée, il fallait qu'elle apprît le français pendant que j'apprendrais l'arabe. Elle ne repoussa pas cette idée.

Je lui donnai donc une leçon de langage et d'écriture ; je lui fis faire des bâtons sur le papier comme à un enfant, et je lui appris quelques mots. Cela l'amusait assez, et la prononciation du français lui faisait perdre l'intonation gutturale, si peu gracieuse dans la bouche des femmes arabes. Je m'amusais beaucoup à lui faire prononcer des phrases tout entières qu'elle ne comprenait pas, par exemple celle-ci : « Je suis une petite sauvage, » qu'elle prononçait : *Ze souis one bétit sovaze.* Me voyant rire, elle crut que je lui faisais dire quelque chose d'inconvenant, et appela Mansour pour lui traduire la phrase. N'y trouvant pas grand mal, elle répéta avec beaucoup de grace : « *Ana* (moi)? *bétit sovaze?... mafisch* » (pas du tout) ! » Son sourire était charmant.

Ennuyée de tracer des bâtons, des pleins et des déliés, l'esclave me fit comprendre qu'elle voulait écrire (*ktab*) selon son idée. Je pensai qu'elle savait écrire en arabe et je lui donnai une page blanche. Bientôt je vis naître sous ses doigts une série bizarre d'hiéroglyphes, qui n'appartenaient évidemment à la calligraphie d'aucun peuple. Quand la page fut pleine, je lui fis demander par Mansour ce qu'elle avait voulu faire.

— Je vous ai écrit ; lisez ! dit-elle.

— Mais, ma chère enfant, cela ne représente rien. C'est seulement ce que pourrait tracer la griffe d'un chat trempée dans l'encre.

Cela l'étonna beaucoup. Elle avait cru que, toutes les fois qu'on pensait à une chose en promenant au hasard la plume sur le papier, l'idée devait ainsi se traduire clairement pour l'œil du lecteur. Je la détrompai, et je lui fis dire d'énoncer ce qu'elle avait voulu écrire, attendu qu'il fallait pour s'instruire beaucoup plus de temps qu'elle ne supposait.

Sa supplique naïve se composait de plusieurs articles. Le premier renouvelait la prétention déjà indiquée de porter un habbarah de taffetas noir, comme les dames du Caire, afin de n'être plus confondue avec les simples femmes fellahs ; le second indiquait le désir d'une robe (*yalek*) en soie verte, et le troisième concluait à l'achat de bottines jaunes, qu'on ne pouvait, en qualité de musulmane, lui refuser le droit de porter.

Il faut dire ici que ces bottines sont affreuses et donnent aux femmes un certain air de palmipèdes fort peu séduisant, et le reste les fait ressembler à d'énormes ballots; mais, dans les bottines jaunes particulièrement, il y a une grave question de prééminence sociale. Je promis de réfléchir sur tout cela.

IX. — CHOUBRAH.

Ma réponse lui paraissant favorable, l'esclave se leva en frappant les mains et répétant à plusieurs reprises : *El fil! el fil!*

— Qu'est-ce que cela? dis-je à Mansour.

— La *siti* (dame), me dit-il après l'avoir interrogée, voudrait aller voir un éléphant dont elle a entendu parler, et qui se trouve au palais de Méhémet-Ali, à Choubrah.

Il était juste de récompenser son application à l'étude, et je fis appeler les âniers. La porte de la ville, du côté de Choubrah, n'était qu'à cent pas de notre maison. C'est encore une porte armée de grosses tours qui datent du temps des croisades. On passe ensuite sur le pont d'un canal qui se répand à gauche, en formant un petit lac entouré d'une fraîche végétation. Des casins, cafés et jardins publics profitent de cette fraîcheur et de cette ombre.

Le dimanche, on y rencontre beaucoup de Grecques, d'Arméniennes et de dames du quartier franc. Elles ne quittent leurs voiles qu'à l'intérieur des jardins, et là encore on peut étudier les races si curieusement contrastées du Levant. Plus loin, les cavalcades se perdent sous l'ombrage de l'allée de Choubrah, la plus belle qu'il y ait au monde assurément. Les sycomores et les ébéniers, qui l'ombragent sur une étendue d'une lieue sont tous d'une grosseur énorme, et la voûte que forment leurs branches est tellement touffue, qu'il règne sur tout le chemin une sorte d'obscurité, relevée au loin par la lisière ardente du désert, qui brille à droite, au-delà des terres cultivées. A gauche, c'est le Nil, qui côtoie de vastes jardins pendant une demi-lieue, jusqu'à ce qu'il vienne border l'allée elle-même et l'éclaircir du reflet pourpré de ses eaux. Il y a un café orné de fontaines et de treillages, situé à moitié chemin de Choubrah, et très fréquenté des promeneurs. Des champs de maïs et de cannes à sucre, et çà et là quelques maisons de plaisance, continuent à droite, jusqu'à ce qu'on arrive à de grands bâtiments qui appartiennent au pacha.

C'était là qu'on faisait voir un éléphant blanc donné à son altesse par le gouvernement anglais.

Ma compagne, transportée de joie, ne pouvait se lasser d'admirer cet animal, qui lui rappelait son pays, et qui, même en Égypte, est une curiosité. Ses défenses étaient ornées d'anneaux d'argent, et le cornac lui fit faire plusieurs exercices devant nous. Il arriva même à lui donner des attitudes qui me parurent d'une décence contestable, et comme je faisais signe à l'esclave, voilée, mais non pas aveugle, que nous en avions assez vu, un officier du pacha me dit avec gravité : *Aspettate, è per ricréare le donne* (Attendez, c'est pour divertir les femmes). Il y en avait là plusieurs qui n'étaient, en effet, nullement scandalisées, et qui riaient aux éclats.

C'est une délicieuse résidence que Choubrah. Le palais de Méhémet-Ali, assez simple et de construction ancienne, donne sur le Nil, en face de la plaine d'Embabeh, si fameuse par la déroute des mamelouks. Du côté des jardins, on a construit un kiosque dont les galeries, peintes et dorées, sont de l'aspect le plus brillant. Là, véritablement, est le triomphe du goût oriental.

On peut visiter l'intérieur, où se trouvent des volières d'oiseaux rares, des salles de réception, des bains, des billards, et en pénétrant plus loin, dans le palais même, on retrouve ces salles uniformes décorées à la turque, meublées à l'européenne, qui constituent partout le luxe des demeures princières. Des paysages sans perspective peints à l'œuf, sur les panneaux et au-dessus des portes, tableaux orthodoxes, où ne paraît aucune créature animée, donnent une triste idée de l'art musulman. Toutefois les artistes se permettent quelques animaux fabuleux, comme dauphins, hippogriffes et sphinx. En fait de batailles, ils ne peuvent représenter que les siéges et combats maritimes; des vaisseaux dont on ne voit pas les marins luttent contre des forteresses où la garnison se défend sans se montrer; les feux croisés et les bombes semblent partir d'eux-mêmes, le bois veut conquérir les pierres, l'homme est absent. C'est pourtant le seul moyen qu'on ait eu de représenter les principales scènes de la campagne de Grèce d'Ibrahim.

Au-dessus de la salle où le pacha rend la justice, on lit cette belle maxime : « Un quart d'heure de clémence vaut mieux que soixante-dix heures de prière. »

Nous sommes redescendus dans les jardins. Que de roses, grand Dieu! Les roses de Choubrah, c'est tout dire en Égypte; celles du Fayoum ne servent que pour l'huile et les confitures. Les bostangis venaient nous en offrir de tous côtés. Il y a encore un autre luxe chez le pacha, c'est qu'on ne cueille ni les citrons ni les oranges, pour que ces pommes d'or réjouissent le plus long-temps possible les yeux du promeneur. Chacun peut, du reste, les ramasser après leur chute. Mais je n'ai rien dit encore du jardin. On peut critiquer le goût des Turcs dans les intérieurs, leurs jardins sont inattaquables. Partout des vergers, des berceaux et des cabinets d'ifs taillés qui rappellent le style de la Renaissance; c'est le paysage du Décameron. Il est probable que les premiers modèles ont été créés par des jardiniers italiens. On n'y voit point de statues, mais les fontaines sont d'un goût ravissant.

Un pavillon vitré, qui couronne une suite de terrasses étagées en pyramide, se découpe sur l'horizon avec un aspect tout féerique. Le calife Haroun n'en eut jamais sans doute de plus beau; mais ce n'est rien encore. On redescend après avoir admiré le luxe de la salle intérieure et les draperies de soie qui voltigent en plein air parmi les guirlandes et les festons de verdure; on suit de longues allées bordées de citronniers taillés en quenouille, on traverse des bois de baniers dont la feuille transparente rayonne comme l'émeraude, et l'on arrive à l'autre bout du jardin à une salle de bains trop merveilleuse et trop connue pour être ici longuement décrite. C'est un immense bassin de marbre blanc, entouré de galeries soutenues par des colonnes d'un goût byzantin, avec une haute fontaine dans le milieu, d'où l'eau s'échappe par des gueules de crocodiles. Toute l'enceinte est éclairée au gaz, et dans les nuits d'été le pacha se fait promener sur le bassin dans une cange dorée dont les femmes de son harem agitent les rames. Ces belles dames s'y baignent aussi sous les yeux de leur maître, mais avec des peignoirs en crêpe de soie... le Coran, comme nous savons, ne permettant pas les nudités.

X. — LES AFRITES.

Il ne m'a pas semblé indifférent d'étudier dans une seule femme d'Orient le caractère probable de beaucoup d'autres, mais je craindrais d'attacher trop d'importance à des minuties. Cependant qu'on imagine ma surprise lorsqu'en entrant un matin dans la chambre de l'esclave, je trouvai une guirlande d'oignons suspendue en travers de la porte, et d'autres oignons disposés avec symétrie au-dessus de la place où elle dormait. Croyant que c'était un simple enfantillage, je détachai ces ornements peu propres à parer la chambre, et je les envoyai négligemment dans la cour; mais voilà l'esclave qui se lève furieuse et désolée, s'en va ramasser les oignons en pleurant et les remet à leur place avec de grands signes d'adoration. Il fallut, pour s'expliquer, attendre l'arrivée de Mansour. Provisoirement je recevais un déluge d'imprécations dont la plus claire était le mot *pharaôn!* je ne savais trop si je devais me fâcher ou la plaindre. Enfin Mansour arriva, et j'appris que j'avais renversé *un sort*, que j'étais cause des malheurs les plus terribles qui fondraient sur elle et sur moi. Après tout, dis-je à Mansour, nous sommes dans un pays où les oignons ont été des dieux; si je les ai offensés, je ne demande pas mieux que de le reconnaître. Il doit y avoir quelque moyen d'apaiser le ressentiment d'un oignon d'Égypte! Mais l'esclave ne voulait rien entendre et répétait en se tournant vers moi: *Pharaôn!* Mansour m'apprit que cela voulait dire « un être impie et tyrannique », je fus affecté de ce reproche, mais bien aise d'apprendre que le nom des anciens rois de ce pays était devenu une injure. Il n'y avait pas de quoi s'en fâcher pourtant; on m'apprit que cette cérémonie des oignons était générale dans les maisons du Caire à un certain jour de l'année ; cela sert à conjurer les maladies épidémiques.

Les craintes de la pauvre fille se vérifièrent, en raison probablement de son imagination frappée. Elle tomba malade assez gravement, et, quoi que je pusse faire, elle ne voulut suivre aucune prescription de médecin. Pendant mon absence, elle avait appelé deux femmes de la maison voisine en leur parlant d'une terrasse à l'autre, et je les trouvai installées près d'elle qui récitaient des prières, et faisaient, comme me l'apprit Mansour, des conjurations contre les *afrites* ou mauvais esprits. Il paraît que la profanation des oignons avait révolté ces derniers, et qu'il y en avait deux spécialement hostiles à chacun de nous, dont l'un s'appelait le Vert, et l'autre le Doré.

Voyant que le mal était surtout dans l'imagination, je laissai faire les deux femmes, qui en amenèrent enfin une autre très vieille. C'était une *santone* renommée. Elle apportait un réchaud qu'elle posa au milieu de la chambre, et où elle fit brûler une pierre qui me sembla être de l'alun. Cette cuisine avait pour objet de contrarier beaucoup les afrites, que les femmes voyaient clairement dans la fumée, et qui demandaient grace. Mais il fallait extirper tout à fait le mal ; on fit lever l'esclave, et elle se pencha sur la fumée, ce qui provoqua une toux très forte ; pendant ce temps, la vieille lui frappait le dos, et toutes chantaient d'une voix traînante des prières et des imprécations arabes.

Mansour, en qualité de chrétien cophte, était choqué de toutes ces pratiques ; mais, si la maladie provenait d'une cause morale, quel mal y avait-il à laisser agir un traitement analogue ? Le fait est que, dès le lendemain, il y eut un mieux évident, et la guérison s'ensuivit.

L'esclave ne voulut plus se séparer des deux voisines qu'elle avait appelées, et continuait à se faire servir par elles. L'une s'appelait Cartoum, et l'autre Zabetta. Je ne voyais pas la nécessité d'avoir tant de monde dans la maison, et je me gardais bien de leur offrir des gages ; mais elle leur faisait des présents de ses propres effets, et, comme c'étaient ceux qu'Abd-el-Kérim lui avait laissés, il n'y avait rien à dire ; toutefois il fallut bien les remplacer par d'autres, et en venir à l'acquisition tant souhaitée du habbarah et du yalek.

La vie orientale nous joue de ces tours ; tout

semble d'abord simple, peu coûteux, facile. Bientôt cela se complique de nécessités, d'usages, de fantaisies, et l'on se voit entraîné à une existence *pachalesque*, qui, jointe au désordre et à l'infidélité des comptes, épuise les bourses les mieux garnies. J'avais voulu m'initier quelque temps à la vie intime de l'Égypte ; mais peu à peu je voyais tarir les ressources futures de mon voyage.

— Ma pauvre enfant, dis-je à l'esclave en lui faisant expliquer la situation, si tu veux rester au Caire, tu es *libre*.

Je m'attendais à une explosion de reconnaissance.

— Libre! dit-elle, et que voulez-vous que je fasse? Libre! mais où irais-je? Revendez-moi plutôt à Abd-el-Kérim !

— Mais, ma chère, un Européen ne vend pas une femme ; recevoir un tel argent, ce serait honteux.

— Eh bien! dit-elle en pleurant, est-ce que je puis gagner ma vie, moi? est-ce que je sais faire quelque chose?

— Ne peux-tu pas te mettre au service d'une dame de ta religion?

— Moi, servante? Jamais. Revendez-moi : je

serai achetée par un *muslim*, par un cheik, par un pacha peut-être? Je puis devenir une grande dame ! Vous voulez me quitter... menez-moi au bazar.

Voilà un singulier pays où les esclaves ne veulent pas de la liberté !

Je sentais bien, du reste, qu'elle avait raison, et j'en savais assez déjà sur le véritable état de la société musulmane, pour ne pas douter que sa condition d'esclave ne fût très supérieure à celle des pauvres Égyptiennes employées aux travaux les plus rudes, et malheureuses avec des maris misérables. Lui donner la liberté, c'était la vouer à la condition la plus triste, peut-être à l'opprobre, et je me reconnaissais moralement responsable de sa destinée.

— Puisque tu ne veux pas rester au Caire, lui dis-je enfin, il faut me suivre dans d'autres pays.

— *Ana enté sava-sava* (toi et moi, partons ensemble)! me dit-elle ; et nous ne tardâmes pas à nous embarquer sur la branche du Nil qui conduit à Damiette.

XI.—DÉPART.

Je quitte avec regret cette vieille cité du Caire, où j'ai retrouvé les dernières traces du génie arabe, et qui n'a pas menti aux idées que je m'en étais formées d'après les récits et les traditions de l'Orient. Je l'avais vue tant de fois dans les rêves de la jeunesse, qu'il me semblait y avoir séjourné dans je ne sais quel temps ; je reconstruisais mon Caire d'autrefois au milieu des quartiers déserts ou des mosquées croulantes ! Il me semblait que j'imprimais les pieds dans la trace de mes pas anciens; j'allais, je me disais : — En détournant ce mur, en passant cette porte, je verrai telle chose, et la chose était là, ruinée, mais réelle.

N'y pensons plus. Ce Caire là gît sous la cendre et la poussière ; l'esprit et les progrès modernes en ont triomphé comme la mort. Encore quelques mois, et des rues européennes auront coupé à angles droits la vieille ville poudreuse et muette qui croule en paix sur les pauvres fellahs. Ce qui reluit, ce qui brille, ce qui s'accroît, c'est le quartier des Francs, la ville des Italiens, des Provençaux et des Maltais, l'entrepôt futur de l'Inde anglaise. L'Orient achève d'user ses vieux costumes, ses vieux palais, ses vieilles mœurs, mais il est dans son dernier jour; il peut dire, comme un de ses sultans : « Le sort a décoché sa flèche, c'est fait de moi, je suis passé! » Ce que le désert protége encore, en l'enfouissant peu à peu dans ses sables, c'est, hors des murs du Caire, la ville des tombeaux, la vallée des califes, qui semble, comme Herculanum, avoir abrité des générations disparues, et dont les palais, les arcades et les colonnes, les marbres précieux, les intérieurs peints et dorés, les enceintes, les dômes et les minarets, multipliés avec folie, n'ont jamais servi qu'à recouvrir des cercueils. Ce culte de la mort est un trait éternel du caractère de l'Égypte; il sert du moins à protéger et à transmettre au monde l'éblouissante histoire de son passé.

LA CANGE.

I. — PRÉPARATIFS DE NAVIGATION.

La cange qui m'emportait vers Damiette contenait aussi tout le ménage que j'avais amassé au Caire pendant huit mois de séjour, savoir: l'esclave au teint doré vendue par Abdel-Kérim; le coffre vert qui renfermait les effets que ce dernier lui avait laissés; un autre coffre garni de ceux que j'y avais ajoutés moi-même; un autre encore contenant mes habits de Franc, dernier *encas* de mauvaise fortune, comme ce vêtement de pâtre qu'un empereur avait conservé pour se rappeler sa condition première; puis tous les ustensiles et objets mobiliers dont il avait fallu garnir mon domicile du quartier cophte, lesquels consistaient en gargoulettes et bardaques propres à rafraîchir l'eau, pipes et narghilés, matelas de coton et cages (*cafas*) en bâtons de palmier servant tour à tour de divan, de lit et de table, et qui avaient de plus pour le voyage l'avantage de pouvoir contenir les volatiles divers de la basse-cour et du colombier.

Avant de partir, j'étais allé prendre congé de Madame Bonhomme, cette blonde et charmante providence du voyageur. — Hélas! disais-je, je ne verrai plus de long-temps que des visages de couleur; je vais braver la peste qui règne dans le delta d'Égypte, les orages du golfe de Syrie qu'il faudra traverser sur de frêles barques; sa vue sera pour moi le dernier sourire de la patrie!

Madame Bonhomme appartient à ce type de beauté blonde du midi, que Gozzi célébrait dans les Vénitiennes, et que Pétrarque a chanté à l'honneur des femmes de notre Provence. Il semble que ces gracieuses anomalies doivent au voisinage des pays alpins *l'or crespelé* de leurs cheveux, et que leur œil noir se soit embrasé seul aux ardeurs des grèves de la Méditerranée. La carnation, fine et claire comme le satin rosé des Flamandes, se colore aux places que le soleil a touchées d'une vague teinte ambrée qui fait penser aux treilles d'automne, où le raisin blanc se voile à demi sous les pampres vermeils. O figures aimées de Titien et de Giorgione, est-ce aux bords du Nil que vous deviez me laisser encore un regret et un souvenir? Cependant, j'avais près de moi une autre femme aux cheveux noirs comme l'ébène, au masque ferme qui semblait taillé dans le marbre portore, beauté sévère et grave comme les idoles dorées de l'antique Asie, et dont la grace même, à la fois servile et sauvage, rappelait parfois, si l'on peut unir ces deux mots, la sérieuse gaîté de l'animal captif.

Madame Bonhomme m'avait conduit dans son magasin, encombré d'articles de voyages, et je l'écoutais, en l'admirant, détailler les mérites de tous ces charmants ustensiles qui, pour les Anglais, reproduisent au besoin, dans le désert, tout le comfort de la vie fashionable. Elle m'expliquait avec son léger accent provençal comment on pouvait établir, au pied d'un palmier ou d'un obélisque, des appartements complets de maître et de domestiques, avec mobilier et cuisine, le tout transporté à dos de chameau; donner des dîners européens où rien ne manque, ni les ragoûts, ni les primeurs, grace aux boîtes de conserves qui, il faut l'avouer, sont souvent de grande ressource.

— Hélas! lui dis-je, je suis devenu tout à fait un Bédaouï (Arabe nomade); je mange très bien du dourah cuit sur une plaque de tôle, des dattes fricassées dans le beurre, de la pâte d'abricot, des sauterelles fumées... et je sais un moyen d'obtenir une poule bouillie dans le désert, sans même se donner le soin de la plumer.

— J'ignorais ce raffinement, dit Madame Bonhomme.

— Voici, répondis-je, la recette qui m'a été donnée par un renégat très industrieux, lequel l'a vu pratiquer dans l'Hedjaz. On prend une poule...

— Il faut une poule? dit Madame Bonhomme.

— Absolument comme un lièvre pour le civet.

— Et ensuite?

— Ensuite on allume du feu entre deux pierres; on se procure de l'eau...

— Voilà déjà bien des choses!

— La nature les fournit. On n'aurait même que de l'eau de mer... ce serait la même chose, et cela épargnerait le sel.

— Et dans quoi mettrez-vous la poule?

— Ah! voilà le plus ingénieux. Nous versons de l'eau dans le sable fin du désert... autre ingrédient donné par la nature. Cela produit une argile fine et propre, extrêmement utile à la préparation.

— Vous mangeriez une poule bouillie dans du sable?

— Je réclame une dernière minute d'attention. Nous formons une boule épaisse de cette argile en ayant soin d'y insérer cette même volaille ou toute autre.

— Ceci devient intéressant.

— Nous mettons la boule de terre sur le feu, et nous la retournons de temps en temps. Quand la croûte s'est suffisamment durcie et a pris partout une bonne couleur, il faut la retirer du feu, la volaille est cuite.

— Et c'est tout?

— Pas encore; on casse la boule passée à l'état de terre cuite, et les plumes de l'oiseau, prises dans l'argile, se détachent à mesure qu'on le débarrasse des fragments de cette marmite improvisée.

— Mais c'est un régal de sauvage!

— Non, c'est de la poule à l'étuvée simplement.

Madame Bonhomme vit bien qu'il n'y avait rien à faire avec un voyageur si consommé; elle remit en place toutes les cuisines de ferblanc et les tentes, coussins ou lits de caoutchouc estampillés de l'*improved patent* de *London*.

— Cependant, lui dis-je, je voudrais bien trouver chez vous quelque chose qui me soit utile.

— Tenez, dit Madame Bonhomme, je suis sûre que vous avez oublié d'acheter un drapeau. Il vous faut un drapeau.

— Mais je ne pars pas pour la guerre !

— Vous allez descendre le Nil... vous avez besoin d'un pavillon tricolore à l'arrière de votre barque pour vous faire respecter des fellahs.

Et elle me montrait, le long des murs du magasin, une série de pavillons de toutes les marines.

Je tirais déjà vers moi la hampe à pointe dorée d'où se déroulaient nos couleurs, lorsque Madame Bonhomme m'arrêta le bras.

— Vous pouvez choisir ; on n'est pas obligé d'indiquer sa nation. Tous *ces messieurs* prennent ordinairement un pavillon anglais ; de cette manière, on a plus de sécurité.

— Oh ! madame, lui dis-je je ne ne suis pas de ces messieurs-là.

— Je l'avais bien pensé, me dit-elle avec un sourire.

J'aime à croire que ce ne seraient pas des gens du monde de Paris qui promèneraient les couleurs anglaises sur ce vieux Nil, où s'est reflété le drapeau de la république. Les légitimistes en pèlerinage vers Jérusalem choisissent, il est vrai, le pavillon de Sardaigne. Cela, par exemple n'a pas d'inconvénient.

II. — UNE FÊTE DE FAMILLE.

Nous partons du port de Boulac; le palais d'un bey mamelouck, devenu aujourd'hui l'école polytechnique, la mosquée blanche qui l'avoisine, les étalages des potiers qui exposent sur la grève ces bardaques de terre poreuse fabriquées à Thèbes, qu'apporte la navigation du Haut-Nil, les chantiers de construction qui bordent encore assez loin la rive droite du fleuve, tout cela disparaît en quelques minutes. Nous courons une bordée vers une île d'alluvion située entre Boulac et Embabeh, dont la rive sablonneuse reçoit bientôt le choc de notre proue; les deux voiles latines de la cange frissonnent sans prendre le vent : —*Battal! battal!* s'écrie le *reïs*, c'est-à-dire : Mauvais! mauvais! Il s'agissait probablement du vent. En effet, la vague rougeâtre, frisée par un souffle contraire, nous jetait au visage son écume, et le remous prenait des teintes ardoisées en peignant les reflets du ciel.

Les hommes descendent à terre pour dégager la cange et la retourner. Alors commence un de ces chants dont les matelots égyptiens accompagnent toutes leurs manœuvres et qui ont invariablement pour refrain *éleison!* Pendant que cinq à six gaillards, dépouillés en un instant de leur tunique bleue et qui semblent des statues de bronze florentin, s'évertuent à ce travail, les jambes plongées dans la vase, le *reïs*, assis comme un pacha sur l'avant, fume son narghilé d'un air indifférent. Un quart-d'heure après, nous revenons vers Boulac, à demi penchés sur la lame avec la pointe des vergues trempant dans l'eau.

Nous avions gagné à peine deux cents pas sur le cours du fleuve: il fallut retourner la barque, prise cette fois dans les roseaux, pour aller toucher de nouveau à l'île de sable: *Battal! battal!* disait toujours le reïs de temps en temps.

Je reconnaissais à ma droite les jardins des villas riantes qui bordent l'allée de Choubrah; les sycomores monstrueux qui la forment retentissaient de l'aigre caquetage des corneilles, qu'entrecoupait parfois le cri sinistre des milans.

Du reste, aucun lotus, aucun ibis, pas un trait de la couleur locale d'autrefois ; seulement çà et là de grands buffles plongés dans l'eau et des coqs de Pharaon, sortes de petits faisans aux plumes dorées, voltigeant au-dessus des bois d'orangers et de bananiers des jardins.

J'oubliais l'obélisque d'Héliopolis, qui marque de son doigt de pierre la limite voisine du désert de Syrie et que je regrettais de n'avoir encore vu que de loin. Ce monument ne devait pas quitter notre horizon de la journée, car la navigation de la cange continuait à s'opérer en zigzag.

Le soir était venu, le disque du soleil descendait derrière la ligne peu mouvementée des montagnes lybiques, et tout à coup la nature passait de l'ombre violette du crépuscule à l'obscurité bleuâtre de la nuit. J'aperçus de loin les lumières d'un café, nageant dans leurs flaques d'huile transparente ; l'accord strident du *naz* et du *rebab* accompagnait cette mélodie égyptienne si connue : *Ya teyly!* (O nuits!)

D'autres voix formaient les *répons* du premier vers : « O nuits de joie ! » On chantait le bonheur des amis qui se rassemblent, l'amour et le désir, flammes divines, émanations radieuses de la *clarté pure* qui n'est qu'au ciel; on invoquait *Ahmad*, l'élu, chef des apôtres, et des voix d'enfants reprenaient en chœur l'antistrophe de cette délicieuse et sensuelle effusion qui appelle la bénédiction du Seigneur sur les joies nocturnes de la terre.

Je vis bien qu'il s'agissait d'une solennité de famille. L'étrange gloussement des femmes fellahs succédait au chœur des enfants, et cela pouvait célébrer une mort aussi bien qu'un mariage; car, dans toutes les cérémonies des Égyptiens, on reconnaît ce mélange d'une joie plaintive ou d'une plainte entrecoupée de transports joyeux qui déjà, dans le monde ancien, présidaient à tous les actes de leur vie.

Le reïs avait fait amarrer notre barque à un pieu planté dans le sable, et se préparait à descendre. Je lui demandai si nous ne faisions que nous arrêter dans le village qui était devant nous. Il répondit que nous devions y passer la nuit et y rester même le lendemain jusqu'à trois heures, moment où se lève le vent du sud-ouest (nous étions à l'époque des moussons).

— J'avais cru, lui dis-je, qu'on ferait marcher la barque à la corde quand le vent ne serait pas bon.

— Ceci n'est pas, répondit-il, sur notre traité.

En effet, avant de partir, nous avions fait un écrit devant le cadi ; mais ces gens y avaient mis évidemment tout ce qu'ils avaient voulu. Du reste, je ne suis jamais pressé d'arriver, et cette circonstance, qui aurait fait bondir d'indignation un voyageur anglais, me fournissait seulement l'occasion de mieux étudier l'antique branche, si peu frayée, par où le Nil descend du Caire à Damiette.

Le reïs, qui s'attendait à des réclamations violentes, admira ma sérénité. Le halage des barques est relativement assez coûteux ; car, outre un nombre plus grand de matelots sur la barque, il exige l'assistance de quelques hommes de relais échelonnés de village en village.

Une cange contient deux chambres, élégamment peintes et dorées à l'intérieur, avec des fenêtres grillées donnant sur le fleuve, et encadrant agréablement le double paysage des rives ; des corbeilles de fleurs, des arabesques compliquées décorent les panneaux ; deux coffres de bois bordent chaque chambre, et permettent, le jour, de s'asseoir les jambes croisées, la nuit, de s'étendre sur des nattes ou des coussins. Ordinairement la première chambre sert de divan; la seconde de harem. Le tout se ferme et se cadenasse hermétiquement, sauf le privilége des rats du Nil, dont il faut, quoi qu'on fasse, accepter la société. Les moustiques et autres insectes sont des compagnons moins agréables encore; mais on évite la nuit leurs baisers perfides au moyen de vastes chemises dont on noue l'ouverture après y être entré comme dans un sac, et qui entourent la tête d'un double voile de gaze sous lequel on respire parfaitement.

Il semblait que nous dussions passer la nuit sur la barque, et je m'y préparais déjà, lorsque le reïs, qui était descendu à terre, vint me trouver avec cérémonie et m'invita à l'accompagner. J'avais quelque scrupule à laisser l'esclave dans la cabine; mais il me dit lui-même qu'il valait mieux l'emmener avec nous.

III. — LE MUTAHIR.

En descendant sur la berge, je m'aperçus que nous venions de débarquer simplement à Choubrah. Les jardins du pacha, avec les berceaux de myrte qui décorent l'entrée, étaient devant nous ; un amas de pauvres maisons bâties en briques de terre crue s'étendait à notre gauche des deux côtés de l'avenue ; le café que j'avais remarqué bordait le fleuve, et la maison voisine était celle du reïs, qui nous pria d'y entrer.

C'était bien la peine, me disais-je, de passer toute la journée sur le Nil ; nous voilà seulement à une lieue du Caire ! J'avais envie d'y retourner passer la soirée et lire les journaux chez Madame Bonhomme ; mais le reïs nous avait déjà conduits devant sa maison, et il était clair qu'on y célébrait une fête où il convenait d'assister.

En effet, les chants que nous avions entendus partaient de là ; une foule de gens basanés, mélangés de nègres purs, paraissait se livrer à la joie. Le reïs, dont je n'entendais qu'imparfaitement le dialecte franc assaisonné d'arabe, finit par me faire comprendre que c'était une fête de famille en l'honneur de la circoncision de son fils. Je compris surtout alors pourquoi nous avions fait si peu de chemin.

La cérémonie avait eu lieu la veille à la mosquée, et nous étions seulement au second jour des réjouissances. Les fêtes de famille des plus pauvres Égyptiens sont des fêtes publiques, et l'avenue était pleine de monde : une trentaine d'enfants, camarades d'école du jeune circoncis (*muthahir*), remplissait une salle basse ; les femmes, parentes ou amies de l'épouse du reïs, faisaient cercle dans la pièce du fond, et nous nous arrêtâmes près de cette porte. Le reïs indiqua de loin une place près de sa femme à l'esclave qui me suivait, et celle-ci alla sans hésiter s'asseoir sur le tapis de la *khanoun* (dame), après avoir fait les salutations d'usage.

On se mit à distribuer du café et des pipes, et des Nubiennes commencèrent à danser au son des *tarabouks* (tambours de terre cuite), que plusieurs femmes soutenaient d'une main et frappaient de l'autre. La famille du reïs était trop pauvre sans doute pour avoir des almées blanches ; mais les Nubiens dansent pour leur plaisir. Le *loti* ou coryphée faisait les bouffonneries habituelles en guidant les pas de quatre femmes qui se livraient à cette saltarelle éperdue que j'ai déjà décrite, et qui ne varie guère qu'en raison du plus ou moins de feu des exécutants.

Pendant un des intervalles de la musique et de la danse, le reïs m'avait fait prendre place près d'un vieillard qu'il me dit être son père. Ce bonhomme, en apprenant quel était mon pays, m'accueillit avec un juron essentiellement français, que sa prononciation transformait d'une façon comique. C'était tout ce qu'il avait retenu de la langue des vainqueurs de 98. Je lui répondis en criant : « Napoléon ! » Il ne parut pas comprendre. Cela m'étonna ; mais je songeai bientôt que ce nom datait seulement de l'empire. — Avez-vous connu Bonaparte ? lui dis-je en arabe. Il pencha la tête en arrière avec une sorte de rêverie solennelle, et se mit à chanter à pleine gorge :

Ya salam, Bounabarteh !
Salut à toi, ô Bonaparte !

Je ne pus m'empêcher de fondre en larmes en écoutant ce vieillard répéter le vieux chant des Egyptiens en l'honneur de celui qu'ils appelaient le sultan Kébir. Je le pressai de le chanter tout entier ; mais sa mémoire n'en avait retenu que peu de vers.

« Tu nous as fait soupirer par ton absence, ô général qui prends le café avec du sucre ! ô général charmant dont les joues sont si agréables, toi dont le glaive a frappé les Turcs ! salut à toi !

« O toi dont la chevelure est si belle ! depuis le jour où tu entras au Caire, cette ville a brillé d'une lueur semblable à celle d'une lampe de cristal ; salut à toi ! »

Cependant le reïs, indifférent à ces souvenirs,

était allé du côté des enfants, et l'on semblait préparer tout pour une cérémonie nouvelle.

En effet, les enfants ne tardèrent pas à se ranger sur deux lignes, et les autres personnes réunies dans la maison se levèrent ; car il s'agissait de promener dans le village l'enfant qui, la veille déjà, avait été promené au Caire. On amena un cheval richement harnaché, et le petit bonhomme, qui pouvait avoir sept ans, couvert d'habits et d'ornements de femme (le tout emprunté probablement), fut hissé sur la selle, où deux de ses parents le maintenaient de chaque côté. Il était fier comme un empereur, et tenait, selon l'usage, un mouchoir sur sa bouche. Je n'osais le regarder trop attentivement, sachant que les Orientaux craignent en ce cas le *mauvais œil ;* mais je pris garde à tous les détails du cortège, que je n'avais jamais pu si bien distinguer au Caire, où ces processions des *mutahirs* diffèrent à peine de celles des mariages.

Il n'y avait pas à celle-là de bouffons nus, simulant des combats avec des lances et des boucliers ; mais quelques Nubiens, montés sur des échasses, se poursuivaient avec de longs bâtons : ceci était pour attirer la foule ; ensuite les musiciens ouvraient la marche ; puis les enfants, vêtus de leurs plus beaux costumes et guidés par cinq à six faquirs ou santons, qui chantaient des *moals* religieux ; puis l'enfant à cheval entouré de ses parents, et enfin les femmes de la famille, au milieu desquelles marchaient les danseuses non voilées, qui, à chaque halte, recommençaient leurs trépignements voluptueux. On n'avait oublié ni les porteurs de cassolettes parfumées, ni les enfants qui secouent les *kumkum*, flacons d'eau de rose dont on asperge les spectateurs ; mais le personnage le plus important du cortége était sans nul doute le barbier, tenant en main l'instrument mystérieux (dont le pauvre enfant devait plus tard faire l'épreuve), tandis que son aide agitait au bout d'une lance une sorte d'enseigne chargée des attributs de son métier. Devant le *mutahir* était un de ses camarades portant, attachée à son col, la *tablette à écrire*, décorée par le maître d'école de chefs-d'œuvre calligraphiques. Derrière le cheval, une femme jetait continuellement du sel pour conjurer les mauvais esprits. La marche était fermée par les femmes gagées, qui servent de pleureuses aux enterrements et qui accompagnent les cérémonies de mariage et de circoncision avec le même *olouloulou!* dont la tradition se perd dans la plus haute antiquité.

Pendant que le cortége parcourait les rues peu nombreuses du petit village de Choubrah, j'étais resté avec le grand-père du mutahir, ayant eu toutes les peines du monde à empêcher l'esclave de suivre les autres femmes. Il avait fallu employer le *mafisch!* tout-puissant chez les Égyptiens pour lui interdire ce qu'elle regardait comme un devoir de politesse et de religion. Les nègres préparaient des tables et décoraient la salle de feuillages. Pendant ce temps, je cherchais à tirer du vieillard quelques éclairs de souvenirs en faisant résonner à ses oreilles, avec le peu que je savais d'arabe, les noms glorieux de Kléber et de Menou. Il ne se souvenait que du colonel Barthélemy, l'ancien chef de la police du Caire, qui a laissé de grands souvenirs dans le peuple, à cause de sa grande taille et du magnifique costume qu'il portait. Barthélemy a inspiré des chants d'amour dont les femmes n'ont pas seules gardé la mémoire :

« Mon *bien-aimé* est coiffé d'un chapeau brodé ; — des nœuds et des rosettes ornent sa ceinture.

« J'ai voulu l'embrasser, il m'a dit: *Aspetta* (attends)! Oh ! qu'il est doux son langage italien ! — Dieu garde celui dont les yeux sont des yeux de gazelle !

« Que tu es donc beau, Fart-el-Roumy (Barthélemy), quand tu proclames la paix publique avec un firman à la main ! »

IV. — LE SIRAFEH.

A l'entrée du mutahir, tous les enfants vinrent s'asseoir quatre par quatre autour des tables rondes où le maître d'école, le barbier et les santons occupèrent les places d'honneur. Les autres grandes personnes attendirent la fin du repas pour y prendre part à leur tour. Les Nubiens s'assirent devant la porte et reçurent le reste des plats dont ils distribuèrent encore les derniers reliefs à de pauvres gens attirés par le bruit de la fête. Ce n'est qu'après avoir passé par deux ou trois séries d'invités inférieurs que les os parvenaient à un dernier cercle composé de chiens errants attirés par l'odeur des viandes. Rien ne se perd dans ces festins de patriarche, où, si pauvre que soit l'amphitryon, toute créature vivante peut réclamer sa part de fête. Il est vrai que les gens aisés ont l'usage de payer leur écot par de petits présents, ce qui adoucit un peu la charge que s'imposent, dans ces occasions, les familles du peuple.

Cependant arrivait, pour le mutahir, l'instant douloureux qui devait clore la fête. On fit lever de nouveau les enfants, et ils entrèrent seuls dans la salle où se tenaient les femmes. On chantait : « O toi, sa tante paternelle ! ô toi, sa tante maternelle ! viens préparer son *sirafeh !* » A partir de ce moment, les détails m'ont été donnés par l'esclave présente à la cérémonie du sirafeh.

Les femmes remirent aux enfants un châle dont quatre d'entre eux tinrent les coins. La tablette à écrire fut placée au milieu, et le principal élève de l'école (*arif*) se mit à psalmodier un chant dont chaque verset était ensuite répété en chœur par les enfants et par les femmes. On priait le Dieu qui sait tout, « qui connaît le pas de la fourmi noire et son travail dans les ténèbres, » d'accorder sa bénédiction à cet enfant qui déjà savait lire et pouvait comprendre le Coran. On remerciait en son nom le père, qui avait payé les leçons du maître, et la mère, qui, dès le berceau, lui avait enseigné la parole.

« Dieu m'accorde, disait l'enfant à sa mère, de te voir assise au paradis, et saluée par Maryam (Marie), par Zeyneb, fille d'Ali, et par Fatime, fille du prophète ! »

Le reste des versets était à la louange des faquirs et du maître d'école, comme ayant expliqué et fait apprendre à l'enfant les divers chapitres du Coran.

D'autres chants moins graves succédaient à ces litanies.

« O vous, jeunes filles, qui nous entourez, disait l'*arif*, je vous recommande aux soins de Dieu lorsque vous peignez vos yeux et que vous vous regardez au miroir !

« Et vous, femmes mariées ici rassemblées, par la vertu du chapitre 37 : *la fécondité*, soyez bénies ! — Mais s'il est ici des femmes qui aient vieilli dans le célibat, qu'elles soient à coups de savates chassées dehors ! »

Pendant cette cérémonie, les garçons promenaient autour de la salle le *sirafeh*, et chaque femme déposait sur la tablette des cadeaux de petite monnaie, après quoi on versait les pièces dans un mouchoir dont les enfants devaient faire don aux faquirs.

En revenant dans la chambre des hommes, le mutahir fut placé sur un siége élevé. Le barbier et son aide se tinrent debout des deux côtés avec leurs instruments. On plaça devant l'enfant un bassin de cuivre où chacun dut venir déposer son offrande, après quoi il fut amené par le barbier dans une pièce séparée où l'opération s'accomplit sous les yeux de deux de ses parents, pendant que les cymbales résonnaient pour couvrir ses plaintes.

L'assemblée, sans se préoccuper davantage de cet incident, passa encore la plus grande partie de la nuit à boire des sorbets, du café, et une sorte de bierre épaisse (*bouza*), boisson enivrante, dont les noirs principalement faisaient usage, et qui est sans doute la même qu'Hérodote désigne sous le nom de vin d'orge.

V. — LA FORÊT DE PIERRE.

Je ne savais trop que faire le lendemain matin pour attendre l'heure où le vent devait se lever. Le reïs et tout son monde se livraient au sommeil avec cette insouciance profonde du grand jour qu'ont peine à concevoir les gens du Nord. J'eus l'idée de laisser l'esclave pour toute la journée dans la cange, et d'aller me promener vers Héliopolis, éloigné d'à peine une lieue.

Tout à coup je me souvins d'une promesse que j'avais faite à un brave commissaire de marine qui m'avait prêté sa cabine pendant la traversée de Syra à Alexandrie. « Je ne vous demande qu'une chose, m'avait-il dit, lorsqu'à l'arrivée je lui fis mes remerciements, c'est de ramasser pour moi quelques fragments de la forêt pétrifiée qui se trouve dans le désert, à peu de distance du Caire.

Vous les remettrez, en passant à Smyrne, chez Madame Carton, rue des Roses. »

Ces sortes de commissions sont sacrées entre voyageurs ; la honte d'avoir oublié celle-là me fit résoudre immédiatement cette expédition facile. Du reste, je tenais aussi à voir cette forêt dont je ne m'expliquais pas la structure. Je réveillai l'esclave qui était de très mauvaise humeur, et qui demanda à rester avec la femme du reïs. J'avais l'idée dès-lors d'emmener le reïs ; une simple réflexion et l'expérience acquise des mœurs du pays me prouvèrent que, dans cette famille honorable, l'innocence de la pauvre Zeynab ne courait aucun danger.

Ayant pris les dispositions nécessaires et averti le reïs qui me fit venir un ânier intelligent, je me dirigeai vers Héliopolis, laissant à gauche le canal d'Adrien, creusé jadis du Nil à la mer Rouge, et dont le lit desséché devait plus tard tracer notre route au milieu des dunes de sable.

Tous les environs de Choubrah sont admirablement cultivés. Après un bois de sycomores qui s'étend autour des haras, on laisse à gauche une foule de jardins où l'oranger est cultivé dans l'intervalle des dattiers plantés en quinconces ; puis, en traversant une branche du *Kalisch* ou canal du Caire, on gagne en peu de temps la lisière du désert, qui commence sur la limite des inondations du Nil. Là, s'arrête le damier fertile des plaines, si soigneusement arrosées par les rigoles qui coulent des *saquiès* ou puits à roues ; là commence, avec l'impression de la tristesse et de la mort qui ont vaincu la nature elle-même, cet étrange faubourg de constructions sépulcrales qui ne s'arrête qu'au Mokatam, et qu'on appelle de ce côté la *Vallée des Califes*. C'est là que Teyloun et Bibars, Saladin et Malek-Adel, et mille autres héros de l'islam, reposent non dans de simples tombes, mais dans de vastes palais brillants encore d'arabesques et de dorures, entremêlés de vastes mosquées. Il semble que les spectres, habitants de ces vastes demeures, aient voulu encore des lieux de prière et d'assemblée, qui, si l'on en croit la tradition, se peuplent à certains jours d'une sorte de fantasmagorie historique.

En nous éloignant de cette triste cité dont l'aspect extérieur produit l'effet d'un brillant quartier du Caire, nous avions gagné la levée d'Héliopolis, construite jadis pour mettre cette ville à l'abri des plus hautes inondations. Toute la plaine qu'on aperçoit au-delà est bosselée de petites collines formées d'amas de décombres. Ce sont principalement les ruines d'un village qui recouvrent là les restes perdus des constructions primitives. Rien n'est resté debout; pas une pierre antique ne s'élève au-dessus du sol, excepté l'obélisque, autour duquel on a planté un vaste jardin.

L'obélisque forme le centre de quatre allées d'ébéniers qui divisent l'enclos; des abeilles sauvages ont établi leurs alvéoles dans les anfractuosités de l'une des faces qui, comme on sait, est dégradée. Le jardinier, habitué aux visites des voyageurs, m'offrit des fleurs et des fruits. Je pus m'asseoir et songer un instant aux splendeurs décrites par Strabon, aux trois autres obélisques du temple du Soleil, dont deux sont à Rome et dont l'autre a été détruit; à ces avenues de sphinx en marbre jaune du nombre desquels un seul se voyait encore au siècle dernier; à cette ville enfin, berceau des sciences, où Hérodote et Platon vinrent se faire initier aux mystères Héliopolis a d'autres souvenirs encore au point de vue biblique. Ce fut là que Joseph donna ce bel exemple de chasteté que notre époque n'apprécie plus qu'avec un sourire ironique. Aux yeux des Arabes, cette légende a un tout autre caractère : *Joseph* et *Zuleïka* sont les types consacrés de l'amour pur, des sens vaincus par le devoir, et triomphants d'une double tentation ; car le maître de Joseph était un des eunuques de Pharaon. Dans la légende originale souvent traitée par les poètes de l'Orient, la tendre Zuleïka n'est point sacrifiée comme dans celle que nous connaissons. Mal jugée d'abord par les femmes de Memphis, elle fut de toutes parts excusée dès que Joseph, sorti de sa prison, eut fait admirer à la cour de Pharaon tout le charme de sa beauté.

Le sentiment d'amour platonique dont les poètes arabes supposent que Joseph fut animé pour Zuleïka, et qui rend certes son sacrifice d'autant plus beau, n'empêcha pas ce patriarche de s'unir plus tard à la fille d'un prêtre d'Héliopolis, nommée Azima. Ce fut un peu plus loin, vers le nord, qu'il établit sa famille à un endroit nommé Gessen, où l'on a cru de nos jours retrouver les restes d'un temple juif bâti par Onias.

Je n'ai pas tenu à visiter ce berceau de la postérité de Jacob ; mais je ne laisserai pas échapper l'occasion de laver tout un peuple, dont nous avons accepté les traditions patriarcales, d'un acte peu loyal que les philosophes lui ont durement reproché. Je discutais un jour au Caire sur la fuite d'Égypte du peuple de Dieu avec un *humoriste* de Berlin, qui faisait partie comme savant de l'expédition de M. Lepsius :

— Croyez-vous donc, me dit-il, que tant d'honnêtes Hébreux auraient eu l'indélicatesse d'*emprunter* ainsi la vaisselle de gens qui, quoique Égyptiens, avaient été évidemment leurs voisins ou leurs amis ?

— Cependant, observai-je, il faut croire cela ou nier l'Écriture.

— Il peut y avoir erreur dans la version ou interpolation dans le texte ; mais faites attention à ce que je vais vous dire : les Hébreux ont eu de tout temps le génie de la banque et de l'escompte. Dans cette époque encore naïve, on ne devait guère prêter que sur gages... et persuadez-vous bien que telle était déjà leur industrie principale.

— Mais les historiens les peignent occupés à mouler des briques pour les pyramides (lesquelles, il est vrai, sont en pierre), et la rétribution de ces travaux se faisait en oignons et autres légumes ?

— Eh bien ! s'ils ont pu amasser quelques oignons, croyez fermement qu'ils ont su les faire valoir et que cela leur en a rapporté beaucoup d'autres.

— Que faudrait-il en conclure ?

— Rien autre chose, sinon que l'argenterie qu'ils ont emportée formait probablement le gage exact des prêts qu'ils avaient pu faire dans Memphis. L'Égyptien est négligent ; il avait sans doute laissé s'accumuler les intérêts, et les frais, et la rente au taux légal...

— De sorte qu'il n'y avait pas même à réclamer un *boni ?*

—J'en suis sûr. Les Hébreux n'ont emporté que ce qui leur était acquis selon toutes les lois de l'équité naturelle et commerciale. Par cet acte, assurément légitime, ils ont fondé dès-lors les vrais principes du crédit. Du reste, le Talmud dit en termes précis : « Ils ont pris seulement ce qui était à eux. »

Je donne pour ce qu'il vaut ce paradoxe berlinois. Il me tarde de retrouver à quelques pas d'Héliopolis des souvenirs plus grands de l'histoire biblique. Le jardinier qui veille à la conservation du dernier monument de cette cité illustre appelée primitivement *Ainschems* ou l'OEil-du-Soleil, m'a donné un de ses fellahs pour me conduire à Matarée. Après quelques minutes de marche dans la poussière, j'ai retrouvé une oasis nouvelle, c'est-à-dire un bois tout entier de sycomores et d'orangers; une source coule à l'entrée de l'enclos, et c'est, dit-on, la seule source d'eau douce que laisse filtrer le terrain nitreux de l'Égypte. Les habitants attribuent cette qualité à une bénédiction divine. Pendant le séjour que la sainte famille fit à Matarée, c'est là, dit-on, que la Vierge venait blanchir le linge de l'Enfant-Dieu. On suppose en outre que cette eau guérit la lèpre. De pauvres femmes qui se tiennent près de la source vous en offrent une tasse moyennant un léger bakchiz.

Il reste à voir encore dans le bois le sycomore touffu sous lequel se réfugia la sainte famille, poursuivie par la bande d'un brigand nommé Disma. Celui-ci qui, plus tard, devint le bon larron, finit par découvrir les fugitifs; mais tout à coup la foi toucha son cœur, au point qu'il offrit l'hospitalité à Joseph et à Marie, dans une de ses maisons située sur l'emplacement du vieux Caire, qu'on appelait alors Babylone d'Égypte. Ce Disma, dont les occupations paraissaient lucratives, avait des propriétés partout. On m'avait fait voir déjà, au vieux Caire, dans un couvent cophte, un vieux caveau, voûté en brique, qui passe pour être un reste de l'hospitalière maison de Disma et l'endroit même où couchait la sainte famille.

Ceci appartient à la tradition cophte, mais l'arbre merveilleux de Matarée reçoit les hommages de toutes les communions chrétiennes. Sans penser que ce sycomore remonte à la haute antiquité qu'on suppose, on peut admettre qu'il est le produit des rejetons de l'arbre ancien, et personne ne le visite depuis des siècles sans emporter un fragment du bois ou de l'écorce. Cependant il a toujours des dimensions énormes et semble un baobab de l'Inde; l'immense développement de ses branches et de ses surgeons disparaît sous les *ex-voto*, les chapelets, les légendes, les images saintes, qu'on y vient suspendre ou clouer de toutes parts.

En quittant Matarée, nous ne tardâmes pas à retrouver la trace du canal d'Adrien, qui sert de chemin quelque temps, et où les roues de fer des voitures de Suez laissent des ornières profondes. Le désert est beaucoup moins aride que l'on ne croit; des touffes de plantes balsamiques, des mousses, des lichens et des cactus revêtent presque partout le sol, et de grands rochers garnis de broussailles se dessinent à l'horizon.

La chaîne du Mokatam fuyait à droite vers le sud; le défilé, en se resserrant, ne tarda pas à en masquer la vue, et mon guide m'indiqua du doigt la composition singulière des roches qui dominaient notre chemin : c'étaient des blocs d'huîtres et de coquillages de toute sorte. La mer du déluge, ou peut-être seulement la Méditerranée qui, selon les savants, couvrait autrefois toute cette vallée du Nil, a laissé ces marques incontestables. Que faut-il supposer de plus étrange maintenant ? La vallée s'ouvre ; un immense horizon s'étend à perte de vue. Plus de traces, plus de chemin ; le sol est rayé partout de longues colonnes rugueuses et grisâtres. O prodige ! ceci est la forêt pétrifiée.

Quel est le souffle effrayant qui a couché à terre au même instant ces troncs de palmiers gigantesques? Pourquoi tous du même côté, avec leurs branches et leurs racines, et pourquoi la végétation s'est-elle glacée et durcie en laissant distincts les fibres du bois et les conduits de la sève ? Chaque vertèbre s'est brisée par une sorte de décollement; mais toutes sont restées bout à bout comme les anneaux d'un reptile. Rien n'est plus étonnant au monde. Ce n'est pas une pétrification produite par l'action chimique de la terre ; tout est couché à fleur de sol. C'est ainsi que tomba la vengeance des dieux sur les compagnons de Phinée. Serait-ce un terrain quitté par la mer ? Mais rien de pareil ne signale l'action ordinaire des eaux. Est-ce un cataclysme subit, un courant des eaux du déluge? Mais comment, dans ce cas, les arbres n'auraient-ils pas surnagé? L'esprit s'y perd; il vaut mieux n'y plus songer!

J'ai quitté enfin cette vallée étrange, et j'ai regagné rapidement Choubrah. Je remarquais à peine les creux de rochers qu'habitent les hyènes et les ossements blanchis des dromadaires qu'a semés abondamment le passage des caravanes; j'emportais dans ma pensée une impression plus grande encore que celle dont on est frappé au premier aspect des pyramides: leurs quarante siècles sont bien petits devant les témoins irrécusables d'un monde primitif soudainement détruit!

VI. — UN DÉJEUNER EN QUARANTAINE.

Nous voilà de nouveau sur le Nil. Jusqu'à Batu-el-Bakarah, le *ventre de la vache*, où commence l'angle inférieur du Delta, je ne faisais que retrouver des rives connues. Les pointes des trois pyramides, teintes de rose le matin et le soir, et que l'on admire si long-temps avant d'arriver au Caire, si long-temps encore après avoir quitté Boulac, disparurent enfin tout-à-fait de l'horizon. Nous voguions désormais sur la branche orientale du Nil, c'est-à-dire sur le véritable lit du fleuve ; car la branche de Rosette, plus fréquentée des voyageurs d'Europe, n'est qu'une large saignée qui se perd à l'occident.

C'est de la branche de Damiette que partent les principaux canaux deltaïques ; c'est elle aussi qui présente le paysage le plus riche et le plus varié. Ce n'est plus cette rive monotone des autres branches, bordée de quelques palmiers grêles, avec des villages bâtis en briques crues, et çà et là des tombeaux de santons égayés de minarets, des colombiers ornés de renflements bizarres, minces silhouettes panoramiques toujours découpées sur un horizon qui n'a pas de second plan ; la branche, ou, si vous voulez, la *brame* de Damiette, baigne des villes considérables, et traverse partout des campagnes fécondes ; les palmiers sont plus beaux et plus touffus ; les figuiers, les grenadiers et les tamarins présentent partout des nuances infinies de verdure. Les bords du fleuve, aux affluents des nombreux canaux d'irrigation, sont revêtus d'une végétation toute primitive ; du sein des roseaux qui jadis fournissaient le papyrus et des nénuphars variés, parmi lesquels peut-être on retrouverait le lotus pourpré des anciens, on voit s'élancer des milliers d'oiseaux et d'insectes. Tout papillote, étincelle et bruit, sans tenir compte de l'homme, car il ne passe pas là dix Européens par année ; ce qui veut dire que les coups de fusil viennent rarement troubler ces solitudes populeuses. Le cygne sauvage, le pélican, le flamant rose, le héron blanc et la sarcelle se jouent autour des djermes et des canges ; mais des vols de colombes, plus facilement effrayées, s'égrènent çà et là en long chapelets dans l'azur du ciel.

Nous avions laissé à droite Charakhanieh situé sur l'emplacement de l'antique *Cercasorum ;* Dagoueh, vieille retraite des brigands du Nil qui suivaient, la nuit, les barques à la nage en cachant leur tête dans la cavité d'une courge creusée ; Atrib, qui couvre les ruines d'Atribis, et Methram, ville moderne fort peuplée, dont la mosquée, surmontée d'une tour carrée, fut, dit-on, une église chrétienne avant la conquête arabe.

Sur la rive gauche on retrouve l'emplacement de Busiris sous le nom de Bouzir, mais aucune ruine ne sort de la terre ; de l'autre côté du fleuve, Semenhoud, autrefois Sebennitus, fait jaillir du sein de la verdure ses dômes et ses minarets. Les débris d'un temple immense, qui paraît être celui d'Isis, se rencontrent à deux lieues de là. Des têtes de femmes servaient de chapiteau à chaque colonne ; la plupart de ces dernières ont servi aux Arabes à fabriquer des meules de moulin.

Nous passâmes la nuit devant Mansourah, et je ne pus visiter les fours à poulets célèbres de cette ville, ni la maison de Ben-Lockman où vécut saint Louis prisonnier. Une mauvaise nouvelle m'attendait à mon réveil ; le drapeau jaune de la peste était arboré sur Mansourah, et nous attendait encore à Damiette, de sorte qu'il était impossible de songer à faire des provisions autres que d'animaux vivants. C'était de quoi gâter assurément le plus beau paysage du monde ; malheureusement aussi les rives devenaient moins fertiles ; l'aspect des rizières inondées, l'odeur malsaine des marécages, dominaient décidément, au-delà de Pharescour, l'impression des dernières beautés de la nature égyptienne. Il fallut attendre jusqu'au soir pour rencontrer enfin le magique spectacle du Nil élargi comme un golfe, des bois de palmiers plus touffus que jamais, de Damiette, enfin, bordant les deux rives de ses maisons italiennes et de ses terrasses de verdure ; spectacle qu'on ne peut comparer qu'à celui qu'offre l'entrée du grand canal de Venise, et où de plus les mille aiguilles des mosquées se découpaient dans la brume colorée du soir.

On amarra la cange au quai principal, devant un vaste bâtiment décoré du pavillon de France ; mais il fallait attendre le lendemain pour nous faire reconnaître et obtenir le droit de pénétrer avec notre belle santé dans le sein d'une ville malade. Le drapeau jaune flottait sinistrement sur le bâtiment de la marine, et la consigne était toute dans notre intérêt. Cependant nos provisions étaient épuisées, et cela ne nous annonçait qu'un triste déjeuner pour le lendemain.

Au point du jour toutefois, notre pavillon avait été signalé, ce qui prouvait l'utilité du conseil de Madame Bonhomme, et le janissaire du consulat français venait nous offrir ses services. J'avais une lettre pour le consul, et je demandai à le voir lui-même. Après être allé l'avertir, le janissaire vint me prendre et me dit de faire grande attention, afin de ne toucher personne et de ne point être touché pendant la route. Il marchait devant moi avec sa canne à pomme d'argent, et faisait écarter les curieux. Nous montons enfin dans un vaste bâtiment de pierre, fermé de portes énormes, et qui avait la physionomie d'un *okel* ou caravansérail. C'était pourtant la demeure du consul ou plutôt de l'agent consulaire de France qui est en même temps l'un des plus riches négociants en riz de Damiette.

J'entre dans la chancellerie, le janissaire m'indique son maître, et j'allais bonnement lui remettre ma lettre dans la main. — *Aspetta!* me dit-il d'un air moins gracieux que celui du colonel Barthélemy quand on voulait l'embrasser, et il m'écarte avec un bâton blanc qu'il tenait à la main. Je comprends l'intention, et je présente simplement la lettre. Le consul sort un instant sans rien dire, et revient tenant une paire de pincettes ; il saisit ainsi la lettre, en met un coin sous son pied, déchire très adroitement l'enveloppe avec le bout des pinces, et déploie ensuite la feuille, qu'il tient à distance devant ses yeux en s'aidant du même instrument.

Alors sa physionomie se déride un peu, il appelle son chancelier, qui seul parle français, et me fait inviter à déjeuner, mais en me prévenant que ce sera *en quarantaine*. Je ne savais trop ce que pouvait valoir une telle invitation, mais je pensai d'abord à mes compagnons de la cange, et je demandai ce que la ville pouvait leur fournir.

Le consul donna des ordres au janissaire, et je pus obtenir pour eux du pain, du vin et des poules, seuls objets de consommation qui soient supposés ne pouvoir transmettre la peste. La pauvre esclave se désolait dans la cabine; je l'en fis sortir pour la présenter au consul.

En me voyant revenir avec elle, ce dernier fronça le sourcil :

— Est-ce que vous voulez emmener cette femme en France? me dit le chancelier.

— Peut-être, si elle y consent et si je le puis; en attendant, nous partons pour Beyrouth.

— Vous savez qu'une fois en France elle est libre?

— Je la regarde comme libre dès à présent.

— Savez-vous aussi que si elle s'ennuie en France, vous serez obligé de la faire revenir en Égypte à vos frais?

— J'ignorais ce détail.

— Vous ferez bien d'y songer. Il vaudrait mieux la revendre ici.

— Dans une ville où est la peste? ce serait peu généreux!

— Enfin, c'est votre affaire.

Il expliqua le tout au consul, qui finit par sourire

et qui voulut présenter l'esclave à sa femme. En attendant, on nous fit passer dans la salle à manger, dont le centre était occupé par une grande table ronde. Ici commença une cérémonie nouvelle.

Le consul m'indiqua un bout de la table où je devais m'asseoir ; il prit place à l'autre bout avec son chancelier et un petit garçon, son fils sans doute, qu'il alla chercher dans la chambre des femmes. Le janissaire se tenait debout à droite de la table pour bien marquer la séparation.

Je pensais qu'on inviterait aussi la pauvre Zeynab, mais elle s'était assise, les jambes croisées, sur une natte, avec la plus parfaite indifférence, comme si elle se trouvait encore au bazar. Elle croyait peut-être au fond que je l'avais amenée là pour la revendre.

Le chancelier prit la parole et me dit que notre consul était un négociant catholique natif de Syrie, et que, l'usage n'étant pas, même chez les chrétiens, d'admettre les femmes à table, on allait faire paraître la *khanoun* (maîtresse de la maison) seulement pour me faire honneur.

En effet, la porte s'ouvrit ; une femme d'une trentaine d'années, et d'un embonpoint marqué, s'avança majestueusement dans la salle et prit place en face du janissaire sur une chaise haute avec escabeau, adossée au mur. Elle portait sur la tête une immense coiffure conique drapée d'un cachemire jaune avec des ornements d'or. Ses cheveux nattés et sa poitrine découverte étincelaient de diamants. Elle avait l'air d'une madone, et son teint de lis pâle faisait ressortir l'éclat sombre de ses yeux dont les paupières et les sourcils étaient peints selon la coutume.

Des domestiques, placés de chaque côté de la salle, nous servaient des mets pareils dans des plats différents, et l'on m'expliqua que ceux de mon côté n'étaient pas en quarantaine et qu'il n'y avait rien à craindre si par hasard ils touchaient mes vêtements. Je comprenais difficilement comment, dans une ville pestiférée, il y avait des gens tout-à-fait isolés de la contagion. J'étais cependant moi-même un exemple de cette singularité.

Le déjeuner fini, la khanoun, qui nous avait regardés silencieusement sans prendre place à notre table, avertie par son mari de la présence de l'esclave amenée par moi, lui adressa la parole, lui fit des questions et ordonna qu'on lui servît à manger. On apporta une petite table ronde pareille à celles du pays, et le service en quarantaine s'effectua pour elle comme pour moi.

Le chancelier voulut bien ensuite m'accompagner pour me faire voir la ville. La magnifique rangée des maisons qui bordent le Nil n'est pour ainsi dire qu'une décoration de théâtre ; tout le reste est poudreux et triste ; la fièvre et la peste semblent transpirer des murailles. Le janissaire marchait devant nous en faisant écarter une foule livide vêtue de haillons bleus. Je ne vis de remarquable que le tombeau d'un santon célèbre honoré par les marins turcs, une vieille église bâtie par les croisés dans le style byzantin et une colline aux portes de la ville entièrement formée, dit-on, des ossements de l'armée de saint Louis.

Je craignais d'être obligé de passer plusieurs jours dans cette ville désolée. Heureusement le janissaire m'apprit le soir même que la bombarde la *Santa-Barbara* allait appareiller au point du jour pour les côtes de Syrie. Le consul voulut bien y retenir mon passage et celui de l'esclave ; le soir même nous quittions Damiette pour aller rejoindre en mer ce bâtiment commandé par un capitaine grec.

LA SANTA-BARBARA.

I. — UN COMPAGNON.

« Istambolda ! Ah ! Yélir firman !...
« Yélir, Yélir, Istambolda ! »

C'était une voix grave et douce, une voix de jeune homme blond ou de jeune fille brune, d'un timbre frais et pénétrant, résonnant comme un chant de cigale altérée à travers la brume poudreuse d'une matinée d'Égypte. J'avais entr'ouvert, pour l'entendre mieux, une des fenêtres de la cange, dont le grillage doré se découpait, hélas ! sur une côte aride ; nous étions loin déjà des plaines cultivées et des riches palmeraies qui entourent Damiette. Partis de cette ville à l'entrée de la nuit, nous avions atteint en peu de temps le rivage d'Esbeh, qui est l'échelle maritime et l'emplacement primitif de la ville des croisades. Je m'éveillais à peine, étonné de ne plus être bercé par les vagues, et ce chant continuait à résonner par intervalle comme venant d'une personne assise sur la grève, mais cachée par l'élévation des berges. Et la voix reprenait encore avec une douceur mélancolique :

« Kaïkélir ! Istambolda !...
« Yélir, Yélir, Istambolda ! »

Je comprenais bien que ce chant célébrait Stamboul dans un langage nouveau pour moi, qui n'avait plus les rauques consonnances de l'arabe ou du grec, dont mon oreille était fatiguée. Cette voix, c'était l'annonce lointaine de nouvelles populations, de nouveaux rivages ; j'entrevoyais déjà, comme en un mirage, la reine du Bosphore parmi ses eaux bleues et sa sombre verdure, et, l'avouerai-je ? ce contraste avec la nature monotone et brûlée de l'Égypte m'attirait invinciblement. Quitte à pleurer les bord du Nil plus tard sous les verts cyprès de Péra, j'appelais au secours de mes sens amollis par l'été, l'air vivifiant de l'Asie. Heureusement la présence, sur le bateau, du janissaire que notre consul avait chargé de m'accompagner, m'assurait d'un départ prochain.

On attendait l'heure favorable pour passer le *boghaz*, c'est-à-dire la barre formée par les eaux de la mer luttant contre le cours du fleuve, et une djerme, chargée de riz qui appartenait au consul, devait nous transporter à bord de la *Santa-Barbara*, arrêtée à une lieue en mer.

Cependant la voix reprenait :

« Ah! ah! ah! drommatina !
« Drommatina dieljédélim!...

Qu'est-ce que cela peut signifier ? me disais-je, cela doit être du turc, et je demandai au janissaire s'il comprenait. — C'est un dialecte des provinces, répondit-il; je ne comprends que le turc de Constantinople; quant à la personne qui chante, ce n'est pas grand'chose de bon : un pauvre diable sans asile, un *banian* !

J'ai toujours remarqué avec peine le mépris constant de l'homme qui remplit des fonctions serviles à l'égard du pauvre qui cherche fortune ou qui vit dans l'indépendance. Nous étions sortis du bateau, et, du haut de la levée, j'apercevais un jeune homme nonchalamment couché au milieu d'une touffe de roseaux secs. Tourné vers le soleil naissant qui perçait peu à peu la brume étendue sur les rizières, il continuait sa chanson, dont je recueillais aisément les paroles ramenées par de nombreux refrains :

« Déyouldoumou ! Bourouldoumou !
« Aly Osman yadjénamdah ! »

Il y a dans certaines langues méridionales un charme syllabique, une grace d'intonation qui convient aux voix des femmes et des jeunes gens, et qu'on écouterait volontiers des heures entières sans comprendre. Et puis ce chant langoureux, ces modulations chevrotantes qui rappelaient nos vieilles chansons de campagne, tout cela me charmait avec la puissance du contraste et de l'inattendu ; quelque chose de pastoral et d'amoureusement rêveur jaillissait pour moi de ces mots riches en voyelles et cadencés comme des chants d'oiseaux. C'est peut-être, me disais-je, quelque chant d'un pasteur de Trébisonde ou de Marmarique. Il me semble entendre des colombes qui roucoulent sur la pointe des ifs ; cela doit se chanter dans des vallons bleuâtres où les eaux douces éclairent de reflets d'argent les sombres rameaux du mélèse, où les roses fleurissent sur de hautes charmilles, où les chèvres se suspendent aux rochers verdoyants comme dans une idylle de Théocrite.

Cependant je m'étais rapproché du jeune homme qui m'aperçut enfin, et, se levant, me salua en disant : « Bonjour, Monsieur. »

C'était un beau garçon aux traits circassiens, à l'œil noir, avec un teint blanc et des cheveux blonds coupés de près, mais non pas rasés selon l'usage des Arabes. Une longue robe de soie rayée avec un par-dessus de drap gris composait son ajustement, et un simple *tarbouch* de feutre rouge lui servait de coiffure ; seulement la forme plus ample et la houppe mieux fournie de soie bleue que celle des bonnets égyptiens, indiquaient le sujet immédiat d'Abdul-Medjid. Sa ceinture, faite d'un aunage de cachemire à bas prix, portait, au lieu des collections de pistolets et de poignards dont tout homme libre ou tout serviteur gagé se hérisse en général la poitrine, une écritoire de cuivre d'un demi-pied de longueur. Le manche de cet instrument oriental contient l'encre, et le fourreau contient les roseaux qui servent de plumes (*calam*). De loin, cela peut passer pour un poignard ; mais c'est l'insigne pacifique du simple lettré.

Je me sentis tout d'un coup plein de bienveillance pour ce confrère, et j'avais quelque honte de l'attirail guerrier qui, au contraire, dissimulait ma profession.—Est-ce que vous habitez dans ce pays? dis-je à l'inconnu.

— Non, monsieur, je suis venu avec vous de Damiette.

— Comment, avec moi?

— Oui, les bateliers m'ont reçu dans la cange et m'ont amené jusqu'ici. J'aurais voulu me présenter à vous, mais vous étiez couché.

— C'est très-bien, dis-je, et où allez-vous comme cela?

— Je vais vous demander la permission de passer aussi sur la djerme, pour gagner le vaisseau où vous allez vous embarquer.

— Je n'y vois pas d'inconvénient, dis-je en me tournant du côté du janissaire; mais ce dernier me prit à part.

— Je ne vous conseille pas, me dit-il, d'emmener ce garçon. Vous serez obligé de payer son passage, car il n'a rien que son écritoire; c'est un de ces vagabonds qui écrivent des vers et autres sottises. Il s'est présenté au consul, qui n'en a pas pu tirer autre chose.

— Mon cher, dis-je à l'inconnu, je serais charmé de vous rendre service, mais j'ai à peine ce qu'il me faut pour arriver à Beyrouth et y attendre de l'argent.

— C'est bien, me dit-il, je puis vivre ici quelques jours chez les fellahs. J'attendrai qu'il passe un Anglais.

Ce mot me laissa un remords. Je m'étais éloigné avec le janissaire, qui me guidait à travers les terres inondées en me faisant suivre un chemin tracé çà et là sur les dunes de sable pour gagner les bords du lac Menzaleh. Le temps qu'il fallait pour charger la djerme des sacs de riz apportés par diverses barques, nous laissait tout le loisir nécessaire pour cette expédition.

II. — LE LAC MENZALEH.

Nous avions dépassé à droite le village d'Esbeh, bâti de briques crues, et où l'on distingue les restes d'une antique mosquée et aussi quelques débris d'arches et de tours appartenant à l'ancienne Damiette, détruite par les Arabes à l'époque de saint Louis, comme trop exposée aux surprises. La mer baignait jadis les murs de cette ville, et en est maintenant éloignée d'une lieue. C'est l'espace que gagne à peu près la terre d'Égypte tous les six cents ans. Les caravanes qui traversent le désert pour passer en Syrie rencontrent sur divers points des lignes régulières où se voient, de distance en distance, des ruines antiques ensevelies dans le sable, mais dont le vent du désert se plaît quelquefois à faire revivre les contours. Ces spectres de villes dépouillées pour un temps de leur linceul poudreux effraient l'imagination des Arabes, qui attribuent leur construction aux génies. Les savants de l'Europe retrouvent en suivant ces traces une série de cités bâties au bord de la mer sous telle ou telle dynastie de rois pasteurs ou de conquérants thébains. C'est par le calcul de cette retraite des eaux de la mer aussi bien que par celui des diverses couches du Nil empreintes dans le limon, et dont on peut compter les marques en formant des excavations, qu'on est parvenu à faire remonter à quarante mille ans l'antiquité du sol de l'Égypte. Ceci s'arrange mal peut-être avec la Genèse ; cependant ces longs siècles consacrés à l'action mutuelle de la terre et des eaux ont pu constituer ce que le livre saint appelle « matière sans forme, » l'organisation des êtres étant le seul principe véritable de la création.

Nous avions atteint le bord oriental de la langue de terre où est bâtie Damiette ; le sable où nous marchions luisait par places, et il me semblait voir des flaques d'eau congelées dont nos pieds écrasaient la surface vitreuse ; c'étaient des couches de sel marin. Un rideau de joncs élancés, de ceux peut-être qui fournissaient autrefois le papyrus, nous cachait encore les bords du lac ; nous arrivâmes enfin à un port établi pour les barques des pêcheurs, et de là je crus voir la mer elle-même dans un jour de calme. Seulement des îles lointaines, teintes de rose par le soleil levant, couronnées çà et là de dômes et de minarets, indiquaient un lieu plus paisible, et des barques à voiles latines circulaient par centaines sur la surface unie des eaux.

C'était le lac Menzaleh, l'ancien *Maréotis*, où Tanis ruinée occupe encore l'île principale, et dont Péluse bornait l'extrémité voisine de la Syrie, Péluse, l'ancienne porte de l'Égypte, où passèrent tour à tour Cambyse, Alexandre et Pompée, ce dernier, comme on sait, pour y trouver la mort.

Je regrettais de ne pouvoir parcourir le riant archipel semé dans les eaux du lac et assister à quelqu'une de ces pêches magnifiques qui fournissent des poissons à l'Égypte entière. Des oiseaux d'espèces variées planent sur cette mer intérieure, nagent près des bords ou se réfugient dans le feuillage des sycomores, des cassiers et des tamarins ; les ruisseaux et les canaux d'irrigation qui traversent partout les rizières offrent des variétés de végétation marécageuse, où les roseaux, les joncs, le nénuphar et sans doute aussi le *lotus* des anciens émaillent l'eau verdâtre et bruissent du vol d'une quantité d'insectes que poursuivent les oiseaux. Ainsi s'accomplit cet éternel mouvement de la nature primitive où luttent des esprits féconds et meurtriers.

Quand, après avoir traversé la plaine, nous remontâmes sur la jetée, j'entendis de nouveau la voix du jeune homme qui m'avait parlé, il continuait à répéter : « *Yélir, yélir, Istambolda!* » Je craignais d'avoir eu tort de refuser sa demande, et je voulus rentrer en conversation avec lui en l'interrogeant sur le sens de ce qu'il chantait. « C'est, me dit-il, une chanson qu'on a faite à l'époque du massacre des janissaires. J'ai été bercé avec cette chanson. »

Comment! disais-je en moi-même, ces douces paroles, cet air langoureux renferment des idées de mort et de carnage ! ceci nous éloigne un peu de l'églogue.

La chanson voulait dire à peu près :

« Il vient de Stamboul, le firman (celui qui annonçait la destruction des janissaires) ! — Un vaisseau l'apporte, — Ali-Osman l'attend ; — un vaisseau arrive, — mais le firman ne vient pas ; — tout le peuple est dans l'incertitude. — Un second vaisseau arrive, voilà enfin celui qu'attendait Ali-Osman. — Tous les musulmans revêtent leurs habits brodés — et s'en vont se divertir dans la campagne, — car il est certainement arrivé cette fois, le firman ! »

A quoi bon vouloir tout approfondir? J'aurais mieux aimé ignorer désormais le sens de ces paroles. Au lieu d'un chant de pâtre ou du rêve d'un voyageur qui pense à Stamboul, je n'avais plus dans la mémoire qu'un sotte chanson politique.

— Je ne demande pas mieux, dis-je tout bas au jeune homme, que de vous laisser entrer dans la djerme, mais votre chanson aura peut-être contrarié le janissaire, quoiqu'il ait eu l'air de ne pas la comprendre....

— Lui, un janissaire ? me dit-il. Il n'y en a plus dans tout l'empire ! les consuls donnent encore ce nom, par habitude, à leurs *cavas* ; mais lui n'est qu'un Albanais, comme moi je suis un Arménien. Il m'en veut parce qu'étant à Damiette, je me suis offert à conduire des étrangers pour visiter la ville ; à présent, je vais à Beyrouth.

Je fis comprendre au janissaire que son ressentiment devenait sans motif. — Demandez-lui, me dit-il, s'il a de quoi payer son passage sur le vaisseau.

— Le capitaine Nicolas est mon ami, répondit l'Arménien.

Le janissaire secoua la tête, mais il ne fit plus aucune observation. Le jeune homme se leva lestement, ramassa un petit paquet qui paraissait à peine sous son bras et nous suivit. Tout mon bagage avait été déjà transporté sur la djerme, lourdement chargée. L'esclave javanaise, que le plaisir de changer de lieu rendait indifférente au souvenir de l'Égypte, frappait ses mains brunes avec joie en voyant que nous allions partir et veillait à l'emménagement des cages de poules et de pigeons. La crainte de manquer de nourriture agit fortement sur ces ames naïves. L'état sanitaire de Damiette ne nous avait pas permis de réunir des provisions plus variées. Le riz ne manquant pas, du reste, nous étions voués pour toute la traversée au régime du pilau.

III. — LA BOMBARDE.

Nous descendîmes le cours du nil pendant une

lieue encore; les rives plates et sablonneuses s'élargissaient à perte de vue, et le *boghaz* qui empêche les vaisseaux d'arriver jusqu'à Damiette ne présentait plus à cette heure-là qu'une barre presque insensible. Deux forts protégent cette entrée, souvent franchie au moyen-âge, mais presque toujours fatale aux vaisseaux.

Les voyages sur mer sont aujourd'hui, grace à la vapeur, tellement dépourvus de danger, que ce n'est pas sans quelque inquiétude qu'on se hasarde sur un bateau à voile. Là renaît la chance fatale qui donne aux poissons leur revanche de la voracité humaine, ou tout au moins la perspective d'errer dix ans sur des côtes inhospitalières, comme les héros de l'Odyssée et de l'Énéide. Or, si jamais vaisseau primitif et suspect de ces fantaisies sillonna les eaux bleues du golfe syrien, c'est la bombarde baptisée du nom de *Santa-Barbara* qui en réalise l'idéal le plus pur. Du plus loin que j'aperçus cette sombre carcasse, pareille à un bateau de charbon, élevant sur un mât unique la longue vergue disposée pour une seule voile triangulaire, je compris que j'étais mal tombé, et j'eus l'idée un instant de refuser ce moyen de transport. Cependant comment faire? Retourner dans une ville en proie à la peste pour attendre le passage d'un brick européen, (car les bateaux à vapeur ne desservent pas cette ligne), ce n'était guère moins chanceux. Je regardai mes compagnons, qui n'avaient l'air ni mécontent ni surpris ; le janissaire paraissait convaincu d'avoir arrangé les choses pour le mieux ; nulle idée railleuse ne perçait sous le masque bronzé des rameurs de la djerme ; il semblait donc que ce navire n'avait rien de ridicule et d'impossible dans les habitudes du pays. Toutefois cet aspect de galéasse difforme, de sabot gigantesque enfoncé dans l'eau jusqu'au bord par le poids des sacs de riz, ne promettait pas une traversée rapide. Pour peu que les vents nous fussent contraires, nous risquions d'aller faire connaissance avec la patrie inhospitalière des Lestrigons ou les rochers *porphyreux* des antiques Phéaciens. O Ulysse ! Télémaque ! Énée ! étais-je destiné à vérifier par moi-même votre itinéraire fallacieux ?

Cependant la djerme accoste le navire, on nous jette une échelle de corde traversée de bâtons, et nous voilà hissés sur le bordage et initiés aux joies de l'intérieur. *Kalimèra* (bonjour), dit le capitaine, vêtu comme ses matelots, mais se faisant reconnaître par ce salut grec ; et il se hâte de s'occuper de l'embarquement des marchandises, bien autrement important que le nôtre. Les sacs de riz formaient une montagne sur l'arrière, au-delà de laquelle une petite portion de la dunette était réservée au timonier et au capitaine ; il était donc impossible de se promener autrement que sur les sacs, le milieu du vaisseau étant occupé par la chaloupe et les deux côtés encombrés de cages de poules ; un seul espace assez étroit existait devant la cuisine, confiée aux soins d'un jeune mousse fort éveillé.

Aussitôt que ce dernier vit l'esclave, il s'écria : *Kokona, kalè, kalè* (une femme ! belle, belle) ! Ceci s'écartait de la réverve arabe, qui ne permet pas que l'on paraisse remarquer soit une femme, soit un enfant. Le janissaire était monté avec nous et surveillait le chargement des marchandises qui appartenaient au consul. « Ah çà, lui dis-je, où va-t-on nous loger ? vous m'aviez dit qu'on nous donnerait la chambre du capitaine.—Soyez tranquille, répondit-il, on rangera tous ces sacs et ensuite vous serez très bien. » Sur quoi il nous fit ses adieux et descendit dans la djerme, qui ne tarda pas à s'éloigner.

Nous voilà donc, Dieu sait pour combien de

temps! sur un de ces vaisseaux syriens que la moindre tempête brise à la côte comme des coques de noix. Il fallut attendre le vent d'ouest de trois heures pour mettre à la voile. Dans l'intervalle, on s'était occupé du déjeuner. Le capitaine Nicolas avait donné ses ordres, et son pilau cuisait sur l'unique fourneau de la cuisine; notre tour ne devait arriver que plus tard.

Je cherchais cependant où pouvait être cette fameuse chambre du capitaine qui nous avait été promise, et je chargeai l'Arménien de s'en informer auprès de *son ami*, lequel ne paraissait nullement l'avoir reconnu jusque-là. Le capitaine se leva froidement et nous conduisit vers une espèce de soute située sous le tillac de l'avant où l'on ne pouvait entrer que plié en deux et dont les parois étaient littéralement couvertes de ces grillons rouges, longs comme le doigt, que l'on appelle *caravaces*, et qu'avait attirés sans doute un chargement précédent de sucre ou de cassonnade. Je reculai avec effroi et fis mine de me fâcher. — C'est là ma chambre, me fit dire le capitaine; je ne vous conseille pas de l'habiter, à moins qu'il ne vienne à pleuvoir; mais je vais vous faire voir un endroit beaucoup plus frais et beaucoup plus convenable.

Alors il me conduisit près de la grande chaloupe maintenue par des cordes entre le mât et l'avant, et me fit regarder dans l'intérieur : — Voilà, dit-il, où vous serez très-bien couché ; vous avez des matelas de coton que vous étendrez d'un bout à l'autre, et je vais faire disposer là-dessus des toiles qui formeront une tente ; maintenant vous voilà logé commodément et grandement, n'est-ce pas ?

J'aurais eu mauvaise grace à n'en pas convenir ; le bâtiment étant donné, c'était assurément le local le plus agréable, par une température d'Afrique, et le plus isolé qu'on y pût choisir.

IV. — ANDARE SUL MARE.

Nous partons, nous voyons s'amincir, descendre et disparaître enfin sous le bleu niveau de la mer cette frange de sable qui encadre si tristement les splendeurs de la vieille Égypte ; le flamboiement poudreux du désert reste seul à l'horizon ; les oiseaux du Nil nous accompagnent quelque temps, puis nous quittent l'un après l'autre, comme pour aller rejoindre le soleil qui descend vers Alexandrie. Cependant un astre éclatant gravit peu à peu l'arc du ciel et jette sur les eaux des reflets enflammés. C'est l'étoile du soir, c'est Astarté, l'antique déesse de Syrie ; elle brille d'un éclat incomparable sur ces mers sacrées qui la reconnaissent toujours.

Sois-nous propice, ô divinité ! qui n'as pas la teinte blafarde de la lune, mais qui scintilles dans ton éloignement et verses des rayons dorés sur le monde comme un soleil de la nuit !

Après tout, une fois la première impression surmontée, l'aspect intérieur de la *Santa-Barbara* ne manquait pas de pittoresque. Dès le lendemain, nous nous étions acclimatés parfaitement, et les heures coulaient pour nous comme pour l'équipage dans la plus parfaite indifférence de l'avenir. Je crois bien que le bâtiment marchait à la manière de ceux des anciens, toute la journée d'après le soleil, et la nuit d'après les étoiles. Le capitaine me fit voir une boussole, mais elle était tout détraquée. Ce brave homme avait une physionomie à la fois douce et résolue, empreinte en outre d'une naïveté singulière qui me donnait plus de confiance en lui-même qu'en son navire. Toutefois il m'avoua qu'il avait été quelque peu forban, mais seulement à l'époque de l'indépendance hellénique. C'était après m'avoir invité à prendre part à son dîner, qui se composait d'un pilau en pyramide où chacun plongeait à son tour une petite cuiller de bois. Ceci était déjà un progrès sur la façon de manger des Arabes, qui ne se servent que de leurs doigts.

Une bouteille de terre, remplie de vin de Chypre, de celui qu'on appelle vin de Commanderie, défraya notre après-dînée, et le capitaine, devenu plus expansif, voulut bien, toujours par l'intermédiaire du jeune Arménien, me mettre au courant de ses affaires. M'ayant demandé si je savais lire le latin, il tira d'un étui une grande pancarte de parchemin qui contenait les titres les plus évidents de la moralité de sa bombarde. Il voulait savoir en quels termes était conçu ce document.

Je me mis à lire, et j'appris que « les secrétaires de la Terre-Sainte appelaient la bénédiction de la Vierge et des saints sur le navire, et certifiaient que le capitaine *Alexis*, Grec catholique, natif de Taraboulous (Tripoli de Syrie), avait toujours rempli ses devoirs religieux. »

On a mis Alexis, me fit observer le capitaine, mais c'est Nicolas qu'on aurait dû mettre ; ils se sont trompés en écrivant.

Je donnai mon assentiment, songeant en moi-même que, s'il n'avait pas de patente plus officielle, il ferait bien d'éviter les parages européens. Les Turcs se contentent de peu : le cachet rouge et la croix de Jérusalem apposés à ce billet de confession devaient suffire, moyennant *bakchiz*, à satisfaire aux besoins de la légalité musulmane.

Rien n'est plus gai qu'une après-dînée en mer par un beau temps ; la brise est tiède, le soleil tourne autour de la voile dont l'ombre fugitive nous oblige à changer de place de temps en temps ; cette ombre nous quitte enfin, et projette sur la mer sa fraîcheur inutile. Peut-être serait-il bon de tendre une simple toile pour protéger la dunette, mais personne n'y songe ; le soleil dore nos fronts comme des fruits mûrs. C'est là que triomphait surtout la beauté de l'esclave javanaise. Je n'avais pas songé un instant à lui faire garder son voile, par ce sentiment tout naturel qu'un Franc possédant une femme n'avait pas droit de la cacher. L'Arménien s'était assis près d'elle sur les sacs de riz, pendant que je regardais le capitaine jouer aux échecs avec le pilote, et il lui dit plusieurs fois avec un fausset enfantin : « *Qued ya sitti!* » ce qui, je pense, signifiait : « Eh bien donc, madame ! » Elle resta quelque temps sans répondre, avec cette fierté qui respirait dans son maintien habituel ; puis elle finit par se tourner vers le jeune homme, et la conversation s'engagea.

De ce moment, je compris combien j'avais perdu à ne pas prononcer couramment l'arabe. Son front s'éclaircit, ses lèvres sourirent, et elle s'abandonna bientôt à ce caquetage ineffable qui, dans tous les pays, est, à ce qu'il semble, un besoin pour la plus belle portion de l'humanité. J'étais heureux, du reste, de lui avoir procuré ce plaisir. L'Arménien paraissait très respectueux, et, se tournant de temps en temps vers moi, lui racontait sans doute comment je l'avais rencontré et accueilli. Il ne faut pas appliquer nos idées à ce qui se passe en Orient, et croire qu'entre homme et femme une conversation devienne tout de suite... criminelle. Il y a dans les caractères beaucoup plus de simplicité que chez nous; j'étais persuadé qu'il ne s'agissait là que d'un bavardage dénué de sens. L'expression des physionomies et l'intelligence de quelques mots çà et là m'indiquaient suffisamment l'innocence de ce dialogue; aussi restai-je comme absorbé dans l'observation du jeu d'échecs (et quels échecs) du capitaine et de son pilote. Je me comparais mentalement à ces époux aimables qui, dans une soirée, s'asseyent aux tables de jeu, laissant causer ou danser sans inquiétude les femmes et les jeunes gens.

Et d'ailleurs, qu'est-ce qu'un pauvre diable d'Arménien qu'on a ramassé dans les roseaux au bord du Nil auprès d'un Franc qui vient du Caire et qui y a mené l'existence d'un *mirliva* (général), d'après l'estime des drogmans et de tout un quartier ? Si, pour une nonne, un jardinier est un homme, comme on disait en France au siècle dernier, il ne faut pas croire que le premier venu soit quelque chose pour une *cadine* musulmane. Il y a dans les femmes élevées naturellement, comme dans les oiseaux magnifiques, un certain orgueil qui les défend tout d'abord contre la séduction vulgaire. Il me semblait du reste qu'en l'abandonnant à sa propre dignité, je m'assurais la confiance et le dévouement de cette pauvre esclave qu'au fond, ainsi que je l'ai dit déjà, je considérais comme libre du moment qu'elle avait quitté la terre d'Égypte et mis le pied sur un bâtiment chrétien.

Chrétien ! est-ce le terme juste ? La *Santa-Barbara* n'avait pour équipage que des matelots turcs : le capitaine seul et son mousse représentaient l'église romaine, l'Arménien une hérésie quelconque, et moi-même... Mais qui sait ce que peut représenter en Orient un Parisien nourri d'idées philosophiques, un fils de Voltaire, un impie, selon l'opinion de ces braves gens ! Chaque matin, au moment où le soleil sortait de la mer, chaque soir, à l'instant où son disque, envahi par la ligne sombre des eaux, s'éclipsait en une minute, laissant à l'horizon cette teinte rosée qui se fond délicieusement dans l'azur, les matelots se réunissaient sur un seul rang, tournés vers la Mecque lointaine, et l'un d'eux entonnait l'hymne de la prière, comme aurait pu faire le grave muezzin du haut des minarets. Je ne pouvais empêcher l'esclave de se joindre à cette religieuse effusion si touchante et si solennelle ; dès le premier jour, nous nous vîmes ainsi partagés en communions diverses. Le capitaine, de son côté, faisait des oraisons de temps en temps à une certaine image clouée au mât qui pouvait bien être la patrone du navire, *santa Barbara*; l'Arménien, en se levant, après s'être lavé la tête et les pieds avec du savon, mâchonnait des litanies à voix basse; moi seul, incapable de feinte, je n'exécutais aucune génuflexion régulière, et j'avais pourtant quelque honte à paraître moins religieux que ces gens. Il y a chez les Orientaux une tolérance mutuelle pour les religions diverses, chacun se classant simplement à un degré supérieur dans la hiérarchie spirituelle, mais admettant que les autres peuvent bien à la rigueur être dignes de lui servir d'escabeau ; le simple philosophe dérange cette combinaison : où le placer ? Le Coran lui-même, qui maudit les idolâtres et les adorateurs du feu et des étoiles, n'a pas prévu le scepticisme de notre temps.

V. — IDYLLE.

Vers le troisième jour de notre traversée, nous eussions dû apercevoir la côte de Syrie ; mais, pendant la matinée, nous changions à peine de place, et le vent, qui se levait à trois heures, enflait la voile par bouffées, puis la laissait peu après retomber le long du mât. Cela paraissait inquiéter peu le capitaine, qui partageait ses loisirs entre son jeu d'échecs et une sorte de guitare avec laquelle il accompagnait toujours le même chant. En Orient, chacun a son air favori, et le répète sans se lasser du matin au soir, jusqu'à ce qu'il en sache un autre plus nouveau. L'esclave aussi avait appris au Caire je ne sais quelle chanson de harem dont le refrain revenait toujours sur une mélopée traînante et soporifique. C'étaient, je m'en souviens trop, les deux vers suivants :

« Ya kabibé ! sakel nó !...
« Ya makmouby ! ya sidi ! »

J'en comprenais bien quelques mots, mais celui de *kabibé* manquait à mon vocabulaire. J'en demandai le sens à l'Arménien, qui me répondit : Cela veut dire *un petit drôle*. Je couchai ce substantif sur mes tablettes avec l'explication, ainsi qu'il convient quand on veut s'instruire.

Le soir, l'Arménien me dit qu'il était fâcheux que le vent ne fût pas meilleur et que cela l'inquiétait un peu.

— Pourquoi ? lui dis-je. Nous risquons de rester ici deux jours de plus, voilà tout, et décidément nous sommes très bien sur ce vaisseau.

— Ce n'est pas cela, me dit-il, mais c'est que nous pourrions bien manquer d'eau.

— Manquer d'eau !

— Sans doute ; vous n'avez pas d'idée de l'insouciance de ces gens-là. Pour avoir de l'eau, il aurait fallu envoyer une barque jusqu'à Damiette, car celle de l'embouchure du Nil est salée, et, comme la ville était en quarantaine, ils ont craint les formalités... du moins c'est là ce qu'ils disent, mais, au fond, ils n'y auront pas pensé.

— C'est étonnant, dis-je, le capitaine chante comme si notre situation était des plus simples ; et j'allai avec l'Arménien l'interroger sur ce sujet.

Il se leva et me fit voir sur le pont les tonnes à eau entièrement vides, sauf l'une d'elles qui pouvait encore contenir cinq à six bouteilles d'eau ; puis il s'en alla se rasseoir sur la dunette, et, reprenant sa guitare, il recommença son éternelle chanson en berçant sa tête en arrière contre le bordage.

Le lendemain matin, je me reveillai de bonne heure, et je montai sur le gaillard d'avant avec la pensée qu'il était possible d'apercevoir les côtes de la Palestine, mais j'eus beau nettoyer mon binocle, la ligne extrême de la mer était aussi nette que la lame courbe d'un damas. Il est même probable que nous n'avions guère changé de place depuis la veille. Je redescendis, et me dirigeai vers l'arrière. Tout le monde dormait avec sérénité ; le jeune mousse était seul debout et faisait sa toilette en se lavant abondamment le visage et les mains avec de l'eau qu'il puisait dans notre dernière tonne de liquide potable.

Je ne pus m'empêcher de manifester mon indignation. Je lui dis ou je crus lui faire comprendre que l'eau de la mer était assez bonne pour la toilette d'un *petit drôle* de son espèce, et voulant formuler cette dernière expression, je me servis du terme de *ya kabibé*, que j'avais noté. Le petit garçon me regarda en souriant et parut peu touché de la réprimande. Je crus avoir mal prononcé et je n'y pensai plus.

Quelques heures après, dans ce moment de l'après-dînée où le capitaine Nicolas faisait d'ordinaire apporter par le mousse une énorme cruche de vin de Chypre, à laquelle seuls nous étions invités à prendre part, l'Arménien et moi, en qualité de chrétiens, les matelots, par respect sans doute pour la loi de Mahomet, ne buvait que de l'eau-de-vie, le capitaine, dis-je, se mit à parler bas à l'oreille de l'Arménien.

— Il veut, me dit ce dernier, vous faire une proposition.

— Qu'il parle.

— Il dit que c'est délicat et espère que vous ne lui en voudrez pas si cela vous déplaît.

— Pas du tout.

— Eh bien ! il vous demande si vous voulez faire l'échange de votre esclave contre le *ya ouled* (le petit garçon) qui lui appartient aussi.

Je fus au moment de partir d'un éclat de rire, mais le sérieux parfait des deux Levantins me déconcerta. Je crus voir là au fond une de ces mauvaises plaisanteries que les Orientaux ne se permettent guère que dans les situations où un Franc pourrait difficilement les en faire repentir. Je le dis à l'Arménien, qui me répondit avec quelque étonnement :

— Mais non, c'est bien sérieusement qu'il parle ; le petit garçon est très blanc et la femme basanée, et, ajouta-t-il avec un air d'appréciation consciencieuse, je vous conseille d'y réfléchir, le petit garçon vaut bien la femme.

Je ne suis pas habitué à m'étonner facilement ; du reste, ce serait peine perdue dans de tels pays. Je me bornai à répondre que ce marché ne me convenait pas. Ensuite, comme je montrais quelque humeur, le capitaine dit à l'Arménien qu'il était fâché de son indiscrétion, mais qu'il avait cru me faire plaisir. Je ne savais trop quelle était son idée, et je crus voir une sorte d'ironie percer dans sa conversation ; je le fis donc presser par l'Arménien de s'expliquer nettement sur ce point.

— Eh bien ! me dit ce dernier, il prétend que vous avez, ce matin, fait des compliments au *ya ouled*, c'est du moins ce que celui-ci a rapporté.

— Moi ! m'écriai-je, je l'ai appelé petit drôle parce qu'il se lavait les mains avec notre eau à boire; j'étais furieux contre lui, au contraire !

L'étonnement de l'Arménien me fit apercevoir qu'il y avait dans cette affaire un de ces absurdes quiproquos philologiques si communs entre les personnes qui savent médiocrement les langues. Le mot *kabibé*, si singulièrement traduit la veille par l'Arménien, avait au contraire la signification la plus charmante et la plus amoureuse du monde. Je ne sais pourquoi le terme de *drôle* lui avait paru rendre parfaitement cette idée en français.

Nous nous livrâmes à une traduction nouvelle et corrigée du refrain chanté par l'esclave, et qui, décidément signifiait à peu près :

« O mon petit chéri, mon bien-aimé, mon frère, mon maître ! »

C'est ainsi que commencent presque toutes les chansons d'amour arabes, susceptibles des interprétations les plus diverses, et qui rappellent aux commençants l'équivoque classique de l'églogue de Corydon.

VI. — JOURNAL DE BORD.

L'humble vérité n'a pas les ressources immenses

des combinaisons dramatiques ou romanesques. Je recueille un à un des évènements qui n'ont de mérite que par leur simplicité même, et je sais qu'il serait aisé pourtant, fût-ce dans la relation d'une traversée aussi vulgaire que celle du golfe de Syrie, de faire naître des péripéties vraiment dignes d'attention; mais la réalité grimace à côté du mensonge, et il vaut mieux, ce me semble, dire naïvement, comme le bon capitaine Cook : « Tel jour, nous n'avons rien vu en mer qu'un morceau de bois qui flottait à l'aventure ; tel autre jour, qu'un goëland aux ailes grises... » jusqu'au moment trop rare où l'action se réchauffe et se complique d'un canot de sauvages qui viennent apporter des ignames et des cochons de lait rôtis.

Cependant, à défaut de la tempête obligée, un calme plat tout à fait digne de l'Océan Pacifique, et le manque d'eau douce sur un navire composé comme l'était le nôtre, pouvaient amener des scènes dignes d'une Odyssée moderne. Le destin m'a ôté cette chance d'intérêt en envoyant ce soir-là un léger zéphir de l'ouest qui nous fit marcher assez vite.

J'étais, après tout, joyeux de cet incident, et je me faisais répéter par le capitaine l'assurance que le lendemain matin nous pourrions apercevoir à l'horizon les cimes bleuâtres du Carmel. Tout à coup des cris d'épouvante partent de la dunette. « *Farqha el bahr ! farqha el bahr !* » — Qu'est-ce donc ? — « Une poule à la mer ! » La circonstance me paraissait peu grave ; cependant l'un des matelots turcs auquel appartenait la poule se désolait de la manière la plus touchante, et ses compagnons le plaignaient très sérieusement. On le retenait pour l'empêcher de se jeter à l'eau, et la poule déjà éloignée faisait des signes de détresse dont on suivait les phases avec émotion. Enfin, le capitaine, après un moment de doute, donna l'ordre qu'on arrêtât le vaisseau.

Pour le coup, je trouvai un peu fort qu'après avoir perdu deux jours on s'arrêtât par un bon vent pour une poule noyée. Je donnai deux piastres au matelot, pensant que c'était là tout le joint de l'affaire, car un Arabe se ferait tuer pour beaucoup moins. Sa figure s'adoucit, mais il calcula sans doute immédiatement qu'il aurait un double avantage à ravoir la poule, et en un clin d'œil il se débarrassa de ses vêtements et se jeta à la mer.

La distance jusqu'où il nagea était prodigieuse. Il fallut attendre une demi-heure avec l'inquiétude de sa situation et de la nuit qui venait; notre homme nous rejoignit enfin exténué, et on dut le retirer de l'eau, car il n'avait plus la force de grimper le long du bordage.

Une fois en sûreté, cet homme s'occupait plus de sa poule que de lui-même; il la réchauffait, la frottait, et ne fut content qu'en la voyant respirer à l'aise et sautiller sur le pont.

Le bâtiment s'était remis en route. — Le diable soit de la poule! dis-je à l'Arménien; nous avons perdu une heure.

— Eh quoi! vouliez-vous donc qu'il la laissât se noyer?

— Mais j'en ai aussi, des poules, et je lui en aurais donné plusieurs pour celle-là!

— Ce n'est pas la même chose.

— Comment donc? mais je sacrifierais toutes les poules de la terre pour qu'on ne perdît pas une heure de bon vent, dans un bâtiment où nous risquons demain de mourir de soif.

— Voyez-vous, dit l'Arménien, la poule s'est envolée à sa gauche, au moment où il s'apprêtait à lui couper le cou.

— J'admettrais volontiers, répondis-je, qu'il se fût dévoué comme musulman pour sauver une créature vivante, mais je sais que le respect des vrais croyans pour les animaux ne va point jusque-là, puisqu'ils les tuent pour leur nourriture.

— Sans doute, ils les tuent, mais avec des cérémonies, en prononçant des prières, et encore ne peuvent ils leur couper la gorge qu'avec un couteau dont le manche soit percé de trois clous et dont la lame soit sans brèche. Si tout à l'heure la poule s'était noyée, le pauvre homme était certain de mourir d'ici à trois jours.

— C'est bien différent, dis-je à l'Arménien.

Ainsi, pour les Orientaux, c'est toujours une chose grave que de tuer un animal. Il n'est permis de le faire que pour sa nourriture expressément et dans des formes qui rappellent l'antique institution des sacrifices. On sait qu'il y a quelque chose de pareil chez les Israélites ; les bouchers sont obligés d'employer des sacrificateurs (*schocket*) qui appartiennent à l'ordre religieux, et ne tuent chaque bête qu'en employant des formules consacrées. Ce préjugé se trouve avec des nuances diverses dans la plupart des religions du Levant. La chasse même n'est tolérée que contre les bêtes féroces et en punition de dégats causés par elles. La chasse au faucon était pourtant, à l'époque des califes, le divertissement des grands, mais par une sorte d'interprétation qui rejetait sur l'oiseau de proie la responsabilité du sang versé. Au fond, sans adopter les idées de l'Inde, on peut convenir qu'il y a quelque chose de grand dans cette pensée de ne tuer aucun animal sans nécessité. Les formules recommandées pour le cas où on leur ôte la vie, par le besoin de s'en faire une nourriture, ont pour but sans doute d'empêcher que la souffrance se prolonge plus d'un instant, ce que les habitudes de la chasse rendent malheureusement impossible.

L'Arménien me raconta à ce sujet que, du temps de Mahmoud, Constantinople était tellement rempli de chiens, que les voitures avaient peine à circuler dans les rues; ne pouvant les détruire, ni comme animaux féroces, ni comme propres à la nourriture, on imagina de les exposer dans des îlots déserts de l'entrée du Bosphore. Il fallut les embarquer par milliers dans des caïques, et au moment où, ignorants de leur sort, ils prirent possession de leurs nouveaux domaines, un iman leur fit un discours, exposant que l'on avait cédé à une nécessité absolue, et que leurs âmes, à l'heure de la mort, ne devaient pas en vouloir aux fidèles croyants; que, du reste, si la volonté du ciel était qu'ils fussent sauvés, cela arriverait assurément. Il y avait beaucoup de lapins dans ces îles, et les chiens ne réclamèrent pas tout d'abord contre ce raisonnement jésuitique; mais, quelques jours plus tard, tourmentés par la faim, ils poussèrent de tels gémissements, qu'on les entendait de Constantinople. Les dévots, émus de cette lamentable protestation, adressèrent de graves remontrances au sultan, déjà trop suspect de tendances européennes, de sorte qu'il fallut donner l'ordre de faire revenir les chiens, qui furent, en triomphe, réintégrés dans tous leurs droits civils.

VII. — CATASTROPHE.

L'Arménien m'était de quelque ressource dans les ennuis d'une telle traversée, mais je voyais avec plaisir aussi que sa gaieté, son intarrissable bavardage, ses narrations, ses remarques, donnaient à la pauvre Zeynab l'occasion, si chère aux femmes de ces pays, d'exprimer ses idées avec cette volubilité de consonnes nasales et gutturales où il m'était si difficile de saisir non pas seulement le sens, mais le son même des paroles.

Avec la magnanimité d'un Européen, je souffrais

même sans difficulté que l'un ou l'autre des matelots qui pouvait se trouver assis près de nous, sur les sacs de riz, lui adressât quelques mots de conversation. En Orient, les gens du peuple sont généralement familiers, d'abord parce que le sentiment de l'égalité y est établi plus sincèrement que parmi nous, et puis parce qu'une sorte de politesse innée existe dans toutes les classes. Quant à l'éducation, elle est partout la même, très sommaire, mais universelle. C'est ce qui fait que l'homme d'un humble état devient sans transition le favori d'un grand et monte aux premiers rangs sans y paraître jamais déplacé.

Il y avait parmi nos matelots un certain Turc d'Anatolie, très basané, à la barbe grisonnante et qui causait avec l'esclave plus souvent et plus longuement que les autres ; je l'avais remarqué, et je demandai à l'Arménien ce qu'il pouvait dire ; il fit attention à quelques paroles, et me dit : « ils parlent ensemble de religion. » Cela me parut fort respectable, d'autant que c'était cet homme qui faisait pour les autres, en qualité de *hadji* ou pèlerin revenu de la Mecque, la prière du matin et du soir. Je n'avais pas songé un instant à gêner dans ses pratiques habituelles cette pauvre femme, dont une fantaisie, hélas! bien peu coûteuse, avait mis le sort dans mes mains. Seulement, au Caire, dans un moment où elle était un peu malade, j'avais essayé de la faire renoncer à l'habitude de tremper dans l'eau froide ses mains et ses pieds, tous les matins et tous les soirs, en faisant ses prières ; mais elle faisait peu de cas de mes préceptes d'hygiène et n'avait consenti qu'à s'abstenir de la teinture de henné qui, ne durant que cinq à six jours environ, oblige les femmes d'Orient à renouveler souvent une préparation fort disgracieuse pour qui la voit de près. Je ne suis pas ennemi de la teinture des sourcils et des paupières ; j'admets encore le carmin appliqué aux joues et aux lèvres ; mais à quoi bon colorer en jaune des mains déjà cuivrées qui, dès-lors, passent au safran? Je m'étais montré inflexible sur ce point.

Ses cheveux avaient repoussé sur le front ; ils allaient rejoindre des deux côtés les longues tresses mêlées de cordonnets de soie et frémissantes de sequins percés (de faux sequins hélas!) qui flottent du col aux talons, selon la mode levantine. Le *tatikos* festonné d'or s'inclinait avec grace sur son oreille gauche, et ses bras portaient enfilés de lourds anneaux de cuivre argenté, grossièrement émaillés de rouge et de bleu, parure tout égyptienne. D'autres encore résonnaient à ses chevilles, malgré la défense du Coran, qui ne veut pas qu'une femme fasse retentir les bijoux qui ornent ses pieds.

Je l'admirais ainsi, gracieuse dans sa robe à rayures de soie et drapée du *milayeh* bleu, avec ces airs de statue antique que les femmes d'Orient possèdent sans le moins du monde s'en douter. L'animation de son geste, une expression inaccoutumée de ses traits, me frappaient par moments, sans m'inspirer d'inquiétudes ; le matelot qui causait avec elle aurait pu être son grand-père, et il ne semblait pas craindre que ses paroles fussent entendues.

— Savez-vous ce qu'il y a? me dit l'Arménien, qui, un peu plus tard, s'était approché des matelots causant entre eux ; ces gens-là disent que la femme qui est avec vous ne vous appartient pas.

— Ils se trompent, lui dis-je ; vous pouvez leur apprendre qu'elle m'a été vendue au Caire par Abdel-Kérim, moyennant cinq bourses. J'ai le reçu dans mon portefeuille. Et d'ailleurs cela ne les regarde pas.

— Ils disent que le marchand n'avait pas le droit de vendre une femme musulmane à un chrétien.

— Leur opinion m'est indifférente, et au Caire on en sait plus qu'eux là-dessus. Tous les Francs y ont des esclaves, soit chrétiens, soit musulmans.

— Mais ce ne sont que des nègres ou des Abyssiniens; ils ne peuvent avoir d'esclaves de la race blanche.

— Trouvez-vous que cette femme soit blanche?
L'Arménien secoua la tête d'un air de doute.

— Écoutez, lui dis-je; quant à mon droit, je ne puis en douter, ayant pris d'avance les informations nécessaires. Dites maintenant au capitaine qu'il ne convient pas que ses matelots causent avec elle.

— Le capitaine, me dit-il, après avoir parlé à ce dernier, répond que vous auriez pu le lui défendre à elle-même tout d'abord.

— Je ne voulais pas, répliquai-je, la priver du plaisir de parler sa langue, ni l'empêcher de se joindre aux prières; d'ailleurs, la conformation du bâtiment obligeant tout le monde d'être ensemble, il était difficile d'empêcher l'échange de quelques paroles.

Le capitaine Nicolas n'avait pas l'air très bien disposé, ce que j'attribuais quelque peu au ressentiment d'avoir vu sa proposition d'échange repoussée. Cependant il fit venir le matelot *hadji* que j'avais désigné surtout comme malveillant, et lui parla. Quant à moi, je ne voulais rien dire à l'esclave, pour ne pas me donner le rôle odieux d'un maître exigeant.

Le matelot parut répondre d'un air très fier au capitaine, qui me fit dire par l'Arménien de ne plus me préoccuper de cela, que c'était un homme exalté, une espèce de saint que ses camarades respectaient à cause de sa piété; que ce qu'il disait n'avait nulle importance d'ailleurs.

Cet homme, en effet, ne parla plus à l'esclave, mais il causait très haut devant elle avec ses camarades, et je comprenais bien qu'il s'agissait de la *muslim* (musulmane) et du *Roumi* (Romain). Il fallait en finir, et je ne voyais aucun moyen d'éviter ce système d'insinuation. Je me décidai à faire venir l'esclave près de nous, et, avec l'aide de l'Arménien, nous eûmes à peu près la conversation suivante :

— Qu'est-ce que t'ont dit ces hommes tout à l'heure?

— Que j'avais tort, étant *croyante*, de rester avec un infidèle.

— Mais ne savent-ils pas que je t'ai achetée?

—Ils disent qu'on n'avait pas le droit de me vendre à toi.

— Et penses-tu que cela soit vrai?

— Dieu le sait!

—Ces hommes se trompent, et tu ne dois plus leur parler.

— Ce sera ainsi, me dit-elle.

Je priai l'Arménien de la distraire un peu et de lui conter des histoires. Ce garçon m'était, après tout, devenu fort utile, il lui parlait toujours de ce ton flûté et gracieux qu'on emploie pour égayer les enfants, et commençait invariablement par « *Ked ya sitti?....* » —Eh bien! donc, madame!... qu'est-ce donc? nous ne rions pas? Voulez-vous savoir les aventures de la Tête cuite au four? —Il lui racontait alors une vieille légende de Constantinople, où un tailleur, croyant recevoir un habit du sultan à réparer, emporte chez lui la tête coupée d'un aga qui lui a été remise par erreur, si bien que, ne sachant comment se débarrasser ensuite de ce triste dépôt, il l'envoie au four, dans un vase de terre, chez un pâtissier grec. Ce dernier en gratifie un barbier franc, en la substituant furtivement à sa tête à perruque; le Franc la coiffe, puis, s'apercevant de sa méprise, la porte ailleurs; enfin il en résulte encore une foule de méprises plus ou moins comiques. Ceci est de la bouffonnerie turque du plus haut goût.

La prière du soir ramenait les cérémonies habituelles. Pour ne scandaliser personne, j'allai me promener sur le tillac de l'avant, épiant le lever des étoiles et faisant aussi, moi, ma prière, qui est celle des rêveurs et des poètes, c'est-à-dire l'admiration de la nature et l'enthousiasme des souvenirs. Oui, je les admirais dans cet air d'Orient si pur qu'il rapproche les cieux de l'homme, ces astres-dieux, formes diverses et sacrées, que la Divinité à rejetées tour à tour comme les masques de l'éternelle Isis... Uranie, Astarté, Saturne, Jupiter ! vous me représentez encore les transformations des humbles croyances de nos aïeux. Ceux qui, par millions, ont sillonné ces mers, prenaient sans doute le rayonnement pour la flamme et le trône pour le dieu ; mais qui n'adorerait dans les astres du ciel les preuves mêmes de l'éternelle puissance, et dans leur marche régulière l'action vigilante d'un esprit caché ?

VIII. — LA MENACE.

En retournant vers le capitaine, je vis, dans une encoignure au pied de la chaloupe, l'esclave et le vieux matelot *hadji* qui avaient repris leur entretien religieux malgré ma défense.

Pour cette fois il n'y avait plus rien à ménager ; je tirai violemment l'esclave par le bras, et elle alla tomber, fort mollement il est vrai, sur un sac de riz.

— *Giaour!* s'écria-t-elle.

J'entendis parfaitement le mot. Il n'y avait pas à faiblir : « *Enté giaour!* » répliquai-je sans trop savoir si ce dernier mot se disait ainsi au féminin : — C'est toi qui es une infidèle ; et lui, ajoutai-je en montrant le *hadji*, est un chien (*kelb*).

Je ne sais si la colère qui m'agitait était plutôt de me voir mépriser comme chrétien ou de songer à l'ingratitude de cette femme que j'avais toujours traitée comme une égale. Le *hadji*, s'entendant traiter de chien, avait fait un signe de menace, mais s'était retourné vers ses compagnons avec la lâcheté habituelle des Turcs de basse classe, qui, après tout, n'oseraient seuls attaquer un Franc. Deux ou trois d'entre eux s'avancèrent en proférant des injures, et machinalement j'avais saisi un des pistolets de ma ceinture sans songer que ces armes à la crosse étincelante, achetées au Caire pour compléter mon costume, n'étaient fatales d'ordinaire qu'à la main qui veut s'en servir. J'avouerai de plus qu'elles n'étaient point chargées.

— Y songez-vous ? me dit l'Arménien en m'arrêtant le bras. C'est un fou, et pour ces gens-là c'est un saint ; laissez-les crier, le capitaine va leur parler.

L'esclave faisait mine de pleurer, comme si je lui avait fait beaucoup de mal, et ne voulait pas bouger de la place où elle était. Le capitaine arriva, et dit avec son air indifférent : « Que voulez-vous? ce sont des sauvages ! » et il leur adressa quelques paroles assez mollement. Ajoutez, dis-je à l'Arménien, qu'arrivé à terre j'irai trouver le pacha, et je leur ferai donner des coups de bâton.

Je crois bien que l'Arménien leur traduisit cela par quelque compliment empreint de modération. Ils ne dirent plus rien, mais je sentais bien que ce silence me laissait une position trop douteuse. Je me souvins fort à propos d'une lettre de recommandation que j'avais dans mon portefeuille pour le pacha d'Acre, et qui m'avait été donnée par mon ami A. R., qui a été quelque temps membre du divan à

Constantinople. Je tirai mon portefeuille de ma veste, ce qui excita une inquiétude générale. Le pistolet n'aurait servi qu'à me faire assommer... surtout étant de fabrique arabe; mais les gens du peuple en Orient croient toujours les Européens quelque peu magiciens et capables de tirer de leur poche, à un moment donné, de quoi détruire toute une armée. On se rassura en voyant que je n'avais extrait du portefeuille qu'une lettre, du reste fort proprement écrite en arabe et adressée à S. E. Méhmed-Réchid, Pacha d'Acre, qui précédemment avait fait partie de l'ambassade turque à Paris.

Ce qu'il y avait de plus heureux dans mon idée et dans ma situation, c'est que nous nous trouvions justement à la hauteur de Saint-Jean-d'Acre, où il fallait relâcher pour prendre de l'eau. La ville n'était pas encore en vue, mais nous ne pouvions manquer, si le vent continuait, d'y arriver le lendemain. Quant à Méhmed-Réchid-Pacha, par un autre hasard digne de s'appeler providence pour moi et fatalité pour mes adversaires, je l'avais rencontré à Paris dans plusieurs soirées. Il m'avait donné du tabac turc et fait beaucoup d'honnêtetés. La lettre dont je m'étais chargé lui rappelait ce souvenir, de peur que le temps et ses nouvelles grandeurs ne m'eussent effacé de sa mémoire ; mais il devenait clair néanmoins, par la lettre, que j'étais un personnage très puissamment recommandé.

La lecture de ce document produisit l'effet du *quos ego* de Neptune. L'Arménien, après avoir mis la lettre sur sa tête en signe de respect, avait ôté l'enveloppe qui, comme il est d'usage pour les recommandations, n'était point fermée, et montrait le texte au capitaine à mesure qu'il le lisait. Dès-lors les coups de bâton promis n'étaient plus une illusion pour le *hadji* et ses camarades. Ces garnements baissèrent la tête, et le capitaine m'expliqua sa propre conduite par la crainte de heurter leurs idées religieuses, n'étant lui-même qu'un pauvre sujet grec du sultan (*raya*), qui n'avait d'autorité qu'en raison du service. Quant à la femme, dit-il, si vous êtes l'ami de Méhmed-Pacha, elle est bien à vous : qui oserait lutter contre la faveur des grands ?

L'esclave n'avait pas bougé, cependant elle avait fort bien entendu ce qui s'était dit. Elle ne pouvait avoir de doute sur sa position momentanée, car, en pays turc, une protection vaut mieux qu'un droit ; pourtant désormais je tenais à constater le mien aux yeux de tous.

— N'es-tu pas née, lui fis-je dire, dans un pays qui n'appartient pas au sultan des Turcs ?

— Cela est vrai, répond dit-elle; je suis *Hindi* (Indienne).

— Dès lors tu peux être au service d'un Franc comme les Abyssiniennes (*Habesch*), qui sont, ainsi que toi, couleur de cuivre, et qui te valent bien.

— *Aioua* (oui) ! dit-elle comme convaincue, *ana mamlouk enté* : je suis ton esclave.

— Mais, ajoutai-je, te souviens-tu qu'avant de quitter le Caire, je t'ai offert d'y rester libre? Tu m'as dit que tu ne saurais où aller.

— C'est vrai, il valait mieux me revendre.

— Tu m'as donc suivi seulement pour changer de pays, et me quitter ensuite ? Eh bien ! puisque tu es si ingrate, tu demeureras esclave toujours, et tu ne seras pas une cadine, mais une servante. Dès à présent, tu garderas ton voile et tu resteras dans la chambre du capitaine... avec les grillons. Tu ne parleras plus à personne ici.

Elle prit son voile sans répondre, et s'en alla s'asseoir dans la petite chambre de l'avant.

J'avais peut-être un peu cédé au désir de faire de l'effet sur ces gens tour à tour insolents ou serviles, toujours à la merci d'impressions vives et passagères, et qu'il faut connaître pour comprendre à quel point le despotisme est le gouvernement normal de l'Orient. Le voyageur le plus modeste se voit amené très vite, si une manière de vivre somptueuse ne lui concilie pas tout d'abord le respect, à poser théâtralement et à déployer, dans une foule de cas, des résolutions énergiques qui dès-lors se manifestent sans danger. L'Arabe, c'est le chien qui mord si l'on recule, et qui vient lécher la main levée sur lui. En recevant un coup de bâton, il ignore si, au fond, vous n'avez pas le droit de le lui donner. Votre position lui a paru tout d'abord médiocre, mais faites le fier, et vous devenez tout de suite un grand personnage qui affecte la simplicité. L'Orient ne doute jamais de rien ; tout y est possible ; le simple calender peut fort bien être un fils de roi, comme dans les *Mille et une Nuits*. D'ailleurs, n'y voit-on pas nos princes d'Europe voyager en frac noir et en chapeau rond.

IX. — CÔTES DE PALESTINE.

J'ai salué avec enivrement l'apparition tant souhaitée de la côte d'Asie. Il y avait si longtemps que je n'avais vu des montagnes ! La fraîcheur brumeuse du paysage, l'éclat si vif des maisons peintes et des kiosques turcs se mirant dans l'eau bleue, les zones diverses des plateaux qui s'étagent si hardiment entre la mer et le ciel, le pic écrasé du Carmel, l'enceinte carrée et la haute coupole de son couvent célèbre illuminées au loin de cette radieuse teinte cerise, qui rappelle toujours la fraîche Aurore des chants d'Homère ; au pied de ces monts, Kaiffa, déjà dépassée, faisant face à Saint-Jean-d'Acre, située à l'autre extrémité de la baie et devant laquelle notre navire s'était arrêté : c'était un spectacle à la fois plein de grandeur et de grace. La mer, à peine onduleuse, s'étalant comme l'huile vers la grève où moussait la mince frange de la vague, et luttant de teinte azurée avec l'éther qui vibrait déjà des feux du soleil encore invisible... voilà ce que l'Égypte n'offre jamais avec ses côtes basses et ses horizons souillés de poussière. Le soleil parut enfin, il découpa nettement devant nous la ville d'Acre s'avançant dans la mer sur son promontoire de sable, avec ses blanches coupoles, ses murs, ses maisons à terrasses, et la tour carrée aux créneaux festonnés, qui fut naguère la demeure du terrible Djezzar-Pacha, contre lequel lutta Napoléon.

Nous avions jeté l'ancre à peu de distance du rivage. Il fallait attendre la visite de *la Santé* avant que les barques pussent venir nous approvisionner d'eau fraîche et de fruits. Quant à débarquer, cela nous était interdit, à moins de vouloir nous arrêter dans la ville et y faire quarantaine.

Aussitôt que le bateau de la Santé fut venu constater que nous étions malades, comme arrivant de la côte d'Égypte, il fut permis aux barquettes du port de nous apporter les rafraîchissements attendus, et de recevoir notre argent avec les précautions usitées. Aussi, contre les tonnes d'eau, les melons, les pastèques et les grenades qu'on nous faisait passer, il fallait verser nos ghazis, nos piastres et nos paras dans des bassins d'eau vinaigrée qu'on plaçait à notre portée.

Ainsi ravitaillés, nous avions oublié nos querelles intérieures. Ne pouvant débarquer pour quelques heures, et renonçant à m'arrêter dans la ville, je ne jugeai pas à propos d'envoyer au pacha ma lettre, qui, du reste, pouvait encore m'être une recommandation sur tout autre point de l'antique côte de Phénicie soumise au pachalik d'Acre. Cette ville, que les anciens appelaient Ako, ou *l'étroite*, que les Arabes nomment Akka, s'est appelée Ptolémaïs jusqu'à l'époque des croisades.

Nous remettons à la voile, et désormais notre voyage est une fête; nous rasons à un quart de lieue de distance les côtes de la Célé-Syrie, et la mer, toujours claire et bleue, réfléchit comme un lac la gracieuse chaîne de montagnes qui va du Carmel au Liban. Six lieues plus haut que Saint-Jean-d'Acre apparaît Sour, autrefois Tyr, avec la jetée d'Alexandre, unissant à la rive l'îlot où fut bâtie la ville antique qu'il lui fallut assiéger si longtemps.

Six lieues plus loin, c'est Saïda, l'ancienne Sidon, qui presse comme un troupeau son amas de blanches maisons au pied des montagnes habitées par les Druses. Ces bords célèbres n'ont que peu de ruines à montrer comme souvenirs de la riche Phénicie; mais que peuvent laisser des villes où a fleuri exclusivement le commerce? Leur splendeur a passé comme l'ombre et comme la poussière, et la malédiction des livres bibliques s'est entièrement réalisée, comme tout ce que rêvent les poètes, comme tout ce que nie la sagesse des nations!

Cependant, au moment d'atteindre le but, on se lasse de tout, même de ces beaux rivages et de ces flots azurés. Voici enfin le promontoire du Raz-Beyrouth et ses roches grises, dominées au loin par la cime neigeuse du Sannin. La côte est aride; les moindres détails des rochers tapissés de mousses rougeâtres apparaissent sous les rayons d'un soleil ardent. Nous rasons la côte, nous tournons vers le golfe ; aussitôt tout change. Un paysage plein de fraîcheur, d'ombre et de silence, une vue des Alpes prise du sein d'un lac de Suisse, voilà Beyrouth, par un temps calme. C'est l'Europe et l'Asie se fondant en molles caresses ; c'est, pour tout pèlerin un peu lassé du soleil et de la poussière, une oasis maritime où l'on retrouve avec transport, au front des montagnes, cette chose si triste au nord, si gracieuse et si désirée au midi, des nuages !

O nuages bénis ! nuages de ma patrie ! j'avais oublié vos bienfaits ! Et le soleil d'Orient vous ajoute encore tant de charmes ! Le matin vous vous colorez si doucement, à demi roses, à demi bleuâtres, comme des nuages mythologiques, du sein desquels on s'attend toujours à voir surgir de riantes divinités ; le soir, ce sont des embrasements merveilleux, des voûtes pourprées qui s'écroulent et se dégradent bientôt en flocons violets, tandis que le ciel passe des teintes du saphir à celles de l'émeraude, phénomène si rare dans les pays du Nord.

A mesure que nous avancions, la verdure éclatait de plus de nuances, et la teinte foncée du sol et des constructions ajoutait encore à la fraîcheur du paysage. La ville, au fond du golfe, semblait noyée dans les feuillages, et au lieu de cet amas fatigant de maisons peintes à la chaux qui constitue la plupart des cités arabes, je croyais voir une réunion de villas charmantes semées sur un espace de deux lieues. Les constructions s'aggloméraient, il est vrai, sur un point marqué d'où s'élançaient des tours rondes et carrées; mais cela ne paraissait être qu'un quartier du centre signalé par de nombreux pavillons de toutes couleurs.

Toutefois, au lieu de nous rapprocher, comme je le pensais, de l'étroite rade encombrée de petits navires, nous coupâmes en biais le golfe et nous allâmes débarquer sur un îlot entouré de rochers, où quelques bâtisses légères et un drapeau jaune représentaient le séjour de la quarantaine, qui, pour le moment, nous était seul permis.

X.—LA QUARANTAINE.

Le capitaine Nicolas et son équipage étaient devenus très aimables et pleins de procédés à mon égard. Ils faisaient leur quarantaine à bord; mais une barque, envoyée par la Santé, vint pour transporter les passagers dans l'îlot, qui, à le voir de près, était plutôt une presqu'île. Une anse étroite parmi les rochers, ombragée d'arbres séculaires, aboutissait à l'escalier d'une sorte de cloître dont les voûtes en ogive reposaient sur des piliers de pierre et supportaient un toit de cèdre comme dans les couvents romains. La mer se brisait tout à l'entour sur les grés tapissés de fucus, et il ne manquait là qu'un chœur de moines et la tempête pour rappeler le premier acte du *Bertram* de Maturin.

Il fallut attendre là quelque temps la visite du *nazir* ou directeur turc, qui voulut bien nous admettre enfin aux jouissances de son domaine. Des bâtiments de forme claustrale succédaient encore au premier, qui, seul ouvert de tous côtés, servait à l'assainissement des marchandises suspectes. Au bout du promontoire, un pavillon isolé, dominant la mer, nous fut indiqué pour demeure ; c'était le local affecté d'ordinaire aux Européens. Les galeries que nous avions laissées à notre droite contenaient les familles arabes campées pour ainsi dire dans de vastes salles qui servaient indifféremment d'étables et de logements. Là, frémissaient les chevaux captifs, les dromadaires passant entre les barreaux leur cou tors et leur tête velue ; plus loin, des tribus, accroupies autour du feu de leur cuisine, se retournaient d'un air farouche en nous voyant passer près des portes. Du reste, nous avions le droit de nous promener sur environ deux arpents de terrain semé d'orge et planté de mûriers, et de nous baigner même dans la mer sous la surveillance d'un gardien.

Une fois familiarisé avec ce lieu sauvage et maritime, j'en trouvai le séjour charmant. Il y avait là du repos, de l'ombre et une variété d'aspects à défrayer la plus sublime rêverie. D'un côté, les montagnes sombres du Liban, avec leurs croupes de teintes diverses, émaillées çà et là de blanc par les nombreux villages maronites et druses et les couvents étagés sur un horizon de huit lieues, de l'autre, en retour de cette chaîne au front neigeux qui se termine au cap Boutroun, tout l'amphithéâtre de Beyrouth, couronné d'un bois de sapins planté par l'émir Fakardin pour arrêter l'invasion des sables du désert. Des tours crénelées, des châteaux, des manoirs percés d'ogives, construits en pierre rougeâtre, donnent à ce pays un aspect féodal et en même temps européen qui rappelle les miniatures des manuscrits chevaleresques du moyen-âge. Les vaisseaux francs à l'ancre dans la rade et que ne peut contenir le port étroit de Beyrouth animent encore le tableau.

Cette quarantaine de Beyrouth était donc fort supportable, et nos jours se passaient soit à rêver sous les épais ombrages des sycomores et des figuiers, soit à grimper sur un rocher fort pittoresque qui entourait un bassin naturel où la mer venait briser ses flots adoucis. Ce lieu me faisait penser aux grottes rocailleuses des filles de Nérée. Nous y restions tout le milieu du jour, isolés des autres habitants de la quarantaine, couchés sur les algues vertes ou luttant mollement contre la vague écumeuse. La nuit, on nous enfermait dans le pavillon, où les moustiques et autres insectes nous faisaient des loisirs moins doux. Les tuniques fermées à masque de gaze dont j'ai parlé déjà étaient alors d'un grand secours. Quant à la cuisine, elle consistait simplement en pain et fromage salé, fournis par la cantine ; il y faut ajouter des œufs et des poules apportés par les paysans de la montagne ; en outre, tous les matins, on venait tuer devant la porte des moutons dont la viande nous était vendue à une piastre (25 centimes) la livre. De plus, le vin de Chypre, à une demi-piastre environ la bouteille, nous faisait un régal digne des grandes tables européennes ; j'avouerai pourtant qu'on se lasse de ce vin liquoreux à le boire comme ordinaire, et je préférais le *vin d'or* du Liban, qui a quelque rapport avec le Madère par son goût sec et par sa force.

Un jour, le capitaine Nicolas vint nous rendre visite avec deux de ses matelots et son mousse. Nous étions redevenus très bons amis, et il avait amené le *hadji*, qui me serra la main avec une grande effusion, craignant peut-être que je ne me plaignisse de lui, une fois libre et rendu à Beyrouth. Je fus, de mon côté, plein de cordialité. Nous dînâmes ensemble, et le capitaine m'invita à venir demeurer chez lui, si j'allais à Taraboulous. Après le dîner, nous nous promenâmes sur le rivage ; il me prit à part et me fit tourner les yeux vers l'esclave et l'Arménien, qui causaient ensemble assis plus bas que nous au bord de la mer. Quelques mots mêlés de franc et de grec me firent comprendre son idée, et je la repoussai avec une incrédulité marquée. Il secoua la tête et peu de temps après remonta dans sa chaloupe, prenant affectueusement congé de moi. Le capitaine Nicolas, me disais-je, a toujours sur le cœur mon refus d'échanger l'esclave contre son mousse ! cependant le soupçon me resta dans l'esprit, attaquant tout au moins ma vanité.

On comprend bien qu'il était résulté de la scène violente qui s'était passée sur le bâtiment une sorte de froideur entre l'esclave et moi. Il s'était dit entre nous un de ces mots *irréparables* dont a parlé l'auteur d'*Adolphe*; l'épithète de *giaour* m'avait blessé profondément. Ainsi, me disais-je, on n'a pas eu de peine à lui persuader que je n'avais pas de droit sur elle; de plus, soit conseil, soit réflexion, elle se sent humiliée d'appartenir à un homme d'une race inférieure selon les idées des musulmans. La situation dégradée des populations chrétiennes en Orient rejaillit au fond sur l'Européen lui-même; on le redoute sur les côtes à cause de cet appareil de puissance que constate le passage des vaisseaux; mais, dans les pays du centre où cette femme a vécu toujours, le préjugé vit tout entier.

Pourtant j'avais peine à admettre la dissimulation dans cette ame naïve; le sentiment religieux si prononcé en elle la devait même défendre de cette bassesse. Je ne pouvais, d'un autre côté, me dissimuler les avantages de l'Arménien. Tout jeune encore, et beau de cette beauté asiatique, aux traits fermes et purs, des races nées au berceau du monde, il donnait l'idée d'une fille charmante qui aurait eu la fantaisie d'un déguisement d'homme ; son costume même, à l'exception de la coiffure, n'ôtait qu'à demi cette illusion.

Me voilà comme Arnolphe, épiant de vaines apparences avec la conscience d'être doublement ridicule, car je suis de plus *un maître*. J'ai la chance d'être à la fois trompé et volé, et je me répète, comme un jaloux de comédie : Que la garde d'une femme est un pesant fardeau ! Du reste, me disais-je presque aussitôt, cela n'a rien d'étonnant; il la distrait et l'amuse par ses contes, il lui dit mille gentillesses, tandis que moi, lorsque je parle dans sa langue, je dois produire un effet risible, comme un Anglais, un homme du Nord, froid et lourd, relativement à une femme de mon pays. Il y a chez les Levantins une expansion chaleureuse qui doit être séduisante en effet !

De ce moment, l'avouerai-je ? il me sembla remarquer des serrements de mains, des paroles tendres, que ne gênait même pas ma présence. J'y réfléchis quelque temps, puis je crus devoir prendre une forte résolution.

— Mon cher, dis-je à l'Arménien, qu'est-ce que vous faisiez en Égypte ?

— J'étais secrétaire de Toussoun-bey ; je traduisais pour lui des journaux et des livres français, j'écrivais ses lettres aux fonctionnaires turcs. Il est mort tout d'un coup, et l'on m'a congédié, voilà ma position.

— Et maintenant, que comptez-vous faire?

— J'espère entrer au service du pacha de Beyrouth. Je connais son trésorier, qui est de ma nation.

— Et ne songez-vous pas à vous marier?

— Je n'ai pas d'argent à donner en douaire, et aucune famille ne m'accordera de femme autrement.

Allons, dis-je en moi-même après un silence, montrons-nous magnanime, faisons deux heureux.

Je me sentais grandi par cette pensée. Ainsi, j'aurais délivré une esclave et créé un mariage honnête. J'étais donc à la fois bienfaiteur et père! Je pris les mains de l'Arménien et je lui dis : — Elle vous plaît... épousez-la, elle est à vous!

J'aurais voulu avoir le monde entier pour témoin de cette scène émouvante, de ce tableau patriarcal : l'Arménien étonné, confus de cette magnanimité ; l'esclave assise près de nous, encore ignorante du sujet de notre entretien, mais, à ce qu'il me semblait, déjà inquiète et rêveuse...

L'Arménien leva les bras au ciel, comme étourdi de ma proposition. — Comment! lui dis-je, malheureux, tu hésites!.. Tu séduis une femme qui est à un autre, tu la détournes de ses devoirs, et ensuite tu ne veux pas t'en charger quand on te la donne?

Mais l'Arménien ne comprenait rien à ces reproches. Son étonnement s'exprima par une série de protestations énergiques. Jamais il n'avait eu la moindre idée des choses que je pensais. Il était si malheureux même d'une telle supposition, qu'il se hâta d'en instruire l'esclave et de lui faire donner témoignage de sa sincérité. Apprenant en même temps ce que j'avais dit, elle en parut blessée et surtout de la supposition qu'elle eût pu faire attention à un simple *raya*, serviteur tantôt des Turcs, tantôt des Francs, une sorte de *yaoudi*.

Ainsi le capitaine Nicolas m'avait induit en toute sorte de suppositions ridicules. On reconnaît bien là l'esprit astucieux des Grecs!

XI — LE PÈRE PLANCHET.

Quand nous sortîmes de la quarantaine, je louai pour un mois un logement dans une maison de chrétiens maronites, à une demi-lieue de la ville. La plupart de ces demeures, situées au milieu des jardins, étagées sur toute la côte le long des terrasses plantées de mûriers, ont l'air de petits manoirs féodaux bâtis solidement en pierre brune, avec des ogives et des arceaux. Des escaliers extérieurs conduisent aux différents étages dont chacun a sa terrasse jusqu'à celle qui domine tout l'édifice, et où les familles se réunissent le soir pour jouir de la vue du golfe. Nos yeux rencontraient partout une verdure épaisse et lustrée, où les haies régulières des nopals marquent seules les divisions. Je m'abandonnai les premiers jours aux délices de cette fraîcheur et de cette ombre. Partout la vie et l'aisance autour de nous ; les femmes bien vêtues, belles et sans voiles, allant et venant, presque toujours avec de lourdes cruches qu'elles vont remplir aux citernes et portent gracieusement sur l'épaule. Notre hôtesse, coiffée d'une sorte de cône drapé en cachemire, qui, avec les tresses garnies de sequins de ses longs cheveux, lui donnait l'air d'une reine d'Assyrie, était tout simplement la femme d'un tailleur qui avait sa boutique au bazar de Beyrouth. Ses deux filles et les petits enfants se tenaient au premier étage ; nous occupions le second.

L'esclave s'était vite familiarisée avec cette famille, et, nonchalamment assise sur les nattes, elle se regardait comme entourée d'inférieurs et se faisait servir, quoi que je pusse faire pour en empêcher ces pauvres gens. Toutefois je trouvais commode de pouvoir la laisser en sûreté dans cette maison lorsque j'allais à la ville. J'attendais des lettres qui n'arrivaient pas, le service de la poste française se faisant si mal dans ces parages, que les journaux et les paquets sont toujours en arrière de deux mois. Ces circonstances m'attristaient beaucoup et me faisaient faire des rêves sombres. Un matin, je m'éveillai assez tard, encore à moitié plongé dans les illusions du songe. Je vis à mon chevet un prêtre assis, qui me regardait avec une sorte de compassion.

— Comment vous sentez-vous, monsieur? me dit-il d'un ton mélancolique.

— Mais, assez bien; pardon, je m'éveille, et...

— Ne bougez pas! soyez calme. Recueillez-vous. Songez que le moment est proche.

— Quel moment?

— Cette heure suprême, si terrible pour qui n'est pas en paix avec Dieu!

— Oh! oh! qu'est-ce qu'il y a donc?

— Vous me voyez prêt à recueillir vos volontés dernières.

— Ah! pour le coup, m'écriai-je, cela est trop fort! Et qui êtes vous?

— Je m'appelle le père Planchet.

— Le père Planchet!

— De la compagnie de Jésus.

— Je ne connais pas ces gens-là!

— On est venu me dire au couvent qu'un jeune Américain, en péril de mort, m'attendait pour faire quelques legs à la communauté.

— Mais je ne suis pas Américain! il y a erreur! Et de plus je ne suis pas au lit de mort; vous le voyez bien!

Et je me levai brusquement... un peu avec le besoin de me convaincre moi-même de ma parfaite santé. Le père Planchet comprit enfin qu'on l'avait mal renseigné. Il s'informa dans la maison et apprit que l'Américain demeurait un peu plus loin. Il me salua en riant de sa méprise, et me promit de venir me voir en repassant, enchanté qu'il était d'avoir fait ma connaissance, grace à ce hasard singulier.

Quand il revint, l'esclave était dans la chambre, et je lui appris son histoire. Comment, me dit-il,

vous êtes-vous mis ce poids sur la conscience !...
Vous avez dérangé la vie de cette femme, et désormais vous êtes responsable de tout ce qui peut lui arriver. Puisque vous ne pouvez l'emmener en France et que vous ne voulez pas sans doute l'épouser, que deviendra-t-elle ?

— Je lui donnerai la liberté ; c'est le bien le plus grand que puisse réclamer une créature raisonnable.

— Il valait mieux la laisser où elle était ; elle aurait peut-être trouvé un bon maître, un mari... Maintenant savez-vous dans quel abîme d'inconduite elle peut tomber, une fois laissée à elle-même ? Elle ne sait rien faire, elle ne veut pas servir... Pensez donc à tout cela.

Je n'y avais jamais en effet songé sérieusement. Je demandai conseil au père Planchet, qui me dit :

— Il n'est pas impossible que je lui trouve une condition et un avenir. Il y a, ajouta-t-il, des dames très pieuses dans la ville, qui se chargeraient de son sort.

Je le prévins de l'extrême dévotion qu'elle avait pour la foi musulmane. Il secoua la tête et se mit à lui parler très longtemps.

Au fond, cette femme avait le sentiment religieux développé plutôt par nature et d'une manière générale que dans le sens d'une croyance spéciale. De plus, l'aspect des populations maronites parmi lesquelles nous vivions, et des couvents dont on entendait sonner les cloches dans la montagne, le passage fréquent des émirs chrétiens et druzes, qui venaient à Beyrouth, magnifiquement montés et pourvus d'armes brillantes, avec des suites nombreuses de cavaliers et des noirs portant derrière eux leurs étendards roulés autour des lances : tout cet appareil féodal, qui m'étonnait moi-même comme un tableau des croisades, apprenait à la pauvre esclave qu'il y avait, même en pays turc, de la pompe et de la puissance en dehors du principe musulman.

L'effet extérieur séduit partout les femmes, surtout les femmes ignorantes et simples, et devient souvent la principale raison de leurs sympathies ou de leurs convictions. Lorsque nous nous rendions à Beyrouth et qu'elle traversait la foule composée de femmes sans voiles, qui portaient sur la tête le *tantour*, corne d'argent ciselée et dorée qui balance un voile de gaze derrière leur tête, autre mode conservée du moyen-âge, d'hommes fiers et richement armés, dont pourtant le turban rouge ou bariolé indiquaient des croyances en dehors de l'islamisme, elle s'écriait : Que de *giaours !*... et cela adoucissait un peu mon ressentiment d'avoir été injurié avec ce mot.

Il s'agissait pourtant de prendre un parti. Les Maronites, nos hôtes, qui aimaient peu ses manières, et qui la jugeaient du reste, au point de vue de l'intolérance catholique, me disaient : Vendez-la ! Ils me proposaient même d'amener un Turc qui ferait l'affaire. On comprend quel cas je faisais de ce conseil peu évangélique.

J'allai voir le père Planchet à son couvent, situé presque aux portes de Beyrouth. Il y avait là des classes d'enfants chrétiens, dont il dirigeait l'éducation. Nous causâmes longtemps de M. de Lamartine, qu'il avait connu, et dont il admirait beaucoup les poésies. Il se plaignit de la peine qu'il avait à obtenir du gouvernement turc l'autorisation d'agrandir le couvent. Cependant les constructions interrompues révélaient un plan grandiose, et un escalier magnifique en marbre de Chypre conduisait à des étages encore inachevés. Les couvents catholiques sont très libres dans la montagne, mais aux portes de Beyrouth on ne leur permet pas de constructions trop importantes, et il était même défendu aux jésuites d'avoir une cloche. Ils y avaient suppléé par un énorme grelot, qui, modifié de temps en temps, prenait des airs de cloche peu à peu. Les bâtiments aussi s'agrandissaient presque insensiblement sous l'œil peu vigilant des Turcs.

— Il faut un peu louvoyer ! me disait le père Planchet ; avec de la patience, nous arriverons.

Il me reparla de l'esclave avec une sincère bienveillance. Pourtant je luttais avec mes propres incertitudes. Les lettres que j'attendais pouvaient arriver d'un jour à l'autre et changer mes résolutions. Je craignais que le père Planchet, se faisant illusion par piété, n'eût en vue principalement l'honneur pour son couvent d'une conversion musulmane, et qu'après tout le sort de la pauvre fille ne devînt fort triste plus tard.

Un matin, elle entra dans ma chambre en frappant des mains et s'écriant tout effrayée : — *Durzi! Durzi! bandouguillah* (les Druzes ! les Druzes ! des coups de fusil) !

En effet, la fusillade retentissait au loin ; mais c'était seulement une *fantasia* d'Albanais qui allaient partir pour la montagne. Je m'informai, et j'appris que les Druzes avaient brûlé un village appelé Bethmérie, situé à quatre lieues environ. On envoyait des troupes turques, non pas contre eux, mais pour surveiller les mouvements des deux partis luttant encore sur ce point.

J'étais allé à Beyrouth, où j'avais appris ces nouvelles. Je revins très tard, et l'on me dit qu'un *émir* ou prince chrétien d'un district du Liban était venu loger dans la maison. Apprenant qu'il s'y trouvait aussi un Franc d'Europe, il avait désiré me voir et m'avait attendu longtemps dans ma chambre, où il avait laissé ses armes comme signe de confiance et de fraternité. Le lendemain, le bruit que faisait sa suite m'éveilla de bonne heure; il y avait avec lui six hommes bien armés et de magnifiques chevaux. Nous ne tardâmes pas à faire connaissance, et le prince me proposa d'aller habiter quelques jours chez lui dans la montagne. J'acceptai bien vite une occasion si belle d'étudier les scènes qui s'y passaient et les mœurs de ces populations singulières.

Il fallait, pendant ce temps, placer convenablement l'esclave, que je ne pouvais songer à emmener. On m'indiqua dans Beyrouth une école de jeunes filles dirigée par une dame de Marseille, nommée madame Carlès. C'était la seule où l'on enseignât le français. Madame Carlès était une très bonne femme, qui ne me demanda que trois piastres turques par jour pour l'entretien, la nourriture et l'instruction de l'esclave. Je partis pour la montagne trois jours après l'avoir placée dans cette maison ; déjà elle s'y était fort bien habituée et était charmée de causer avec les petites filles, que ses idées et ses récits amusaient beaucoup.

Madame Carlès me prit à part et me dit qu'elle ne désespérait pas d'amener sa conversion. — Tenez, ajoutait-elle avec son accent provençal, voilà, moi, comment je m'y prends. Je lui dis : Vois-tu, ma fille, tous les bons dieux de chaque pays, c'est toujours le bon Dieu. Mahomet est un homme qui avait bien du mérite... mais Jésus-Christ, est bien bon aussi !

Cette façon tolérante et douce d'opérer une conversion me parut fort acceptable. — Il ne faut la forcer en rien, lui dis-je.

— Soyez tranquille, reprit madame Carlès, elle m'a déjà promis d'elle-même de venir à la messe avec moi dimanche prochain.

On comprend que je ne pouvais la laisser en de meilleures mains pour apprendre les principes de la religion chrétienne et le français... de Marseille.

APPENDICE.

On a cru longtemps que l'Islamisme plaçait la femme dans une position très inférieure à celle de l'homme, et en faisait pour ainsi dire l'esclave de son mari. C'est une idée qui ne résiste pas à l'examen sérieux des mœurs de l'Orient. Il faudrait dire plutôt que Mahomet a rendu la condition des femmes beaucoup meilleure qu'elle ne l'était avant lui..

Moïse établissait que l'impureté de la femme qui met au jour une fille et apporte au monde une nouvelle cause de péché, doit être plus longue que celle de la mère d'un enfant mâle. Le Talmud excluait les femmes des cérémonies religieuses et leur défendait l'entrée du temple. Mahomet, au contraire, déclare que la femme est *la gloire* de l'homme; il lui permet l'entrée des mosquées, et lui donne pour modèles Asia, femme de Pharaon, Marie, mère de Jésus, et sa propre fille Fatime. Que croire aussi du préjugé européen qui présente les musulmans comme ne croyant pas à l'âme des femmes? Il est une autre opinion plus répandue encore, qui consiste à penser que les Turcs rêvent un ciel peuplé de houris, toujours jeunes et toujours nouvelles: c'est une erreur ; les houris seront simplement leurs épouses rajeunies et transfigurées, car Mahomet prie le Seigneur d'ouvrir l'Eden aux vrais croyants, ainsi qu'à leurs parents, à leurs épouses et à leurs enfants, qui auront pratiqué la vertu : « Entrez dans le paradis, s'écrie-t-il ; vous *et vos compagnes,* réjouissez-vous ! » Après une telle citation et bien d'autres qu'on pourrait faire, on se demande d'où est né le préjugé si commun encore parmi nous. Il faut peut-être n'en pas chercher d'autre motif que celui qu'indique un de nos vieux auteurs. « Cette tradition fut fondée sur une plaisanterie de Mahomet à une vieille femme qui se plaignait à lui de son sort sur le sujet du Paradis ; car il lui dit que les vieilles femmes n'y entreraient pas, et, sur ce qu'il la voyait inconsolable, il ajouta que toutes les vieilles seraient rajeunies avant d'y entrer. »

Du reste, si Mahomet, comme saint Paul, accorde à l'homme une autorité sur la femme, il a soin de faire remarquer que c'est en ce sens qu'il est forcé de la nourrir et de lui constituer un douaire. Au contraire, l'Européen exige une dot de la femme qu'il épouse.

Quant aux femmes veuves ou libres à un titre quelconque, elles ont les mêmes droits que les hommes ; elles peuvent acquérir, vendre, hériter ; il est vrai que l'héritage d'une fille n'est que le tiers de celui du fils, mais, avant Mahomet, les biens du père étaient partagés entre les seuls enfants capables de porter les armes. Les principes de l'islamisme s'opposent si peu même à la domination de la femme, que l'on peut citer dans l'histoire des Sarrasins un grand nombre de sultanes souveraines absolues, sans parler de la domination réelle qu'exercent du fond du sérail les sultanes mères et les favorites.

Toutes les femmes européennes qui ont pénétré dans les harems s'accordent à vanter le bonheur des femmes musulmanes : « Je suis persuadée, dit lady Montague, que les femmes seules sont libres en Turquie. » Elle plaint même un peu le sort des maris, forcés, en général, pour cacher une infidélité, de prendre plus de précautions encore que chez nous. Ce dernier point n'est exact peut-être qu'à l'égard des Turcs qui ont épousé une femme de grande famille. Lady Montague remarque très justement que la polygamie, *tolérée* seulement par Mahomet, est beaucoup plus rare en Orient qu'en Europe, où elle existe sous d'autres noms. Il faut donc renoncer tout-à-fait à l'idée de ces harems dépeints par l'auteur des *Lettres persanes*, où les femmes n'ayant jamais vu d'hommes, étaient bien forcées de trouver aimable le terrible et galant Usbek. Tous les voyageurs ont rencontré bien des fois, dans les rues de Constantinople, les femmes des sérails, non pas, il est vrai, circulant à pied comme la plupart des autres femmes, mais en voiture ou à cheval, comme il convient à des dames de qualité, et parfaitement libres de tout voir et de causer avec les marchands. La liberté était plus grande encore dans le siècle dernier, où les sultanes pouvaient entrer dans les boutiques des Grecs et des Francs (les boutiques des Turcs ne sont que des étalages). Il y eut une sœur du sultan qui renouvela, dit-on, les mystères de la Tour de Nesle. Elle ordonnait qu'on lui portât des marchandises après les avoir choisies, et les malheureux jeunes gens qu'on chargeait de ces commissions disparaissaient généralement sans que personne osât parler d'eux. Tous les palais bâtis sur le Bosphore ont des salles basses sous lesquelles la mer pénètre. Des trappes recouvrent les espaces destinés aux bains de mer des femmes. On suppose que les favoris passagers de la dame prenaient ce chemin. La sultane fut simplement punie d'une réclusion perpétuelle. Les jeunes gens de Péra parlent encore avec terreur de ces mystérieuses disparitions.

Ceci nous amène à parler de la punition des femmes adultères. On croit généralement que tout mari a le droit de se faire justice et de jeter sa femme à la mer dans un sac de cuir avec un serpent et un chat. Et d'abord, si ce supplice a eu lieu quelquefois, il n'a pu être ordonné que par des sultans ou des pachas assez puissants pour en prendre la responsabilité. Nous avons vu de pareilles vengeances pendant le moyen-âge chrétien. Reconnaissons que, si un homme tue sa femme surprise en flagrant délit, il est rarement puni, à moins qu'elle ne soit de grande famille ; mais c'est à peu près comme chez nous, où les juges acquittent généralement le meurtrier en pareil cas. Autrement il faut pouvoir produire quatre témoins, qui, s'ils se trompent ou accusent à faux, risquent chacun de recevoir quatre-vingts coups de fouet. Quant à la femme et à son complice, dûment convaincus du crime, ils reçoivent cent coups de fouet chacun en présence d'un certain nombre de croyants. Il faut remarquer que les esclaves mariées ne sont passibles que de cinquante coups, en vertu de cette belle pensée du législateur que les esclaves doivent être punis moitié moins que les personnes libres, l'esclavage ne leur laissant que la moitié des biens de la vie.

Tout ceci est dans le Coran ; il est vrai qu'il y a bien des choses, dans le Coran comme dans l'Évangile, que les puissants expliquent et modifient selon leur volonté. L'Évangile ne s'est pas prononcé sur l'esclavage, et, sans parler des colonies européennes, les peuples chrétiens ont des esclaves en Orient, comme les Turcs. Le bey de Tunis vient, du reste, de supprimer l'esclavage dans ses états, sans contrevenir à la loi mahométane. Cela n'est donc qu'une question de temps. Mais quel est le voyageur qui ne s'est étonné de la douceur de l'esclavage oriental? L'esclave est presque un enfant adoptif et fait partie de la famille. Il devient souvent l'héritier du maître; on l'affranchit presque toujours à sa mort en lui assurant des moyens de subsistance. Il ne faut voir dans l'esclavage des pays musulmans qu'un moyen d'assimilation qu'une société qui a foi dans sa force tente sur les peuples barbares.

Il est impossible de méconnaître le caractère féodal et militaire du Coran. Le vrai croyant est l'homme pur et fort qui doit dominer par le courage ainsi que par la vertu; plus libéral que le noble du moyen-âge, il fait part de ses priviléges à quiconque embrasse sa foi; plus tolérant que l'Hébreu de la Bible, qui, non-seulement n'admettait pas les conversions, mais exterminait les nations vaincues, le musulman laisse à chacun sa religion et ses mœurs, et ne réclame qu'une suprématie politique. La polygamie et l'esclavage sont pour lui seulement des moyens d'éviter de plus grands maux, tandis que la prostitution, cette autre forme de l'esclavage, dévore comme une lèpre la société européenne, en attaquant la dignité humaine et en repoussant du sein de la religion, ainsi que des catégories établies par la morale, de pauvres créatures, victimes souvent de l'avidité des parents ou de la misère. Veut-on se demander en outre quelle position notre société fait aux bâtards, qui constituent environ le dixième de la population? La loi civile les punit des fautes de leurs pères en les repoussant de la famille et de l'héritage. Tous les enfants d'un musulman, au contraire, naissent légitimes; la succession se partage également entre eux.

Quant au voile que les femmes gardent, on sait que c'est une coutume de l'antiquité, que suivent également, en Orient, les femmes chrétiennes, juives ou druzes, et qui n'est obligatoire que dans les grandes villes. Les femmes de la campagne et des tribus n'y sont point soumises ; aussi les poèmes qui célèbrent les amours de Keïs et Leila, de Khosrou et Schiraï, de Gemil et Schamba et autres ne font-ils aucune mention des voiles ni de la réclusion des femmes arabes. Ces fidèles amours ressemblent, dans la plupart des détails de la vie, à ces belles analyses de sentiment qui ont fait battre tous les cœurs jeunes depuis Daphnis et Chloé jusqu'à Paul et Virginie.

Il faut conclure de tout cela que l'islamisme ne repousse aucun des sentiments élevés attribués généralement à la société chrétienne. Les différences ont existé jusqu'ici beaucoup plus dans la forme que dans le fond des idées ; les musulmans ne constituent en réalité qu'une sorte de *secte chrétienne,* beaucoup d'hérésies protestantes ne sont pas plus éloignées qu'eux des principes de l'Évangile. Cela est si vrai, que rien n'oblige une chrétienne qui épouse un Turc à changer de religion. Le Coran ne défend aux fidèles que de s'unir à des femmes idolâtres, et convient que, dans toutes les religions fondées sur l'unité de Dieu, il est possible de faire son salut.

C'est en nous pénétrant de ces justes observations et en nous dépouillant des préjugés qui nous restent encore, que nous ferons tomber peu à peu ceux qui ont rendu jusqu'ici douteuses pour nous l'alliance ou la soumission des populations musulmanes.

Sèvres. — Impr. de M. CERF, rue Royale, 14.